मुस्लिम शासकों का रागरंग
और
फ़नकार शहंशाह
औरंगज़ेब आलमगीर

मुस्लिम शासकों का रागरंग
और
फ़नकार शहंशाह औरंगज़ेब आलमगीर

गजेन्द्र नारायण सिंह

वाणी प्रकाशन

वाणी प्रकाशन

4695, 21-ए, दरियागंज, नयी दिल्ली 110 002

शाखा

अशोक राजपथ, पटना 800 004

फ़ोन : +91 11 23273167 फ़ैक्स : +91 11 23275710

www.vaniprakashan.in
vaniprakashan@gmail.com
sales@vaniprakashan.in

MUSLIM SHASAKON KA RAAGRANG AUR FANKAAR
SHAHANSHAAH AURANGZEB AALAMGIR
by Gajendra Narayan Singh

ISBN : 978-93-87648-94-4
Non-Fiction/History

प्रथम संस्करण

मूल्य : ₹ 595

एम.एस. प्रिंटर्स, दिल्ली-110 093 में मुद्रित

वाणी प्रकाशन का लोगो मक़बूल फ़िदा हुसेन की कूची से

समर्पण

पूज्य पिताश्री स्व. श्री नागेश्वर प्रसाद सिंह
(अवकाश प्राप्त भारतीय प्रशासकीय सेवा के वरिष्ठ सदस्य)
जिनसे मुझे ईमानदारी, निष्पक्षता, कर्तव्यनिष्ठा और
सेवाभाव का गुर हासिल हुआ, ऐसे अनुकरणीय पिता की
पावन स्मृति को सादर समर्पित

गजेन्द्र नारायण सिंह

अपनी बात-I

छः सौ वर्षों के मुस्लिम शासनकाल में भारतीय संगीतकला और काव्य का अभूतपूर्व शृंगार हुआ। तुर्क-अफ़ग़ानकालीन सुल्तानों से लेकर मुग़ल शहंशाहों के राज्यकाल तक; संगीत-साहित्य, चित्र, वास्तु तथा शिल्पकलाओं का सर्वांगीण विकास हुआ। पर हिन्दुस्तानी संगीत के विकास में मुग़ल शहंशाहों, ख़ासकर औरंगज़ेब, का उल्लेखनीय योगदान है।

औरंगज़ेब मध्यकालीन भारतीय इतिहास का एक अनूठा पात्र था। उसके उल्लेखनीय व्यक्तित्व के प्रमुख पहलुओं, यथा—शहज़ादा, शहंशाह (शासक) और संगीतकार यानी सम्पूर्ण व्यक्तित्व का सूक्ष्म, तटस्थ एवं पारदर्शी विवेचन इस शोध-प्रबन्ध में प्रमाणों के आधार पर किया गया है।

खोजी प्रवृत्ति, सही तथा तटस्थ नज़रिया, अथक प्रयास और अटूट लगन के फलस्वरूप इस शोधकार्य से इतिहास के अनछुए पहलू को उजागर करने की चेष्टा है जिससे वर्तमान और भावी पीढ़ियों को अपने पुरखों तथा इतिहास-पुरुषों के कार्यों और अवदानों की सही जानकारी मिल सकेगी। यह दिग्भ्रमित करने वाले इतिहास का पुनर्लेखन नहीं है।

20वीं सदी के छठे दशक के आसपास चन्द जागरूक, प्रतिबद्ध, ईमानदार और अन्वेषी इतिहासकारों द्वारा औरंगज़ेब के सम्बन्ध में निष्पक्ष एवं वास्तविक तथ्यों की जानकारी दी गयी है, जिनमें इरफ़ान हबीब, एस. नूरुल हसन, अतहर अली, हरवंश मुखिया, रोमिला थापर, यदुनाथ सरकार, विपिन चन्द्रा, कैलाशचन्द्र देव बृहस्पति, सतीश चन्द्र एवं ओमप्रकाश प्रसाद के नाम उल्लेखनीय हैं।

इन इतिहासकारों के शोधपूर्ण लेखन से ऐसे तथ्य प्रकाश में आये हैं जिनके आधार पर न केवल औरंगज़ेब के प्रति दिग्भ्रमित पर जागरूक लोगों की सहानुभूति जगी-बढ़ी बल्कि आशीर्वादी लाल, ईश्वरी प्रसाद, श्रीराम शर्मा, आर.सी. मजुमदार, वी.ए. स्मिथ प्रभृति इतिहासकारों की लीक पर चलकर

लिखने वाले भारतीय इतिहासकारों द्वारा लिखित पुस्तकों का कमज़ोर पक्ष उभरकर सामने आया है।

मुग़ल शहंशाह औरंगज़ेब पर प्रस्तुत शोध-प्रबन्ध मेरे पचास वर्षों के कठोर अनवरत परिश्रम और सतत् प्रयास की परिणति है। अब तक औरंगज़ेब के प्रति जो भ्रान्तियाँ फैलायी जाती रहीं, उससे उसका व्यक्तित्व विवादग्रस्त रहा और उसकी छवि धूमिल हुई। इसे निर्मूल, निराधार साबित करने के उपक्रम में मुझे विभिन्न स्रोतों से जो भी प्रमाण और साक्ष्य प्राप्त हो सके, उसकी जाँच-पड़ताल के पश्चात् आकलन करके यह स्थापित करने का प्रयास है कि औरंगज़ेब परले दर्जे का शक्की और उदासवृत्ति का सच्चरित्र, धर्म और कर्तव्यपरायण, अनुशासनप्रिय, धर्मनिरपेक्ष शासक था, जो मितव्ययी भी था और विलासिता से परहेज़ रखता था। इतना ही नहीं, वह विद्याव्यसनी, कवि, बन्दिशकार और बीनकार भी था। मेरी समझ से, बादशाहों में औरंगज़ेब का व्यक्तित्व बहुआयामी एवं सर्वोत्कृष्ट था।

औरंगज़ेब के संगीतप्रेम पर शोधरत कैम्ब्रिज यूनिवर्सिटी की कैथरीना ब्राउन से कुछ अरसा हुए ख़ुदाबक़्श ओरिएण्टल लाइब्रेरी, पटना में मेरी मुलाक़ात हुई थी। ख़ुदाबक़्श लाइब्रेरी द्वारा आयोजित व्याख्यानमाला के अन्तर्गत 'औरंगज़ेब का संगीतप्रेम' विषय पर वह व्याख्यान देने आयी थी। उसी दौरान दूसरे दिन लाइब्रेरी परिसर में बातचीत के क्रम में उन्होंने मेरे शोधपत्र की प्रति जब मुझसे माँगी तो मैंने कहा कि, "मुझे देने में आपत्ति नहीं है, पर उनका शोधपत्र जो लाइब्रेरी के सभागार में उन्होंने पढ़ा था, उसकी कॉपी मुझे चाहिए।" इस पर मिसेज ब्राउन ने कहा कि कलकत्ता जाकर वह भेज देगी। मैं इन्तज़ार करता रहा, पर उनके शोधपत्र की कॉपी मुझे नहीं मिली। इस सन्दर्भ में मैंने उन्हें लिखा भी, किन्तु कोई जवाब नहीं मिला। शायद उन्हें लगा कि उनके मसाले से लाभ उठाकर मैं अपने शोधपत्र की प्रति उन्हें नहीं भेजूँगा। पता नहीं पुस्तक रूप में मिसेज ब्राउन का शोधकार्य प्रकाशित हुआ या नहीं।

विद्या देने या बाँटने से घटती नहीं है। लोग कहेंगे कि फिर आपने उन्हें क्यों नहीं दिया। मैंने पहले उन्हें इसलिए नहीं दिया कि वह विदेशी महिला थीं—उनका सही अता-पता मेरे पास नहीं था और न वह पहले से मुझसे परिचित थीं। ऐसे में यदि वह वादाख़िलाफ़ी करतीं तो उन्हें कहाँ ढूँढ़ता फिरता!

औरंगज़ेब और मुसलमानों के प्रति मेरी सहृदयता से मेरे कतिपय अनुदार हिन्दू मित्र जो वैसे बड़े अच्छे इनसान हैं, पर औरंगज़ेब पर मेरे शोधकार्य के निन्दक हैं। उनमें से एक जब-तब मुझ पर फ़ब्ती कसते हैं कि मैं औरंगज़ेब की

ख़ामख़्वाह प्रशस्ति गाता चलता हूँ। पर हैरानी की बात यह है कि मेरे मित्र की बिरादरी के एक ख़ास व्यक्ति को मुग़ल बादशाह द्वारा 'राय साहब' की उपाधि दी गयी थी जिस बात पर उन्हें फ़ख्र है। इससे उनकी बिरादरी की प्रतिष्ठा में इज़ाफ़ा और क़द ऊँचा हुआ, ऐसा वह मानते हैं। लेकिन वैसे मुसलमान उनके लिए घृणा के पात्र हैं। मुसलमान बादशाह से मानद उपाधि प्राप्त करना घृणास्पद नहीं है, पर कोई मुसलमान यदि क़ाबिलेतारीफ़ है तो भी उनके लिए हेय है। इसे विडम्बना ही कहा जायेगा। ऐसे दोहरे मापदण्ड (डबल स्टैण्डर्ड) रखने वाले को क्या कहा जाये।

अंग्रेज़ जो भारतीय संस्कृति और भारत के दुश्मन रहे, ऐसे में उनकी अंग्रेज़ियत का लबादा ओढ़ने से हमें परहेज़ नहीं, पर मुसलमान जिन्होंने इस मुल्क को बहुत कुछ दिया और वे यहीं की माटी-पानी में रच-बस गये, उनसे बेवजह नफ़रत है। इतना ही नहीं इस मुल्क को अंग्रेज़ी हुकूमत से आज़ाद कराने में मुसलमानों ने हिन्दुओं के साथ कन्धे-से-कन्धे मिलकर जंगे-आज़ादी की लड़ाई लड़ी, ऐसे मुसलमानों से नफ़रत करना ओछी मानसिकता का परिचायक होगा। भारतीय संस्कृति समन्वयवादी यानी साझी संस्कृति है जो 'वसुधैव कुटुम्बकम्' के आदर्श के प्रति आस्थावान है। व्यक्ति चाहे वह किसी मज़हब का क्यों न हो उसके व्यक्तित्व की विवेचना करने में भेदभाव बरतना जायज़ नहीं कहा जा सकता। चाहे जिस किसी क्षेत्र का व्यक्ति विशेष हो, उसके व्यक्तित्व की विवेचना करते समय देखा जाना चाहिए कि उसने इस मुल्क को क्या दिया। व्यक्ति उल्लेखनीय नहीं होता—उसके कार्य और अवदान उल्लेखनीय होते हैं।

औरंगज़ेब पर काफ़ी छानबीन करने के उपरान्त यह शोध-प्रबन्ध तैयार किया गया जिससे बेशक इतिहास का परिशोधन और भारतीय इतिहास का फलक विस्तृत हुआ है।

मेरे परम मित्र बल्कि कहिए कि बड़े भाई, जामिया हमदर्द यूनिवर्सिटी, नयी दिल्ली के संस्थापक सदस्य (फ़ाउण्डर मेम्बर) डॉ. एस.ए. अली ने एक बार मुझसे बड़े मार्के की बात कही कि, "भाईजान, पहले हम इनसान हैं, तब हिन्दू या मुसलमान—अल्लाह मियाँ के यहाँ से कोई भी मुसलमान या हिन्दू बनकर नहीं आया," ऐसा पाक नज़रिया रखने वाले मुसलमान को हेय दृष्टि से देखने से मानवता से धोखा करना होगा। ईश्वर और अल्लाह के नाम पर इनसानियत और मुल्क को बाँटने वाले समाज, देश और सम्पूर्ण मानवता के द्रोही हैं। मेरे मित्र डॉ. अली सूफ़ियाना मिज़ाज के उदारमना शख़्सियत थे। संगीत से गहरा लगाव रखते थे। सबसे बड़ी बात है कि संगीत से सरोकार रखने और उसमें

उसाँस भरने वाले जाति, सम्प्रदाय, मज़हब के तंग सीख़चे से बाहर होते हैं। क्योंकि संगीत से अनुराग रखने वाले किसी दक़ियानूसी बन्धन में गिरफ़्त होकर नहीं रहते और अगरचे किसी बन्धन में रहते भी हैं तो 'स्वर' यानी 'नूर' यानी 'परमप्रकाश' के रूहानी बन्धन से बँधे रहते हैं। यह बन्धन इनसानियत का होता है—मिल्लत और भाईचारे का होता है और आत्मा को परमात्मा से साक्षात्कार कराने में मददगार होता है।

औरंगज़ेब एक सच्चा इनसान था। संगीतप्रेमी ही नहीं संगीतकार, वैणिक (वीणा वादक) था। इसलिए हमारे लिए उसका व्यक्तित्व प्रेरक है, न कि भर्त्सना के लायक़। ज़रा देखिए, कालीभक्त मानवता का पुजारी, बांग्लादेशी कवि क़ाज़ी नज़रुल इस्लाम जब कहते हैं कि 'एकटि वृन्ते दू टि कुसुम, हिन्दू-मुसलमान, मुस्लिम तार नयनमणि हिन्दू ताहार प्राण' तो ज़ाहिर है कि वह भारत की आत्मा बोल रही है। मुझे माँ काली की ऐसी वन्दना संस्कृत ग्रन्थ में भी नहीं मिली जैसी क़ाज़ी नज़रुल ने लिखी है—

"महाकालेर कोले एसे गौरी होलो महाकाली,
श्मसान चितार भस्म मेखे मायेर रूपेर डाली होलो म्लान,
तबु कि मायेर रूप हाराय,
से जे छिड़िये आछे ताराय-ताराय,
तार आरती हय चन्द्र-सूर्य प्रदीप जालाय।"

ऐसे अगणित मुसलमान हुए और हैं जिन्होंने हिन्दू देवी-देवताओं का वैभवगान और हिन्दुस्तानी अदब-ओ-मौसीक़ी को प्रशस्त किया जिनमें से एक पूर्व राष्ट्राध्यक्ष (प्रेसिडेण्ट) डॉ. ए.पी.जे. अब्दुल क़लाम थे जो नित्य गीता-पाठ करते, वीणा बजाते और कर्नाटक संगीत की बन्दिशें रचते थे। ऐसा ही एक मुसलमान शहंशाह औरंगज़ेब भी था जिसने भारतीय संगीत की, जो विशुद्धरूपेण वीणा और ध्रुपद की परम्परा रही है (जिसे 'संगीत की हिन्दू परम्परा' कह सकते हैं।), उसे गतिशील रखा और समृद्ध करने का सराहनीय तथा अनुकरणीय प्रयास किया। वह एक कुशल बीनकार (वैणिक) और ध्रुपद का बन्दिशकार था। वीणा वाग्देवी सरस्वती का वाद्य और देवर्षि नारद का प्रिय साज है जिसे सदैव वह अपने कन्धे से लटकाये रखते हैं। तो वीणा वादक होकर उस मुसलमान बादशाह ने प्रमाणित कर दिया कि वह कतई धर्मान्ध नहीं था। ऐसे मुसलमान, जिनके सत्प्रयासों से भारतीय संगीत और संस्कृति का फलक व्यापक हुआ, उनके लिए कहना चाहूँगा कि, 'इन मुसलमान कवि-संगीतज्ञन पे कोटिन हिन्दू वारिये'। भारतीय वांङ्मय, मनीषा और संगीत के संवर्धन और संरक्षण में मुस्लिम शासकों, ख़ासकर मुग़ल

बादशाहों, मुस्लिम फ़नकारों और शायरों, के अवदान अतुलनीय हैं जो किसी भी क़ीमत पर न तो झुठलाए जा सकते और न नकारे ही जा सकते हैं।

एक संगीतज्ञ के रूप में औरंगज़ेब को चित्रित करने के साथ ही मुग़ल राजवंश के पूर्व और परवर्ती मुस्लिम शासकों के रागरंग और संगीतप्रेम को दर्शाने का यत्किंचित प्रयास किया गया है। ऐसा करना मुझे आवश्यक प्रतीत हुआ, यदि औरंगज़ेब के संगीत-संस्कार का पुख़्ता प्रमाण ढूँढ़ना है तो!

मौसीक़ी एक ऐसा ख़ुदाई इल्म-ओ-फ़न है जो वंशानुगत भी संस्कार में आता है। औरंगज़ेब के अतिरिक्त तक़रीबन सभी मुग़ल बादशाहों में कमोबेश संगीतानुराग विद्यमान था। इसलिए यह मुमकिन नहीं था कि औरंगज़ेब को संगीत से विराग और विरक्ति होती। आगे हम इस पर सप्रमाण विशद चर्चा करेंगे।

कोई भी कार्य सम्पूर्ण नहीं होता। व्यक्ति जब सम्पूर्ण नहीं होता तो उसका कार्य कैसे सम्पूर्ण हो सकता है। इसलिए मेरे इस अदना प्रयास में सुझावों और विचारों का स्वागत रहेगा। इस दिशा में इतिहासकारों, शोधकर्ताओं तथा सुधी पाठकों का सहयोग अपेक्षित है। मुझे विश्वास है कि विस्मृति के गर्भ में पड़े और अनदेखी की वजह से जिन अज्ञात तथ्यों को ढूँढ़कर इस महत्त्वपूर्ण शोध-प्रबन्ध में संकलित किया जा सका है, उसका स्वागत विद्वत समाज करेगा और यह प्रयास इतिहास के सही तथा प्रामाणिक आकलन में सहायक होकर वर्तमान एवं भावी पीढ़ियों का स्वस्थ दिशानिर्देश कर सकेगा।

इस शोध-प्रबन्ध को तैयार करने में जिस किसी रूप में भी जिन महानुभावों से मार्गदर्शन, सहयोग और सहायता मिली, उनके प्रति मैं हार्दिक आभार व्यक्त करता हूँ।

पटना संग्रहालय का मैं विशेष आभारी हूँ जिसके सौजन्य से औरंगज़ेब का पोर्ट्रेट प्राप्त हो सका। भाई विनोदकृष्ण कानोड़िया के प्रति भी हार्दिक आभार प्रदर्शित करता हूँ कि उन्होंने अपने संग्रह से औरंगज़ेब की युवावस्था का एक चित्र देने का सौजन्य प्रदर्शित किया। अन्य स्रोतों से भी विभिन्न बादशाहों, सुल्तानों, नवाबों, शहज़ादे-शहज़ादियों और संगीतकारों के चित्र प्राप्त हुए जिन्हें यथास्थान पुस्तक में दिया गया है। इन चित्रों से बेशक पुस्तक की श्रीवृद्धि हुई है। इस सन्दर्भ में कला छायाकार (Art Photographer) भाई शैलेन्द्र कुमार के योगदान का आभारी हूँ।

मेरे सुझाव और अपेक्षा के अनुरूप 'वाणी प्रकाशन' के व्यवस्थापक भाई अरुण माहेश्वरी ने प्रस्तुत शोध-प्रबन्ध को प्रकाशित करने का सौजन्य प्रदर्शित किया है, जिसके लिए यह नाचीज़ उनका विशेष आभारी है। मैं पूर्णतया आशान्वित

हूँ कि भविष्य में भी उनका सहयोग मिलता रहेगा। साथ ही सुधी पाठकों से प्रोत्साहन अपेक्षित है। पुस्तक में प्रकाशित तथ्यों और तस्वीरों का स्वत्वाधिकार लेखक का है।

मध्ययुगीन भारतीय इतिहास के विशेषज्ञ आदरणीय डॉ. सुरेन्द्र गोपाल ने प्रस्तुत शोध-प्रबन्ध की पाण्डुलिपि पढ़कर अपने इस अकिंचन शिष्य का उत्साहवर्धन करते हुए कहा कि, "मैंने कल्पना भी नहीं की थी कि आप इतनी कड़ी मेहनत करके अपने इस शोधग्रन्थ को पुख़्ता प्रमाणों के आधार पर तैयार करेंगे। आपने जिस ईमानदारी, तटस्थ नज़रिया और सूझबूझ का परिचय अपने लेखन में दर्शाया है, वह प्रशंसनीय ही नहीं अनुकरणीय है। आपके इस महत्त्वपूर्ण कार्य की जितनी तारीफ़ की जाये कम होगी।"

गुरु के प्रति आभार व्यक्त करना और धन्यवाद देना महज़ औपचारिकता और धृष्टता होगी। शिष्टाचार और तहज़ीब ऐसा करने की इजाज़त नहीं देती। तब इतना तो कह ही सकता हूँ कि उनके मार्गदर्शनरूपी ऋण से मैं कभी भी उऋण नहीं हो सकता। भला गुरु के मार्गदर्शनरूपी ऋण से कोई मुक्त हो सकता है क्या? जो कुछ भी मैं लिख पाया हूँ वह 'गुरु प्रसाद', उनके आशीर्वाद और प्रोत्साहन की बदौलत ही। डॉ. सुरेन्द्र गोपाल के सुझावों और सही दिशानिर्देश से शोधकार्य को सम्पन्न करने में मुझे भरपूर सहूलियत मिली है।

–गजेन्द्र नारायण सिंह

अपनी बात-II

"It may be partly correct that historians are supposed to be moral judges," लेकिन जब हर विषय की उपादेयता मानव जीवन को उदात्त और मानव समाज को उत्कृष्टतम बनाने में है तो कहीं-न-कहीं नैतिकता का बन्धन तो है। इससे इनकार नहीं किया जा सकता। यदि इतिहासकार सत्य को असत्य और असत्य को सत्य बनाने का उपक्रम करता है तो उसकी भर्त्सना लाज़िमी है। और जब प्रसिद्ध इतिहासकार डॉ. रामशरण शर्मा लिखते हैं, "British interpretation of Indian history served to denigrate Indian charactor and achivement..." तो स्पष्ट है कि भारतीय इतिहास का सही तथ्यों और घटनाओं के आधार पर पुनर्लेखन किया जाना चाहिए।

दूसरे, सुविख्यात इतिहासकार सर यदुनाथ सरकार (जिन्होंने छः खण्डों में औरंगज़ेब का इतिहास लिखा है।) लिखते हैं कि, "I would not care whether the truth is pleasant or unpleasant, and inconsonance with, or opposed to correct views. I would not mind in the least whether truth is, or is not, allow to the glory of my country. If necessary I shall bear in patience the ridicule and slander of friends and society for sake of preaching truth. But, still, I shall seek truth, understand truth, and accept truth. this should be the firm resolve of a historian."

इतिहास की दो महती हस्तियों की उद्धृत की गयी पंक्तियाँ भारतीय इतिहास का मानक ग्रन्थ तैयार करने में न केवल प्रेरणास्रोत का काम करती रहेंगी अपितु सही दिशादिर्नेश देने में भी अहम भूमिका निभायेंगी, ऐसा मेरा मानना है।

इस सन्दर्भ में उल्लेखनीय है कि इस शोध-प्रबन्ध को जब मैंने पटना विश्वविद्यालय के इतिहास विभाग में प्रो. डॉ. रामशरण शर्मा की अध्यक्षता में आयोजित गोष्ठी में पढ़ा तो डॉ. शर्मा ने अपने अध्यक्षीय भाषण में कहा, "मुझे इस बात से हार्दिक प्रसन्नता है कि मेरे एक शिष्य (गजेन्द्र नारायण सिंह) ने भारतीय

इतिहास के एक अनछुए पहलू को वास्तविक तथ्यों और प्रमाणों के आधार पर प्रकाश में लाने का स्तुत्य एवं अनुकरणीय प्रयास किया है। उनके इस महत्त्वपूर्ण शोध से इतिहास के प्रशिक्षुओं और इतिहासकारों को प्रेरणा लेनी चाहिए।"

हर ज़माने का इतिहास उस काल विशेष का सामाजिक और सांस्कृतिक इतिहास भी होता है। इसलिए आवश्यक नहीं कि आने वाले समय के लिए भी वह शत-प्रतिशत प्रासंगिक हो। पर इतना ज़रूर है कि इतिहास के अन्दर मानव विकास की कथा की एक निरन्तरता होती है जो साबित करती है कि उसकी उपादेयता और प्रासंगिकता आने वाले समय के लिए भी है। मानवजाति की क्रमिक विकास-यात्रा में उसकी जो ग़लतियाँ, असफलताएँ और उपलब्धियाँ होती हैं, उसका लेखा-जोखा भविष्य के लिए आईना और चेतावनी का काम करती है। इसलिए यह कहना पूरी तरह से ठीक नहीं होगा कि इतिहासकार का काम नैतिकता का पाठ पढ़ाना नहीं होता। वस्तुतः नैतिक मूल्य मानव जीवन की धरोहर है जिससे वंचित रहकर मानव पशुवत है।

कुछ बातें शाश्वत होती हैं जिसे एकदम से छोड़ा नहीं जा सकता, मसलन—मानव की शुचिता, आत्मसंयम और शुद्धि, अपरिग्रह, मितव्यता, सादगी, सरलता, सत्याचरण—आत्मोत्कर्ष के लिए इनका समावेश करके एक आचार संहिता की स्थापना प्राचीन मनीषियों ने की। मानव-कल्याण से सम्बद्ध जितने भी विषय यानी ज्ञान-विज्ञान के जितने रूप हैं, वे इस आचार संहिता की परिधि से बाहर नहीं किये जा सकते। जब भी बाहर करने का पर्याय होगा, दुष्परिणाम अवश्यम्भावी है। इसलिए गाहे-बगाहे अगरचे कोई इतिहासकार किसी सत्य का खुलासा करने के सन्दर्भ में नैतिकता का हवाला देता है तो मेरी समझ से अनुचित नहीं करता।

मिसाल के तौर पर, राष्ट्र के लिए अनेकानेक लोगों ने क़ुर्बानियाँ दीं—वे सभी राष्ट्रनायक कहलाने के हक़दार हैं—राष्ट्र तो माता समान है, इसलिए राष्ट्रमाता का पिता कोई अदना इनसान कैसे हो सकता है? ऐसा कहना राष्ट्रमाता की अवमानना होगी। अनगिनत राष्ट्रनायकों की क़ुर्बानियाँ को नज़रअन्दाज़ करके राष्ट्रनायक और राष्ट्रपिता के रूप में किसी व्यक्ति विशेष की स्तुति की जाती है, तो ऐसा करना उन तमाम स्वतन्त्रता सेनानियों का अपमान करना है जिन्होंने जंगे-आज़ादी में अपने प्राणों की आहुति दे दी। सभी जानते हैं कि भारत का विभाजन क्यों, किसके द्वारा और किन लोगों ने कराया। पर मुल्क के बँटवारे का इल्ज़ाम थोपा जाता है, औरंगज़ेब और मोहम्मद इक़बाल पर। अनेक इतिहासकारों ने देश के विभाजन की हक़ीक़त जानते हुए भी उसकी अनदेखी की है। वास्तविकता

दबायी जा सकती है पर मिटायी नहीं जा सकती। समय आने पर पर्दाफ़ाश होता ही है। ऐसा उस आचार संहिता की बदौलत ही होता है जो शाश्वत मूल्यों पर आधारित होती है और सत्य की रक्षा करती है। इसलिए किसी-न-किसी रूप में इतिहासकारों के लिए नैतिकता की महत्ता और प्रासंगिकता होती ही है, उसे नकारा नहीं जा सकता।

उन्हीं शाश्वत मूल्यों के तहत मुग़ल औरंगज़ेब के व्यक्तित्व का प्रमाणों के आधार पर सही आकलन और मूल्यांकन प्रस्तुत शोध-प्रबन्ध में किया गया है।

–गजेन्द्र नारायण सिंह

अपनी बात-III

कालक्रम से की जा रही खोजबीन और शोध से औरंगज़ेब के सम्बन्ध में जो तथ्य और साक्ष्य प्रकाश में आये हैं, उससे उसके व्यक्तित्व पर लगाये जाते रहे सारे इल्ज़ाम बेबुनियाद ठहरते हैं। नीचे दिये गये तथ्यों से इस बात की पुष्टि होती है कि शहंशाह औरंगज़ेब न तो कट्टर धर्मान्ध, न हिन्दुओं के प्रति अनुदार और न ही मन्दिरों का विध्वंसक था।

कभी-कभार इनसान की छवि ऐसी गढ़ जाती है कि उस छवि के ठीक विपरीत कोई तथ्य उजागर हो तो सहसा गले नहीं उतरता। मुग़ल शहंशाह औरंगज़ेब भारतीय इतिहास का ऐसा ही एक विवादास्पद चरित्र है जिसे कतिपय इतिहासकारों ने कट्टर धर्मान्ध, मन्दिरों का विध्वंसक और हिन्दुओं के प्रति अनुदार बताने का दुष्प्रचार किया है। पर उसने न केवल चित्रकूट में बालाजी तथा जामा मस्जिद दिल्ली के निकट गौरीशंकर मन्दिर का निर्माण करवाया बल्कि असम के कामाख्या मन्दिर को वार्षिक वित्तीय अनुदान देने का आदेश निर्गत किया। इसके अलावा काश्मीर और बनारस में मन्दिरों के निर्माण के लिए भी वित्तीय मदद दी थी।

ब्रितानी इतिहासकार एलेक्ज़ेण्डर हैमिल्टन के अनुसार शहंशाह औरंगज़ेब ने हिन्दुओं के धार्मिक क्रियाकलापों पर कभी भी पाबन्दी नहीं लगायी थी। सर यदुनाथ सरकार के अनुसार औरंगज़ेब ने अपने शासनकाल में लागू 65 प्रकार के टैक्सों को ख़त्म कर दिया। जिस वजह से शाही ख़ज़ाने को पचास हज़ार मिलियन रुपये की चपत लगी।

मुसलमानों को 2.5 प्रतिशत ज़कात और कृषि उपज का 10 प्रतिशत के अलावा सदक़ा, फ़ितरा व ख़ुम्स भी देना पड़ता था।

इतिहासकार श्री नागेन्द्रनाथ बनर्जी ने लिखा है, "औरंगज़ेब ज़बरन धर्म-परिवर्तन का हिमायती नहीं था।" एक अन्य इतिहासकार श्री शर्मा ने औरंगज़ेब की मुस्लिमपरस्ती को इन तथ्यों के साथ झुठलाया है कि अकबर के दरबार में कुल

14 हिन्दू मनसबदार थे। शाहजहाँ के शासनकाल में 105 हिन्दू मनसबदार थे जबकि औरंगज़ेब के दरबार में 148 हिन्दू मनसबदार थे। ऐसे में अकबर को हिन्दू-मुस्लिम सद्भावना का प्रतीक माना जाता है। यह विचारणीय है।

हिन्दू-विरोधी माने जाने वाले शहंशाह औरंगज़ेब के प्रशासन में जसवन्त सिंह, प्रेमदेव सिंह, दिलीप राय, रसिक लाल, राजा रामरूप, कबीर सिंह, अरगनाथ सिंह उच्च पदों पर तैनात थे। जसवन्त सिंह और जयसिंह, दोनों उच्च रैंक प्राप्त जनरल थे। औरंगज़ेब ने हिन्दुओं के पक्ष में कई महत्त्वपूर्ण फ़ैसले लिये थे। बावजूद इसके अधिकांश इतिहासकार उसे हिन्दू-विरोधी ही बताते रहे। इसे विडम्बना ही कहेंगे।

चित्रकूट में औरंगज़ेब द्वारा बनाये गये बालाजी के मन्दिर से सम्बद्ध फ़रमान को सन् 1814 में चित्रकूट के अधिपति पन्ना नरेश महाराज हिन्दुपत और बाद में ब्रिटिश हुकूमत ने भी स्वीकार कर बरक़रार रखा। मन्दिर के पुजारी के पास ब्रिटिश शासनकाल में उच्च न्यायालय द्वारा प्रमाणित फ़ारसी भाषा के अंग्रेज़ी अनुवाद की प्रति भी मौजूद है। महात्मा गाँधी चित्रकूट ग्रामोदय विश्वविद्यालय के प्राचीन इतिहास के प्रोफ़ेसर डॉ. कमलेश थापर के अनुसार बालाजी मन्दिर में मुग़लकालीन स्थापत्य कला की छाप है।

कालक्रम से शोधकर्ताओं द्वारा प्रकाश में लाये गये इन तमाम सबूतों से प्रमाणित होता है कि शहंशाह औरंगज़ेब पर लगाये जाते रहे इल्ज़ामात बेबुनियाद ठहरते हैं। प्रस्तुत शोध-प्रबन्ध में आगे तथ्यों एवं साक्ष्यों के आधार पर औरंगज़ेब के विषय में विस्तार से चर्चा की गयी है।

मार्के की बात है कि भगवान राम की तपोभूमि चित्रकूट में एक मुस्लिम शासक (औरंगज़ेब), जिसे हिन्दू-विरोधी बताया जाता रहा, द्वारा मन्दिर-निर्माण कराये जाने के कारण चित्रकूट क़स्बे के वाशिन्दे औरंगज़ेब को बेरहम, ज़ालिम और धर्मान्ध नहीं मानकर हिन्दुओं के प्रति सहिष्णु व एक आदर्श धर्मपरायण शासक मानते रहे हैं।

अंग्रेज़ों की कुटिलता के कारण औरंगज़ेब उन्हें शक की निग़ाह से देखता था। इसी वजह से अंग्रेज़ों को बढ़ावा और तरजीह नहीं देता था। यही कारण है कि एकाध अपवाद को छोड़ अंग्रेज़ इतिहासकारों ने उसके व्यक्तित्व को दाग़दार बनाने में कोई कसर बाक़ी नहीं रखी।

–गजेन्द्र नारायण सिंह

"गहरा बहुत है ग़म-ए-जहाँ,
मेरी पूँजी
सिर्फ़ इस दिन की कली
वक़्त की घड़ी में
उलट दूँ कैसे
तमाम सहरा की रेत।"

औरंगज़ेब

औरंगज़ेब के आख़िरी साल बड़े पैमाने पर मुद्दे से भरे थे, लेकिन इसके बीच भी इस बादशाह ने अपनी ज़िन्दगी और मुग़ल सल्तनत के भविष्य को आईना दिखाने को वक़्त निकाल लिया था। बावजूद ऊपर व्यक्त की गयी क़ता में उसके शायराना मिज़ाज की झलक पेश करती है कि किस क़दर अपनी सल्तनत को ख़ुशहाल और महफ़ूज़ रखने की बेचैनी को कितनी ख़ूबसूरती और मर्मस्पर्शी ढंग से ऊपर उल्लिखित क़ता से व्यक्त किया है, ग़ौरतलब है।

मध्यकाल में मुस्लिम राजघरानों के अन्तर्गत संगीत, साहित्य, चित्र, वास्तु और शिल्पकलाओं का अभूतपूर्व विकास हुआ। इतना ही नहीं, मुसलमानों ख़ासकर मुग़लों द्वारा हस्तलेखन की एक ऐसी अनूठी कला का विकास किया गया जिसे 'ख़ुशनवीसी' (Calligraphy) कहते हैं। संगीत एवं साहित्य की विकासधारा में हिन्दू-मुस्लिम संस्कृति यानी इस्लामिक और वैदिक संस्कृति का ऐसा अभिनव समन्वय हुआ जिसकी परिणति 'गंगा-जमुनी' यानी साझी तहज़ीव उभरकर आयी जिसे सामासिक या समन्वयवादी संस्कृति कहना अधिक उपयुक्त होगा। सम्पूर्ण मानवजाति का कल्याण और सर्वांगीण विकास ही इसका लक्ष्य है। जिस संस्कृति का ताना-बाना विश्व की तमाम संस्कृतियों का निचोड़ हो, मानवता के हित के लिए ऐसी दूसरी हो ही नहीं सकती जो सर्वधर्म समभाव एवं वसुधैव कुटुम्बकम् के आदर्शों पर टिकी है। भारतीय संस्कृति की इस श्रेष्ठता और विराटता को मुसलमानों ने भी अच्छी तरह से समझा और सिर्फ़ समझा ही नहीं बल्कि स्वीकारा तथा अपनी जीवनशैली में उतारकर उसे अपनी सोच, विचारों और कार्यों से दशा और दिशा देकर समुन्नत किया।

महाकवि बिहारी ने 'तन्त्री नाद्', 'सरस राग', 'कवित्तरस' और 'रतिरंग' निमग्न व्यक्तियों को सहृदय कहा है जो भारतीय परम्परा के अनुरूप है। सहृदय में जिन गुणों की अनिवार्यता कविवर बिहारी ने बतायी है, उससे यहाँ के मुसलमान शासक भी अछूते नहीं रहे। ये मुसलमान पराये नहीं कहे जा सकते। कहने को तो ये अरब, तुर्किस्तान और फ़ारस से आये पर हमेशा-हमेशा के लिए यहीं के होकर रह गये—यहाँ की माटी-पानी में रच-बस गये। लॉर्ड मैकॉले तथा ब्रिटिश शासकों की तरह मुसलमान शासकों ने भारतीय संस्कृति पर प्रहार नहीं किया बल्कि उसे सजा-सँवारकर विकसित करने का सत्प्रयास किया।

सच कहा जाये तो मोहम्मद ग़ज़नी, गोरी, दुर्रानी, तैमूरलंग, नादिरशाह और

अंग्रेज़ों की तरह मुग़ल लुटेरे नहीं थे। अंग्रेज़ बतौर तिजारत करने हिन्दुस्तान आये थे और जब सत्ता हथियाने में कामयाब हुए तो भारत में अंग्रेज़ी हुकूमत की स्थापना की जिसका 'रिमोट कण्ट्रोल' इंग्लैण्ड के राजा या रानी के हाथों में रहा।

मुस्लिम शासक, सुल्तान, बादशाह और नवाब न केवल भारतीय संगीत, साहित्य, कला, शिल्प, अध्यात्म और दर्शन के पोषक, उसके मर्म को समझने वाले तथा रसिक हुए, अपितु आला दर्जे के संगीतकार, कवि, शायर और बन्दिशकार-वाग्येयकार भी हुए। उनमें जौनपुर के शर्क़ी सुल्तान हुसैनशाह शर्क़ी, लोदी वंश के सुल्तान सिकन्दर लोदी, माण्डू (मालवा) के सुल्तान बाज़बहादुर, सूरवंश के अफ़ग़ान शासक मोहम्मद आदिलशाह 'अदली' (जिसके आश्रम में तानसेन रहे, जो उन्हें गुरुवत इज़्ज़त देते रहे), बीजापुर के सुल्तान इब्राहिम आदिलशाह द्वितीय, अवध के नवाब वाजिद अली शाह 'अख़्तरपिया', मुग़ल शहज़ादा दाराशिकोह, शहंशाह औरंगज़ेब, मोहम्मद शाह 'रंगीले' तथा बहादुरशाह द्वितीय 'ज़फ़री' का स्थान हिन्दुस्तानी संगीत की दुनिया में वन्दनीय है। ये मुस्लिम शासक चोटी के राग-निर्माता, बन्दिशकार, बीनकार एवं संगीत-प्रस्तोता हुए। इनमें एक कुशल बादशाह और मौसीक़ीकार के रूप में औरंगज़ेब अद्वितीय था। औरंगज़ेब इनसान भी अव्वल दर्जे का था—विविध गुणों से सम्पन्न बहुआयामी व्यक्तित्व का धनी था, जिस सन्दर्भ में आगे विस्तार से प्रकाश डाला जायेगा।

मुग़ल शहज़ादा दाराशिकोह संस्कृत और फ़ारसी का विद्वान, भारतीय अध्यात्म एवं दर्शन का गहन अध्येता-ज्ञाता तथा संगीतरसिक भी था। उसकी बेगम रानादिल भी सुकण्ठी थी। रानादिल मुग़ल दरबार की रक़्क़ासा थी। वह सुकण्ठी और बेहद ख़ूबसूरत थी। दाराशिकोह ने शाहजहाँ की इच्छा के बग़ैर उससे विवाह कर लिया। इटालियन यात्री निकोलाई मनुश्शी ने इस वाक़ये का अत्यन्त रोचक वृत्तान्त अपनी पुस्तक *स्टोरिया डी मोगोर* में पेश किया है। मुग़ल शहज़ादी ज़ेबुन्निसा 'मख़्फ़ी' अव्वल दर्जे की शायरा और ग़ज़लसरा थी। दोनों चाचा-भतीजी यानी दाराशिकोह और ज़ेबुन्निसा आदर्श इनसान भी थे। मानवोचित गुण दोनों में कूट-कूटकर भरे थे किन्तु राजनीतिक सूझबूझ और शासक के रूप में दारा अक्षम था।

गुज़िश्ता दिनों में तक़रीबन सभी बुज़ुर्ग आला संगीतकार कहा करते थे, "मियाँ! पहले उम्दा इनसान बनो, तब कहीं उम्दा फ़नकार बन सकोगे।" गाना-बजाना इनसान की आन्तरिक मनोदशा और भावों की ही तो अभिव्यक्ति है। भीतर यदि कलुष भरा रहेगा तो भाव और स्वराभिव्यक्ति निर्मल एवं तासीरदार कैसे हो सकती है। सही मायने में यदि संगीतकार सच्चा है तो वह सहृदय होगा और उसमें भी एक

बादशाह मौसीक़ीकार और संगीत-पोषक सहृदय ही हो सकता है, संगदिल वह हो ही नहीं सकता। कई मुस्लिम शासक भारतीय संगीत, साहित्य और संस्कृति के उन्नायक हुए जिनमें औरंगज़ेब का स्थान सर्वोत्कृष्ट है, इसमें अत्युक्ति नहीं। इसकी पुष्टि तथ्यों के आधार पर आगे की जायेगी।

केवल इसके कि औरंगज़ेब कैसा संगीतप्रेमी, संगीतकार और कलाकारों-कवियों का पोषक-आश्रयदाता था, हम मुस्लिम शासकों ख़ासकर मुग़ल शहंशाहों की संगीत रसिकता और कला-काव्यप्रियता पर एक विहंगम दृष्टि डालना चाहेंगे।

काश्मीर जैसी प्रकृतिनटी के रंगमंच को इनसानी कारीगरी से सँवार-सजा कर चित्ताकर्षक बनाने का जिस तरह से सर्वाधिक श्रेय मुग़ल शहंशाहों को जाता है, उसी तरह भारतीय संगीत को कामिनी के यौवन-सा, वासन्ती गुलाब-सा, अरुणाचल की हरीतिमा स्वर्णाभा-सा, और पावस की बरसाती इन्द्रधनुषी निर्झरणी-सा सलोना रमणीक बनाने में भी मुग़ल बादशाहों का सानी नहीं। इसीलिए तो फ़ारसी माहकवि फ़िरदौसी ने 'शाहनामा' में काश्मीर के प्राकृतिक सुषमा-सौन्दर्य का बखान करते हुए कहा, "गर फ़िरदौस बररूए ज़मीं अस्त, हमी अस्त हमी अस्त" यानी पृथ्वी पर अगरचे कही बहिश्त है तो वह यहीं है, यहीं है।

ध्रुपद और बीन (वीणा) के आशिक़ थे, मुग़ल शहंशाह। यह अद्भुत दुर्लभ संयोग था कि ध्रुपद सरीखा गुरु गम्भीर विशुद्ध हिन्दू संगीत में शहंशाहों का गहरा रुझान था। शायद इसी वजह से ध्रुपद और बीन का मुग़लों के शासनकाल में अभूतपूर्व विकास हुआ।

मन्दिरों व मठों से निकलकर कठोर काया को छोड़ मुग़ल शहंशाहों के दरबार और अन्तःपुर तक में प्रवेश पाकर ध्रुपद कमनीय बन गया, गोकि रूहानियत में रूहानियत का अनुपम समावेश हुआ। तभी तो तानसेन प्रस्तुत ध्रुपद में कहता है :

रागमालकौंस–ताल चौताल

"लाल लोचन चुनरी लाल बूटे-छूटे लाल।
गरै बीच हीरा लाल नसिका का मोती लाल,
पाँव लाल प्यारी लाल सेज लाल।
बाज़ूबन्द लाल कर कंगन लाल,
लालचरण पाई लाल चलत है मन्द चालि।
तानसैनि भूमि लाल ब्रज की सब गोपी लाल,
ता मध मदन गुपाल लाल ॥"

हालाँकि, मालकौंस राग वीररस प्रधान है, पर तानसेन ने रसराज शृंगार का जामा पहनाकर प्रस्तुत बन्दिश में राग को रूमानियत से भर दिया।

मुगलकालीन ध्रुपद की बन्दिशों में अध्यात्म की शान्त-शीतल पवित्रता और गम्भीरता, शृंगार की रसीली-लावण्यमयी कमनीयता और बादशाहों के ऐश्वर्य-वैभव की भव्यता का बख़ूबी निदर्शन हुआ है। ध्रुपद की ये बन्दिशें काव्य एवं संगीत की अनूठी मिसाल ही नहीं, भारतीय संस्कृति की बेशकीमती धरोहर हैं। भक्ति, शृंगार और वैभव-पराक्रम इन भावों और रसों की त्रिवेणी जैसी तत्कालीन ध्रुपदों में बहता दिखता है, वैसा अनुपम समागम काव्य, संगीत और साहित्य में अन्यत्र नहीं मिलता। औरंगज़ेब किस कोटि का बन्दिशकार था, इस पर हम आगे चर्चा करेंगे।

यह ग़लत धारणा है कि इस्लाम में मौसीक़ी वर्जित है, बल्कि सूफ़ी सन्तों के संगीतप्रेमी होने के कारण सूफ़ियों में संगीत को साधना यानी इबादत का ज़रिया समझा जाता था।

बंगाल में बाउल संगीत और सम्प्रदाय का प्रादुर्भाव मुस्लिम शासनकाल में हुआ। यह एक तरह से सूफ़ी संगीत का ही विस्तार था जो वर्तमान समय में की ख़ूब प्रचलित है। तेरहवीं सदी ईस्वी से मुसलमानों के शासनकाल के दौरान दासवंश के राज्यकाल में सूफ़ी मत और सम्प्रदाय के अभ्युदय से संगीत की धारा फूट पड़ी। संगीत की इस धारा के अन्तर्गत क़ौल, क़लवाना, क़व्वाली, गुल, नक़्श, रंग और वसन्त आदि अनूठी गेय विधाओं के आगमन से हिन्दुस्तानी संगीत का फलक विस्तृत ही नहीं हुआ अपितु उसके भण्डार में अप्रत्याशित रूप से अभिवृद्धि हुई। इस सूफ़ी संगीत की महत्त्वपूर्ण शख़्सीयत थे हज़रत अमीर ख़ुसरो। ऐसा कहा जाता है कि ख़ुसरो ने ही क़व्वाली ईजाद की। ऐसी मान्यता इसलिए भी है कि सूफ़ी सन्तों की दरग़ाह पर उसके समय से नियमित रूप से क़व्वाली पेश की जाती रही है। आज भी अजमेरशरीफ़ की ख़्वाजा मोईनुद्दीन चिश्ती की दरग़ाह हो या दिल्ली में हज़रत निज़ामुद्दीन औलिया की मज़ार या मुम्बई में पीर हाजी की दरग़ाह, वहाँ हर वक़्त क़व्वाल गाते-बजाते मिलेंगे। हिन्दुस्तानी संगीत के संवर्धन में अमीर ख़ुसरो का उल्लेखनीय अवदान है।

किन्तु आचार्य कैलासचन्द्र देव बृहस्पति का मानना है कि ख़ुसरो के बहुत पहले ग्यारहवीं सदी ईस्वी में ही क़ौल-क़व्वाली का प्रचलन हो चुका था। ख़ुद ख़ुसरो ने 'एज़ाजे ख़ुसरो' में ख़्वाजा लतीफ़ क़व्वाल और शाबान क़व्वाल का ज़िक्र किया है। हाँ, अमीर ख़ुसरो ने क़व्वाली की बहुत सारी बन्दिशें रचीं जो काव्य और संगीत की दृष्टि से उत्कृष्ट और लोकप्रिय हैं। क़व्वाल उसे बड़े भाव

से गाते हैं। राग ईमन में रची उसकी ऐसी ही एक क़व्वाली है 'छाप तिलक सब छीनी री मों से नैना लराय के' जो बहुत ही ख़ूबसूरत बन्दिश है। इस क़व्वाली में श्रृंगार और भक्ति, दोनों ही रसों की निष्पत्ति बख़ूबी हुई है।

आचार्य बृहस्पति का यह भी मानना है कि ख़्वाजा मोईनुद्दीन चिश्ती अजमेरी भारतीय भजन मण्डलियों से प्रभावित थे जो ऐसे गीत गाते थे जिसके शब्द सांसारिक सुख का वर्णन प्रत्यक्षतया करते थे, परन्तु उसके गूढ़ार्थ परमार्थ बोधक होते थे। फलतः क़व्वाली का प्रदुर्भाव हुआ।

हज़रत अमीर ख़ुसरो के समय में यद्यपि सूफ़ी संगीत और उसकी विभिन्न गेय विधाएँ आयीं, किन्तु भारतीय संगीत का छन्द-प्रबन्ध अबाधित चलता रहा। ख़िलजी सुल्तान अलाउद्दीन ख़िलजी के समकालीन नायक गोपाल संगीत की इन विधाओं के तत्कालीन श्रेष्ठ प्रस्तोता थे। देवगिरी विजय के पश्चात सुल्तान की प्रशस्ति में नायक गोपाल का प्रबन्ध मिलता है। हालाँकि आचार्य बृहस्पति ने अपनी पुस्तक *ध्रुपद और उसका विकास* में उसे ध्रुपद लिखा है, किन्तु ध्रुपद संगीत ग्वालियर नरेश मानसिंह तोमर (15वीं सदी इस्वी) के समय से प्रचलित हुआ जिसकी बन्दिशें ब्रज एवं क्षेत्रीय भाषाओं में ही मिलती हैं। ग्वालियर नरेश मानसिंह तोमर ध्रुपद के प्रतिष्ठाता भी माने जाते है।

सुल्तान अलाउद्दीन ख़िलजी की प्रशस्ति में रची नायक गोपाल की प्रस्तुत बन्दिश ब्रजभाषा में नहीं है :

"धक्कृदलन रे प्रबल्लनाद सिंघनाद,
बलअपबल बक्कृक अर।
कुंडानधीर अडांन मिलवत चपत्न चाप,
अचपल अक्कृकधर।।
गीत गावत नाईक गोपाप विद्यावर,
साहिनिसाहि अल्लावदी तपैडिली नरेसजाके,
बसुधासूचित तुअत्रकृक अर।।"

इस बन्दिश में क्षेत्रीय बोली और प्राकृत भाषा स्पष्टरूपेण दृष्टिगोचर होती है। 'आईने अकबरी' में अबुल फ़ज़ल ने ध्रुपद को लोकसंगीत की श्रेणी में रखा है। हो सकता है, प्रारम्भ में रची बन्दिशों की रचना पर क्षेत्रीय बोलियों और भाषाओं के प्रभाव के कारण ही अबुल फ़ज़ल ने ध्रुपद को लोकसंगीत कहा। मुझे लगता है, ध्रुपद की जो चार बानियाँ हैं, वह क्षेत्रीय उपज ही हैं क्योंकि डांग क़स्बे से डांगुर, नौहा क्षेत्र से नौहारी, खण्डार अचल से खण्डार और ब्रज से गोहार

बानियों की उत्पत्ति हुई। इसका ज़बर्दस्त कारण है कि बारहवीं-तेरहवीं सदी ईसवी से संस्कृत का प्रभाव घटने लगा था और प्राकृत, अपभ्रंश, मैथिली, अवधी और ब्रज बोली-भाषा ने साहित्य, ख़ासकर काव्य, में अपनी ख़ास जगह बना ली। उल्लेखनीय है कि चौदहवीं सदी ईसवी से 'सालगसूड' प्रबन्ध के 'ध्रुवा' उपभेद से ध्रुपद की उत्पत्ति हुई। इसलिए किसी-न-किसी रूप में संगीत की इस विधा का पोषण-संरक्षण पहले से ही होता रहा होगा यानी तेरहवीं सदी से ही होता रहा जिसका प्रमाण नायक गोपाल का ऊपर उल्लिखित ध्रुपद-प्रबन्ध है जिसकी भाषा मिश्रित है। छन्द-प्रबन्ध, जो संस्कृत में ही रचे जाते थे, उसका चलन तेरहवीं सदी से घटना लगा और शनैः-शनैः चौदहवीं सदी ईसवी में ध्रुपद ने उसकी जगह ले ली। शायद इसी वजह से आचार्य बृहस्पति ने नायक गोपाल की बन्दिश को ध्रुपद की श्रेणी में रखा। संस्कृत के अवसान के बाद प्राकृत, अपभ्रंश तथा क्षेत्रीय भाषाओं का व्यवहार होने लगा, जिस कारणवश नायक गोपाल की बन्दिश संस्कृत प्राकृत-अपभ्रंश-क्षेत्रीय बोली मिश्रित है।

इसी समयावधि से बृज एवं अवधी बोलियों में भक्तिकालीन सन्तकवियों द्वारा शृंगार तथा भक्तिपरक पद रचे गये। ध्रुपद भी इन्हीं दो बोलियों में लिखे गये। ध्रुपद के उन्नायक ग्वालियर नरेश मानसिंह तोमर ने देखा कि ध्रुपद का विकास तभी सम्भव है, जब आम लोगों से उसका जुड़ाव हो। इसलिए उसके समय से ग्वालियरी यानी ब्रज भाषा में ध्रुपद की बन्दिशें रची जाने लगीं।

ध्रुपद संगीत का संरक्षण-संवर्धन जैसा मुगल शहंशाहों के शासनकाल में हुआ, वैसा किसी अन्य शासनकाल विशेष में नहीं हो सका। मुग़लकाल में ध्रुपद संगीत सशक्त प्रमुख गेय विधा रही जिसे मन्दिरों-मठों से लेकर राजदरबार तथा हरम तक में प्रतिष्ठा मिली। सच पूछिए तो साहित्य और संगीत का जैसा अभिनव और उत्कृष्ट संगम मुग़लों के राज्यकाल में देखने को मिलता है, उसे काव्य और संगीत के विकास का स्वर्णकाल कहा जा सकता है।

मुग़लों के शासनकाल में हिन्दी काव्य में निर्गुणों और सगुणोपासना की धाराएँ साथ-साथ प्रवाहित होती रहीं। मुग़लकाल में ही नाथपन्थियों, गोरखपन्थियों और निर्गुणपन्थियों द्वारा रहस्यवाद से प्रभावित निर्गुण गायन की परिपाटी का सूत्रपात हुआ। गोस्वामी तुलसीदासकृत 'श्रीरामचरितमानस' सरीखा समाज में क्रान्ति लाने वाला मानक ग्रन्थ आया जिसका दूरगामी व्यापक प्रभाव आज तक देखा जा सकता है। सूरदास, मीराबाई, ख़ानख़ाना अब्दुर्रहीम, रसख़ान, कबीर, क़ुतबन, मलिक मुहम्मद जायसी तथा नानकदेव जैसे भक्त और रहस्यवादी कवि हुए। मलिक मुहम्मद

'श्रीरामचरितमानस' के प्रणेता सन्त कवि गोस्वामी तुलसीदास

जायसी सरीखे प्रेममार्गी रहस्यवादी सूफ़ी कवि जिनकी कृति *पद्मावत* हिन्दी साहित्य की उत्कृष्ट रचना है। निर्गुणोपासना धारा की सबसे सशक्त कड़ी कबीरदास हुए जिनके दोहे और पद क्रान्तिमूलक सिद्ध हुए। सम्पूर्ण हिन्दी काव्य-जगत में कबीर सरीखा तटस्थ, धर्मनिरपेक्ष तथा प्रगतिशील विचारधारा का अनुयायी दूसरा कवि नहीं दिखता। समाज के ढकोसले और पाखण्ड पर कबीर ने तीखा प्रहार किया। कबीरदास के रहस्यवाद का गहरा प्रभाव रवीन्द्रनाथ ठाकुर की रचनाओं में देखा जा सकता है। कृष्णभक्ति और सगुणोपासना के प्रबलतम गायक कवि सूरदास हुए जिन्होंने श्रीकृष्ण की बाल लीला की जैसी स्वाभाविक छवि अपने पदों में उकेरी है, वह हिन्दी साहित्य की उत्कृष्ट उपलब्धि है। अन्धे सूर ने अपनी अन्तर्दृष्टि से श्रीकृष्ण के बालसुलभ हावभावों को जिस सहज स्वाभाविक ढंग से अपने पदों में उकेरकर दर्शाया है, चश्मा लगाकर भी कविवर मैथिलीशरण गुप्त अपनी *यशोधरा* काव्य में राहुल के बालपन को उस वास्तविकता एवं दक्षता के साथ चित्रित नहीं कर पाये। मीराबाई और रसख़ान तो अपने पदों में बिल्कुल कृष्णमय हो गये हैं और रहीम के क्या कहने।

शहंशाह अकबर के नौरत्न ख़ानख़ाना अब्दुर्रहीम

तुलसीदास से उनकी प्रगाढ़ मित्रता थी—उन्होंने 'मानस' की प्रशंसा करते हुए लिखा, 'हिन्दुअन का वेद सम तुरुस्क ही प्रकट क़ुरान'। ख़ानख़ाना रहीम के दोहे हिन्दी काव्य के अनमोल नगीने हैं। ख़ानख़ाना रहीम शहंशाह अकबर के नवरत्नों में थे। अकबर ने उन्हें गोस्वामी तुलसीदास के पास दावतनामा देकर भेजा। तुलसीदास से रहीम की प्रगाढ़ मित्रता थी। सन्तकवि असंग तुलसीदास ने यह कहते हुए दावतनामा को अस्वीकार किया कि "हौ तो चाकर राम का पढ़ो-लिखो दरबार, तुलसी अब का होयंगे नर के मनसबदार।" दूसरा कोई होता तो मानापमान का प्रश्न बना लेता, पर ख़ानख़ाना रहीम ने इस विनम्र दृढ़ अस्वीकृति को अपनी प्रणति दी। उन्हें इस बात से फ़ख़्र हुआ कि उनकी सारस्वत बिरादरी में कोई तो ऐसा है जो बड़े वैभव-ऐश्वर्य के प्रलोभन को निर्भय भाव से ठोकर मार सकता है।

चमार जाति के जूता सिलकर जीविकोपार्जन करने वाले दलित सन्तकवि रैदास की वाणी भी मुखर हुई जब वह करते हैं, "प्रभुजी, तुम दीपक हम बाती, जाकी जोत बरै दिन राती, प्रभुजी, तुम चन्दन हम पानी जाकी वास अंग-अंग समानी...।" तभी तो मेवाड़ की रानी मीराबाई ने इनसे दीक्षा लेकर इन्हें गुरु बनाकर सम्मानित किया।

इसी कालखण्ड में मिथिला में कविकोकिल विद्यापति हुए जिनके पदों को सुनकर सूरदास आह्लादित हो उठे थे कि इनके सामने वह तुच्छ हैं।

रीतिकाल काव्य भी पराकाष्ठा पर था—महाकवि बिहारी, घनानन्द, मतिराम, देव, पद्माकर आदि कवियों ने श्रृंगार और रीति को जिस नज़रिये से देखा और अपनी मनभावन रचनाओं में व्यक्त किया, वह कल्पनातीत व वर्णनातीत है।

सिखों के आदिगुरु नानक देव और अन्तिम गुरु गोविन्द सिंह भी उच्चकोटि के कवि थे। हिन्दी काव्य की ऐसी उत्कृष्ट और उदात्त परम्परा फिर किसी कालखण्ड में देखने को नहीं मिलती। से सभी मुग़लकालीन कवि हिन्दी काव्य एवं साहित्य की परम्परा के कीर्तिवाहक हैं। साथ ही इन्होंने संगीत की भी उल्लेखनीय सेवा की, क्योंकि इनके पद रागों और तालों में निबद्ध हैं। वे कवि मात्र नहीं बल्कि संगीतज्ञ भी थे।

सुर और शब्द यानी संगीत एवं साहित्य के संगम का उत्कृष्ट नमूना है, ध्रुपद। महाकवि बिहारी ने जिस 'तन्त्रीनाद', 'सरस राग', 'कविरस' और 'रतिरंग' में निमग्न रहने वाले को सहृदय कहा, उस कसौटी पर मुग़ल शहंशाह विशेषकर औरंगज़ेब शत-प्रतिशत खरा उतरता है। वस्तुतः भक्ति और रीतिकाव्य, ध्रुपद तथा बीन मुग़लों के शासनकाल में पूरे शबाब पर थे। मुग़ल शहंशाह ध्रुपद और बीन (वीणा) के अनुरागी और पोषक ही नहीं बल्कि उनमें से कुछेक उच्चकोटि

हज़रत अमीर ख़ुसरो

के बन्दिशकार और बीनकार भी हुए जिनमें औरंगज़ेब का स्थान सर्वोपरि है। यह भी सत्य है कि मुग़लों का संरक्षण ध्रुपद और बीन को नहीं मिला होता तो बहुत मुमकिन था कि दुर्लभ गेय विधि और साज़ विलुप्त हो गये होते।

मुग़लों के ज़माने से आज तक ध्रुपद और बीन के विकास में मुस्लिम उस्तादों ने अहम भूमिका निभायी। ध्रुपद गायन और बीन वादन की परम्परा को अक्षुण्ण ही नहीं रखा, अपितु उसे विकसित भी किया। एक सबल शिष्य परम्परा की नींव डाली जो कालचक्र से पल्लवित-पुष्पित होती रही। आज भी तबके के ध्रुपदिये और बीनकार मुस्लिम उस्ताद ही हैं, डागर ध्रुपदिये फ़हीमुद्दीन डागर, ज़िया फ़रीदुद्दीन डागर तथा बीनकार ज़िया मोहिउद्दीन डागर, असद अली ख़ाँ इसके ज्वलन्त उदाहरण हैं। सबसे सुखद आश्चर्य है कि एक अरब से अधिक आबादी वाले इस मुल्क में उत्तर भारतीय संगीत के अन्तर्गत मात्र दो ही चोटी के बीनकार हुए जो अब नहीं रहे। जिस तरह से मुस्लिम बादशाहों, सुल्तानों और नवाबों ने

खुले दिल से हिन्दुस्तानी संगीत की बढ़ोतरी के लिए पोषक-आश्रयदाता के दायित्व का निर्वहन पूरी निष्ठा और ईमानदारी से किया, उसी तरह मुस्लिम उस्तादों ने भी हिन्दुस्तानी संगीत के भण्डार को भरा-पूरा रखने का सुकार्य बख़ूबी किया।

मुग़लकालीन हिन्दुस्तानी संगीत की तीन विभूतियाँ—'कण्ठाभरण वाणी विलास' मियाँ तानसेन, 'गुनसमन्दर' ख़ुशहाल ख़ाँ तथा नियामत ख़ाँ 'सदारंग' मूलतः ध्रुपदिये और बीनकार थे। इससे ज़ाहिर होता है कि मुग़ल शहंशाहों की पसन्दगी ध्रुपद और बीन थी जिसके वे पारखी, आशिक़ और उन्नायक थे। इनमें अकबरी दरबार के नौ रत्नों में तानसेन, शाहजहाँ और औरंगज़ेब के दरबार की शोभा ख़ुशहाल ख़ाँ तथा नियामत ख़ाँ 'सदारंग' शहंशाह मोहम्मदशाह 'रंगीले' एवं ध्रुपदिया-बीनकार सितारिया हिम्मत ख़ाँ बादशाह बहादुरशाह द्वितीय 'ज़फ़र' के दरबार के नायाब संगीतरत्नों में थे। चारों संगीतप्रेमी शहंशाहों में औरंगज़ेब आलमगीर न केवल संगीतानुरागी था अपितु अव्वल दर्जे का बीनकार, बन्दिशकार व फ़नकार भी था। रंगीले बादशाह चोटी का रसिया पर गाना-बजाना नहीं जानता था और बहादुरशाह 'ज़फ़र' बन्दिशकार तो था पर प्रस्तोता नहीं था—'शोख़रंग' उपनाम से वह बन्दिशें रचता था।

मुस्लिम शासनकाल के शुरुआती दौर में संगीत के कई मानक ग्रन्थ रचे गये जिनमें मिथिला के कर्णाटवंशीय राजा नान्यदेवकृत 'सरस्वती हृदयालंकार' (भरत भाष्य), ज्योतिरीश्वर ठाकुर द्वारा रचित 'वर्णरत्नाकर' (12वीं सदी ईसवी) और शारंगदेवकृत 'संगीत रत्नाकर' (13वीं सदी ईसवी) उल्लेखनीय है। आगे भी संगीत विषयक महत्त्वपूर्ण ग्रन्थों का प्रणयन जारी रहा—शेख़ क़ुतबन रचित 'मृगावती' (14वीं सदी ईसवी), शुभंकर ठाकुरकृत 'श्री हस्तमुक्तावली' (16वीं सदी ईसवी) और कवि लोचन द्वारा

आचार्य शारंगदेव

लिखित *राग तरंगिणी* (18वीं सदी ईसवी)। इन ग्रन्थों में संगीत के शास्त्रीय पक्षों की विशद चर्चा की गयी है। किन्तु चौंकाने वाली बात है कि संगीत सम्बन्धी ग्रन्थों की सबसे अधिक रचना शहंशाह औरंगज़ेब के राज्यकाल में हुई जिसे हम संगीतद्रोही के रूप में जानते हैं। यह परस्पर-विरोधी बात है और साबित करती है कि औरंगज़ेब वास्तव में संगीत से नफ़रत नहीं करता था। इस पर आगे सप्रमाण चर्चा की जायेगी।

सूफ़ी संगीत के अतिरिक्त अमीर .ख़ुसरो हिन्दवी (हिन्दी) और उर्दू का भी प्रतिष्ठाता था। बहुमुखी प्रतिभासम्पन्न .ख़ुसरो न केवल सियासी मामलों का विशेषज्ञ, योद्धा और सभासद था, अपितु चोटी का शायर, कवि, भाषाविद् और माहिर फ़नकार भी था। .ग़ज़लें और दोहे भी वह बख़ूबी लिखता था। पूरे इस्लामिक शासनकाल में उस जैसा बहुआयामी व्यक्तित्व का मुसलमान पण्डित यानी आलिम फ़ाज़िल नहीं हुआ जिसे अपने को भारतीय कहलाने में फ़ख़्र होता था।

तुर्क-अफ़ग़ानकालीन मुस्लिम शासनकाल में दासवंश से लेकर तुगलक़ एवं लोदी वंश तक के शासक संगीतप्रेमी हुए—अमीर खुसरो उन सभी सुल्तानों द्वारा प्रतिष्ठित किया गया। सुल्तान शम्सुद्दीन इल्तुतमिश की सभा में महमूद कर्णवाल ने क़व्वाली गाकर सदा और एमाद जैसे संगीत विरोधियों को भी मन्त्रमुग्ध कर दिया था।

सुल्तान शम्सुद्दीन इल्तुतमिश

सुल्तान शम्सुद्दीन इल्तुतमिश (1210 ईसवी में गद्दीनशीं और 1235 ईसवी में मृत्यु) के राज्यकाल में ही देवगिरी के यादववंशीय नरेश सिंहण के संरक्षण में आचार्य शारंगदेव द्वारा 'संगीत रत्नाकर' सरीखे महत्त्वपूर्ण संगीत ग्रन्थ की रचना की गयी। शारंगदेव तुरुष्कों (मुसलमानों) से यहाँ तक प्रभावित

आचार्य शारंगदेव

था कि उसने 'संगीत रत्नाकर' के रागविवेकाध्याय में 'तुरुष्क तोड़ी' राग का उल्लेख किया है। इस दृष्टि से सुल्तान शम्सुद्दीन इल्तुतमिश का राज्यकाल संगीत के संवर्धन के लिए अत्यन्त ही महत्त्वपूर्ण और उल्लेखनीय है।

सुल्तान इल्तुतमिश के शासनकाल में मीरहसन सावन्त और मीर बूला कलावन्त दो भाई थे जिनके बारे में कहा जाता है कि वर्तमान दिल्ली घराने का प्रादुर्भाव उन्हीं से हुआ।

'मीर' शब्द अरब संस्कृति की निशानी और बाद में 'ख़ान' शब्द का व्यवहार भारतीय सुल्तानों द्वारा किया गया ख़िताब है—दोनों ही शब्द सम्मानसूचक हैं। ऐसा कहा जाता है कि सुल्तान इल्तुतमिश के समय में दिल्ली में सावन्त और बूला दो भाई थे जिनमें एक गूँगा-बहरा और दूसरा सिर्फ़ बहरा था। एक बार सुल्तान संगीत जलसा का आयोजन करना चाहता था। उसे किसी ने दोनों भाइयों के बारे में बताया। लिहाज़ा सुल्तान ने दोनों भाइयों को बुलाया मगर वे क्या गाते? हज़रत ख़्वाजा मोईनुद्दीन चिश्ती को अपने अन्तर्ज्ञान से दोनों भाइयों का हाल मालूम हुआ। ख़्वाजा साहब ने दोनों भाइयों के लिए दुआ की और उनकी दुआ मौला द्वारा क़ुबूल की गयी—दोनों भाइयों की आवाज़ खुल गयी और वे गाने लगे और अपने समय के बेमिसाल फ़नकार हुए।

सावन्त सूफ़ी प्रकृति का था। वह दरबार में न रहकर क़व्वाली आदि धार्मिक गान करने लगा। इसलिए उसकी सन्तति 'क़व्वाल बच्चे' कहलाए। बूला कलावन्त दरबार में ही दरबारी गायक के रूप में रह गया। उसकी सन्तान कलावन्त कहलायी। इन्हीं दोनों भाइयों—मीर हसन सावन्त और मीर बूला कलावन्त से 'क़व्वाल बच्चे' के दिल्ली घराना का सूत्रपात हुआ। कहते हैं, ये उत्कृष्ट कोटि के ख़याल गायक हुए। ख़याल की ईजाद अमीर खुसरो द्वारा की जा चुकी थी, ऐसा कतिपय विद्वानों का मानना है। किन्तु यह धारणा मनगढ़न्त और सन्दिग्ध है।

यहाँ यह स्पष्ट कर देना आवश्यक है कि वर्तमान दिल्ली घराना के

ख़यालिए लाख अपना सम्बन्ध सावन्त और बूला से जोड़ें, ख़याल गायकी का आविर्भाव अगरचे सुल्तान इल्तुतमिश के समय में हुआ भी तो उसकी रूपरेखा, स्वरूप और फैलाव का इतिहास 18वीं सदी ईसवी के नियामत ख़ाँ 'सदारंग' और मुग़ल शहंशाह मोहम्मद शाह 'रंगीले' के समय से ही मिलता है। इल्तुतमिश, अलाउद्दीन ख़िलजी, तुग़लक़ सुल्तानों और सिकन्दर लोदी के समय से लेकर 18वीं सदी तक यानी पाँच सौ वर्षों की समयावधि में तो ख़याल गायन की महफ़िलों और न किसी ख़यालिए का ही ज़िक्र मिलता है। ऐसे में ख़याल गायकी की शुरुआत सुल्तान इल्तुतमिश के समय में मानना महज़ ख़्याली पुलाव पकाना होगा। दरअसल, ख़याल गायकी का आविष्कर्त्ता नियामत ख़ाँ 'सदारंग' था जो मुगल शहंशाह 'रंगीले' का दरबारी संगीतकार था (18वीं सदी ईसवी)। ख़याल की बन्दिशें भी 18वीं सदी से ही मिलती हैं जिसके रचनाकार 'सदारंग' और 'अदारंग' थे। अटकलबाज़ी और बग़ैर ठोस आधार के यह स्वीकार करना मुमकिन नहीं लगता कि ख़याल ध्रुपद से पहले आया। (जैसा कि उस्ताद चाँद ख़ाँ की मान्यता थी।) समस्त गेय विधाओं के evolution पर गम्भीरता से ग़ौर करने पर पता चलता है कि मूल में ध्रुपद की गायकी है, जिससे सादरा, ख़याल एवं अन्य गेय विधाएँ आयीं। 'सदारंग' की शिष्यपरम्परा में दो पट्ट शिष्याओं धन्नाबाई और पन्नाबाई का ज़िक्र नवाब दरगाह कुली ख़ाँ करते हैं (19वीं सदी ईसवी)।

दासवंश के दूसरे सशक्त सुल्तान गयासुद्दीन बलबन का राज्यारोहण 1266 ईसवी में हुआ। अमीर ख़ुसरो उसका सभासद था। कई लोग ख़ुसरो को ख़याल का जन्मदाता मानते हैं, किन्तु ख़ुसरो की उपलब्ध कृतियों में ऐसा उल्लेख कहीं नहीं मिलता। बलबन का ज्येष्ठ पुत्र और मुल्तान का सूबेदार शहज़ादा मुहम्मद (1269 ईसवी) अमीर ख़ुसरो को अपने साथ मुल्तान ले गया, जहाँ वह महान संगीतमर्मज्ञ और सूफ़ी सन्त शेख़ बहाउद्दीन ज़करिया मुल्तानी (जन्म 1183 ई. और मृत्यु 1267 ई.) के सम्पर्क में आया। फलस्वरूप उसे ईरानी संगीत के रहस्यों का ज्ञान हुआ। ज्ञातव्य हो कि शेख़ बहाउद्दीन ज़करिया राग मुल्तानी के आविष्कर्ता थे। वह संगीत के उद्‌भट ज्ञाता थे।

सुल्तान इल्तुतमिश की मृत्यु के समय में शेख़ बहाउद्दीन ज़करिया की उम्र तिरपन (53) साल की थी।

सूफ़ी सन्त क़ुतुबुद्दीन बख़्तियार काकी के मुरीद इल्तुतमिश का व्यक्तिगत अनुचर होने के कारण बलबन में चिश्ती परम्परा के सूफ़ी सन्तों के प्रति श्रद्धा-भाव

सुल्तान गयासुद्दीन बलबन

होना स्वाभाविक था। इसी वजह से संगीत में भी उसकी रुचि थी। उसकी मजलिस में मौसीक़ी के फ़नकार जुटते और गाना-बजाना होता था। शेख़ निज़ामुद्दीन ने चिश्ती परम्परा और संगीत के प्रचार की आधारशिला बलबन के राज्यकाल में ही रखी। शेख़ निज़ामुद्दीन संगीतमर्मज्ञ थे। उनके ज़माने में संगीत के ज्ञान के बिना गणित का ज्ञान अधूरा समझा जाता था।

फ़रिश्ता (16वीं सदी) के हवाले से पता चलता है कि सुल्तान गयासुद्दीन बलबन का पुत्र शहज़ादा कुर्रा ख़ाँ गाने-बजाने वालों, ख़ासकर नर्तकियों, को राजप्रासाद में आमोद-प्रमोद के लिए रखता था तथा उन्हें इनाम-इक़राम देकर प्रोत्साहित किया करता था।

सुल्तान बलबन का निधन 1286 ई. में हुआ। यद्यपि बलबन अपने पुत्र क़ैख़ुसरो को अपना वारिस घोषित कर गया, तथापि सरदारों ने उसके पौत्र और बुग़रा ख़ाँ (बलबन का पुत्र) के सत्रह वर्षीय पुत्र कैकुबाद को गद्दी पर बिठा दिया।

कैकुबाद और अमीर .ख़ुसरो दोनों हिन्दू माता की सन्तान थे (आदि तुर्क 'अफ़ग़ानकालीन भारत', पृष्ठ 623 से 307)। इसलिए अमीर .ख़ुसरो को कैकुबाद बहुत चाहता था। कैकुबाद लोकभाषा में रुचि रखता था। उसने यमुना के किनारे एक भव्य महल बनवाया और .ख़ुसरो से उसका नामकरण के लिए कहा जो सरल और सार्थक हो। .ख़ुसरो ने उसका नाम 'कैलोकहरि' रखा जिसमें कैलोक का अर्थ 'कैकुबाद का महल' और 'हरि' का अर्थ ईश्वर है। इस नाम में कैलोक और हरि जैसे सरल संस्कृत शब्द हैं जो जनसाधारण की समझ के बाहर नहीं

था। कैकुबाद इस नाम से बहुत प्रसन्न हुआ। जिस स्थान पर वह महल था, वह आज किलोखड़ी कहलाता है जो कैलोकहरि का अपभ्रंश है।

सुल्तान कैकुबाद संगीतप्रेमी था। वह अमीर .ख़ुसरो से बहुत स्नेह रखता था। कैकुबाद के दरबार में अवध के गायक-वादक आते रहते थे। वेश्याओं के प्रति कैकुबाद आसक्त रहता था। कलावन्त तवायफ़ें (वेश्यायें) अपनी ख़ूबसूरत बेटियों को गाने-बजाने (ख़ासकर .ग़ज़लें), चौसर-शतरंज खेलने के साथ ही घुड़सवारी का प्रशिक्षण देती थीं। सुल्तान की प्रशस्ति में .ग़ज़लों और क़ौलों की रचनाएँ अमीर .ख़ुसरो करता था। कैकुबाद का तुर्क मन्त्री मलिक निज़ामुद्दीन को भी मौसीक़ी से बेइन्तहा लगाव था।

सुल्तान कैकुबाद की यात्राओं में मौसीक़ी की मजलिसें लगती थीं—चंग, रबाब, कमायचा, मिस्कल (तन्त्रवाद्य विशेष) बाँसुरी, तम्बूरों और डफे के स्वरों से सुल्तान का शिविर गूँजता रहता था।

कैकुबाद ललितकलाओं, ख़ासकर मौसीक़ी, का मर्मज्ञ था। सुल्तान ने अमीर .ख़ुसरो को 1288 ईसवी में अपना 'राजकवि' नियुक्त किया। इसी के राज्यकाल में .ख़ुसरो ने अपने प्रसिद्ध ग्रन्थ 'किरानुस्सादैन' लिखा। इससे ज्ञात होता है कि .ख़ुसरो मौसीक़ी का जानकार था।

कैकुबाद का तुर्क वज़ीर मलिक निज़ामुद्दीन मौसीक़ी से इस क़दर लगाव रखता था कि उसके दरबार में हर वक़्त क़व्वाल रहा करते थे।

सुल्तान कैकुबाद के दरबार में तुर्कों और ख़िलजियों के परस्पर-विरोधी दल हो गये थे। अतः बंगाल का शासक और कैकुबाद का वालिद बुग़रा ख़ाँ, उसके मुक़ाबले के लिए कैकुबाद ससैन्य दिल्ली से रवाना हुए। अवध में गंगा के किनारे पिता-पुत्र का आमना-सामना हुआ। पर शेख़ निज़ामुद्दीन चिश्ती के संकेत से अमीर .ख़ुसरो ने कैकुबाद को समझा-बुझाकर आपस में सुलह करवा दिया। सुलह के बाद जश्न मनाया गया जिसमें गायक-वादक-नर्तक-नर्तकियों ने अपनी-अपनी कला का प्रदर्शन किया। इससे पता चलता है कि सूफ़ी सन्तों का कितना ज़बर्दस्त प्रभाव और संगीत-नृत्य से सुल्तान और उसके सभासदों-सरदारों का कितना गहरा लगाव था।

संगीत की दृष्टि से देखा जाये तो इस युग में अवध के कलाकारों का केन्द्र दिल्ली था। हिन्दू दास-दासियों को संगीत में प्रशिक्षित किया जाता था। ऐसे फ़नकारों की एक बड़ी जमात तैयार की गयी जो भविष्य में .ख़ुसरो की संगीत पद्धति को अपनाकर भारत के मुस्लिम शासित प्रदेशों में सूफ़ी विचारधारा और ख़ुसरो

सुल्तान जलालुद्दीन ख़िलजी

की गेय रचनाओं का प्रचार कर सके।

सुल्तान जलालुद्दीन ख़िलजी की महफ़िलों में फ़काई नामक संगीतजीवी की पुत्री फुतुहा, दुख़्तर ख़ासा, नुसरत ख़ातून, मेहर अफ़रोज़ सरीखी रूपसी गायिकाएँ अमीर .ख़ुसरो की ग़ज़लों से सुल्तान का दिल बहलाया करती थीं।

जलालुद्दीन ख़िलजी ने अमीर .ख़ुसरो के वेतन में वृद्धि करके उसकी प्रतिष्ठा बढ़ाई।

ख़िलजी सुल्तान जलालुद्दीन ख़िलजी के वक़्त में मुहम्मद सना बेहतरीन चंग और ढोलकवादक था। इतिहासकार बर्नी ने उसकी ख़ूब तारीफ़ की है। (देखिए *ख़िलजीकालीन भारत*, पृ. 15-16)

मौलाना हमीदुद्दीन अलाउद्दीन ख़िलजी के राज्यकाल में श्रेष्ठ गायक था। इसी समय मौलाना लतीफ़, अल्ताफ़ और महमूद भी उम्दा गायकों में थे। इस ज़माने के श्रेष्ठ ग़ज़ल गायक मुहम्मद और ईसा .ख़ुदादी थे।

अपने चाचा एवं श्वसुर जलालुद्दीन ख़िलजी का वध करके अलाउद्दीन ख़िलजी तख़्त पर बैठा। अमीर .ख़ुसरो के हवाले से ज्ञात होता है कि अलाउद्दीन ख़िलजी ने .ख़ुसरो को '.ख़ुसरो-ए-शाइरा' के ख़िताब से नवाज़ा पर साथ ही उसकी तनख़्वाह कम कर दिया।

हज़रत अमीर .ख़ुसरो के हवाले से ज्ञात होता है कि अलाउद्दीन ख़िलजी ने अपने पुत्र शहज़ादा ख़िज़्र ख़ाँ के विवाहोत्सव पर गाने-बजाने-नाचने के लिए पूरे मुल्क से फ़नकारों और रक़्क़ासाओं को बुलाया था।

अलाउद्दीन ख़िलजी

सुल्तान अलाउद्दीन ख़िलजी के राज्यकाल में दिल्ली विद्या का केन्द्र बन गया था। इतिहासकार बर्नी लिखता है, ''अलाउद्दीन के समय में इतने विद्वान, कलाकार और गण्यमान्य व्यक्ति दिल्ली में एकत्रित हो गये थे कि राजधानी उनसे पट गयी थी।''

अलाउद्दीन ख़िलजी ने पूरे हिन्दुस्तान में चिश्ती सम्प्रदाय की विचारधारा के प्रचार और क़व्वालों के लिए द्वार खोल दिये थे। एक बार सुल्तान ने अपनी महफ़िल में फ़ख़्र से कहा था, ''मेरी सल्तनत में इतने बेमिसाल फ़नकार हैं कि इनमें यदि कोई भी अन्य राज्यकाल में होता तो .खुदा ही जानता है कि उसकी कितनी क़द्र होती।'' (*ख़िलजीकालीन भारत*, पृ. 165)

अलाउद्दीन ख़िलजी

सुल्तान अलाउद्दीन ख़िलजी का पुत्र क़ुतुबुद्दीन ख़िलजी स्वयं नाचता-गाता था। वह नारी के वेश में निकल पड़ता था। वह अपने सरदारों के घर भी जाकर नाचता-गाता था। उसके कृपापात्र बिन .खुर   ख़ाँ ने सुल्तान का वध कर डाला और दिल्ली के तख़्त पर कुल तीन माह तक राज किया। गुजरात की परमार नामक संगीतजीवी जाति का वह एक कमसिन ख़ूबसूरत युवक था।

अमीर .खुसरो इस ख़िलजी सुल्तान

(क़ुतुबुद्दीन ख़िलजी) का मुरीद था। भारत सर्वश्रेष्ठ मुल्क, भारतीय ब्राह्मणों का 'अरस्तु के समान विचारक और विद्वान तथा भारतीय संगीत को सर्वोत्तम तथा स्वयं को विश्व का अद्वितीय फ़नकार-शायर घोषित करने की आज़ादी अमीर ख़ुसरो को क़ुतुबुद्दीन ख़िलजी सरीखे संगीतमर्मज्ञ और कलाकार सुल्तान के समय में ही प्रणीत अपने ग्रन्थ 'नूहेसिपहर' से प्राप्त हुई।

हिन्दुस्तान को दुनिया का सर्वश्रेष्ठ मुल्क कहने तथा उसकी सरज़मीं पर जन्म लेकर अपने को धन्य मानने वाला अमीर ख़ुसरो मध्यकालीन इतिहास की एक ऐसी शख़्सीयत था जिसने तुर्क-अफ़ग़ान और ईरानी तहज़ीब तथा हिन्दुस्तानी तहज़ीब में जो दूरियाँ थीं, उसे ख़त्म करके हिन्दुस्तानी तहज़ीब को प्रेम के चाक पर यह कहते हुए चढ़ा दिया, "ख़ुसरो पाती प्रेम की विरला बाँचे कोय। वेद, क़ुरान, पोथी पढ़े, प्रेम बिना का होय ॥"

भारत में इस्लामी सल्तनत के प्रारम्भ से लेकर 61 साल बाद भारत की मिट्टी में इस मुसलमान का जन्म हुआ जो हिन्दुस्तानी राष्ट्रवादी विचारधारा का अग्रदूत था। वह महामानव था, अमीर ख़ुसरो। तेरहवीं सदी ईस्वी का महान मानवतावादी, हिन्दू-मुस्लिम मिल्लत का पुरोधा, समन्वय का सेतु, उदार सूफ़ी और हिन्दवी (हिन्दी) का प्रबल पक्षधर-प्रचारक ख़ुसरो न केवल हिन्दवी का प्रथम कवि था बल्कि संगीतज्ञ, बहुभाषाविद्, राजनीतिज्ञ तथा योद्धा भी था। इस तरह उसका व्यक्तित्व बहुआयामी था।

सुल्तान मुहम्मद बिन तुग़लक़

तुग़लक़ वंश के सुल्तान मुहम्मद बिन तुग़लक़ के दरबार में बारह सौ गायक ऐसे थे जो गाते और गायन का प्रशिक्षण भी देते थे। वे वेतनभोगी थे। एक हज़ार गायक दास थे। ये हिन्दू थे और प्रशिक्षक गायकों से प्रशिक्षण पाते थे। उनका काम केवल गाना-बजाना मनोरंजन करना था।

ईद की भरी मजलिस में पराजित हिन्दू राजाओं की राजकुमारियों को गवाया और नचाया जाता था। तत्पश्चात् वे प्रमुख

सुल्तान मुहम्मद बिन तुग़लक़ की महफ़िल का दृश्य

अमीरों में बाँट दी जाती थीं। अगले दिन बन्दी बनायी गई गायिकाएँ आतीं और नाचने-गाने के बाद दासों को सौंप दी जाती थीं।

मुहम्मद तुग़लक ने इब्नबतूता के हाथों चीन के सम्राट के लिए उपहारस्वरूप गीत-नृत्य में कुशल सौ दासियाँ भेजी थीं। (*तुग़लक़कालीन भारत* से)

John Keay (जॉन के) अपनी पुस्तक *इण्डिया : ए हिस्ट्री* (*India : A History*) में सुल्तान मुहम्मद बिन तुग़लक़ के विषय में लिखता है, ''वह एक असाधारण प्रतिभासम्पन्न सुल्तान था–"He composed verses of outstanding merit... His penmenship was Ialam's finest calligrapher and as a patron of arts he had no rival until the great mughals."

तुग़लक सुल्तानों में सबसे अधिक संगीत से लगाव फ़िरोज़ तुग़लक को था। मुहम्मद तुग़लक के देहान्त के पश्चात् शेख़ नसीरुद्दीन आदि सूफ़ियों तथा अन्य सरदारों द्वारा फ़िरोज़ तुग़लक़ को सुल्तान के तख़्त पर बिठाया गया। वह सूफ़ी सन्त बाबा फ़रीदुद्दीन गंजशकर के दौहित्र शेख़ अलाउद्दीन का मुरीद था।

जनाब मोहिबुल हसन और पण्डित विष्णु नारायण भातखण्डे लिखते हैं, "Though a puritan Firoz Tughlaq got a number of books on music and dance he had obtained from the Jwalamukhi temple, translated into Persian."

ख़्वाजा सैय्यद मुहम्मद इमाम शेख़ फ़रीदुद्दीन गंजशकर का दौहित्र और निज़ामुद्दीन चिश्ती का मुरीद तथा अमीर ख़ुसरो का सखा था। वह अपने समय का प्रमुख संगीतमर्मज्ञ, गायक तथा गायकों का आश्रयदाता था। उसकी सेवा में फ़ारसी और हिन्दवी में रचनाएँ करने वाले अनेक क़व्वाल रहते थे। ख़्वाजा सैय्यद मुहम्मद मूसा (सैय्यद इमाम का अनुज) संगीतपारखी, गायक, शायर एवं अनेक विद्याओं का ज्ञाता था।

तख़्त पर आसीन होते ही फ़िरोज़ तुग़लक ने मुहम्मद बिन तुग़लक से असन्तुष्ट सूफ़ियों को गाँव, ज़मीन, उद्यान आदि देकर ख़ुश किया ताकि वे सुल्तान के अनुकूल रह सकें।

जुमे की नमाज़ अता करने के बाद फ़िरोज़ तुग़लक गायकों के साथ रागरंग में डूब जाता था। उपस्थित फ़नकारों और उनके बच्चों को इनाम-इक़राम से नवाज़ता था।

जश्ने-ईद में गायक केसरिया परिधान धारण करते और सिर पर लाल पगड़ी बाँधते थे। नर्तकियाँ तनके के मूल्य के वस्त्र पहनती थीं। क़व्वाल हाथ में वाद्य यन्त्र ले लेते और रक़्क़ासाएँ नृत्य प्रारम्भ करती थीं।

फ़िरोज़ तुग़लक धार्मिक असहिष्णुता में अलाउद्दीन ख़िलजी से बढ़कर क़ुतुबुद्दीन ख़िलजी के समान संगीतमर्मज्ञ होने पर भी उसी के जैसा विलासी था। यात्राओं के दौरान शिविर में महफ़िल लगती ज़हाँ सुल्तान आमोद-प्रमोद में लीन हो जाता था—रक़्क़ासाएँ अपने दिलफ़रेब गीत-नृत्य से सुल्तान का दिलबहलाव किया करती थीं।

सुल्तान फ़िरोज़ तुग़लक

सुल्तान फ़िरोज़ तुग़लक के परवर्ती शायक निकम्मे साबित हुए। इसके बाद छत्तीस वर्षों तक दिल्ली पर सैय्यद वंश का शासन रहा। इस वंश का अन्तिम शासक अलाउद्दीन बहलोल लोदी को तख़्त सुपुर्द करके बदायूँ चला गया। छिहत्तर वर्षों तक दिल्ली की गद्दी लोदी सुल्तानों ने सँभाली।

बीजापुर के सुल्तान इब्राहिम आदिलशाह द्वितीय

बहलोल लोदी के पश्चात् सिकन्दर लोदी और इब्राहिम लोदी सुल्तान हुए। सिकन्दर लोदी संगीतप्रेमी ही नहीं मौसीक़ी का जानकार भी था।

दक्षिण में बहमनी सल्तनत की पाँच स्वतन्त्र इकाइयाँ हो गई थीं–बरार, बीदर, अहमदनगर, गोलकुण्डा और बीजापुर। इनमें बीजापुर संगीत की दृष्टि से सबसे समृद्ध था। बीजापुर के आदिलशाही वंश के सुल्तान हिन्दुस्तानी संगीत के संवर्धक और संरक्षक हुए। सुल्तान इब्राहिम आदिलशाह द्वितीय संगीतपारखी ही नहीं स्वयं संगीतकार और संगीतशास्त्र का ज्ञाता भी था। उसने रागसंगीत पर 'किताबे नौरस' लिखा। वह खड़ताल बजाने में निपुण था। इतना ही नहीं, वह माहिर बीनकार भी था–उसकी बीन का नाम 'मोतीख़ान' था।

बहमनी सल्तनत के सुल्तानों में मुहम्मद शाह द्वितीय (1378-97 ई.) शान्तिप्रिय शासक था। वह साहित्य, संगीत और ज्ञान-विज्ञान में रुचि रखता था। उसकी गुणग्राहिता, उदारता और दानशीलता से आकृष्ट होकर एशिया के अनेक भागों से विद्वान और फ़नकार उसके दरबार में आने लगे। फ़ारसी के मशहूर सूफ़ी शायर हाफ़िज़ को भी सुल्तान का आमन्त्रण मिला। पर मार्ग में होने वाले

कष्टों और असुविधाओं की आशंका से वह हिन्दुस्तान तो नहीं आ सका, लेकिन सुल्तान का सम्मान करते हुए एक रचना भेजी और पुरस्कृत हुआ।

उसके निधनोपरान्त बहमनी साम्राज्य का संस्थापक अलाउद्दीन हसनशाह बहमनी का पौत्र फ़िरोज़शाह बहमनी तख़्त पर बैठा (1397-1422 ई.)।

फ़िरोज़शाह बहमनी का क़ाज़ी सिराज स्वरमण्डल (कानून) वादन, गीत-नृत्यादि में अत्यन्त कुशल था। उस ज़माने में क़ाज़ी भी संगीत में रुझान रखता था। चिश्ती परम्परा के सूफ़ी संगीत का क़ाज़ी सिराज पर भरपूर प्रभाव था। फ़िरोज़शाह बहमनी स्वयं संगीत-व्यसनी था।

मरते समस उसने अपने भाई अहमदशाह बहमनी को राज्याधिकार दे दिया। उसके सुल्तान होने की भविष्यवाणी गेसूदराज़ बन्दानवाज़ पहले ही कर चुके थे।

अहमदशाह बहमनी रक्तपिपासु और दुराचारी था। लिहाज़ा वह असफल शासक रहा। फलस्वरूप 1435 ई. में अपने पुत्र ज़फ़र ख़ाँ को शासन सौंपकर वह ख़ुदा को प्यारा हो गया।

ज़फ़र ख़ाँ, अलाउद्दीन द्वितीय के नाम से 1435 ई में तख़्त पर बैठा। वह सांगीतिक मजलिस की सदारत करता था।

उसके परवर्ती सुल्तान हुमायूँ निज़ाम शाह, मुहम्मद शाह तृतीय और महमूद शाह सभी दुराचारी निकले। उस समय के सन्त तक मद्यप हो गये थे—धर्माचार्य भी मदिरालयों की शोभा बढ़ाने लगे। पर वे गान-गोष्ठियों की अध्यक्षता करते थे। महमूद शाह की मृत्यु के बाद बहमनी साम्राज्य का ख़ात्मा हो गया—इस समयावधि में संगीत घोर विलासिता का ज़रिया बन गया था।

पर ज़हाँ-ज़हाँ भी मुसलमानों का शासन रहा, वहाँ संगीत की धारा प्रवाहमान रही। गुजरात में भी मुस्लिम सुल्तानों का शासन रहा। उन शासकों में मुहम्मद शाह द्वितीय गुजराती विद्याव्यसनी और संगीतप्रेमी था। उसके शासनकाल में गुजरात सांगीतिक गतिविधियों का केन्द्र रहा। वह कई प्रकार के वाद्य यन्त्र बजाने में पटु था। उसके समय के प्रसिद्ध गुणी भी उसका शिष्य बनने में गौरव महसूस करते और उसे उस्ताद की इज़्ज़त बख़्शते थे।

परवर्ती सुल्तान बहादुरशाह संगीतानुरागी था। नायक बैजू, नायक बक़्शू, नायक गोपाल उसके समय के महान संगीतकार थे जो उसके दरबार की शोभा थे। उसे सूफ़ी सन्त ख़्वाज़ा हसन मुहम्मद चिश्ती का आशीर्वाद प्राप्त था।

नायक चतुर सुल्तान बहादुरशाह का आश्रित और रंग ख़ाँ का पिता था। गोपाल द्वितीय, नायक बैजू का शिष्य और बहादुरशाह का आश्रित था और

तानसेन सूरवंश का मोहम्मद आदिलशाह 'अदली' (राज्यकाल 1549-1556 ई.) के दरबार में आश्रित था। बहुत सम्भव है, दो परस्पर-विरोधी सुल्तानों के आश्रित होने के कारण दोनों गायकों (गोपाल द्वितीय और तानसेन) में परस्पर प्रतिस्पर्धा हुई हो। इस सम्बन्ध में किंवदन्तियाँ प्रचलित हैं।

सुल्तान महमूद द्वितीय का वज़ीर दरिया ख़ाँ संगीत का महान संरक्षक था। उसके मन्त्रित्वकाल में अहमदाबाद का घर-घर संगीत के स्वर से गूँजता रहता था। बक़्शू का पुत्र हुसैनी, नायक चतुर का पुत्र रंग ख़ाँ, मलूही, खेमकरण तथा नायक अब्भू उसके आश्रित थे।

दरिया ख़ाँ के मन्त्रित्वकाल (1538-54 ई.) में गोपाल द्वितीय जीवित था, पर बहुत ही ज़ईफ़ यानी उमरदराज़ हो गया था। दरिया ख़ाँ का आश्रित नायक अब्भू का गाना सुनकर गोपाल नायक की मुर्दा हड्डियों में जान आ जाती थी। सम्भव है, अब्भू नायक गोपाल का ही शिष्य हो। (*मिराति सिकन्दरा*, 249 व *उर्दू आजकल*, अगस्त 1956, पृ. 103)

1573 ई. में गुजरात मुग़ल शहंशाह अकबर के अधीन हो गया। मुग़लों के शासनकाल में ही सन्त शेख़ मुहीउद्दीन याहूया मदनी चिश्ती (मृत्यु 1609 ई.) हुए जिनका मुरीद औरंगज़ेब था। शेख़ साहब की सेवा में औरंगज़ेब तब उपस्थित हुआ था, जब वह गुजरात का सूबेदार था। उस वक़्त शेख़ साहब को बतौर नज़राना वह दो सौ रुपये भेजा करता था। किन्तु शहंशाह बनने पर राशि बढ़ाकर औरंगज़ेब ने हज़ार रुपये कर दिये। शेख़ साहब ने औरंगज़ेब के शहंशाह बनने की भविष्यवाणी की थी।

बाक़र मुहर्तासव (शरअ के विरुद्ध कार्यों को रोकने का अधिकारी) ने जब शेख़ मुहीउद्दीन याहूया मदनी चिश्ती के मुचलके ले लिये तो औरंगज़ेब ने पत्र लिखकर शेख़ साहब से क्षमायाचना की और बाक़र को आदेश दिया कि भविष्य में शेख़ साहब को तंग न किया जाये।

शेख़ साहब 'समाअ' (भक्तिपरक संगीत) के रसिक थे। उन्होंने शहंशाह औरंगज़ेब को ख़त लिखा था कि 'समाअ' सज्जन व्यक्तियों के लिए रूहानी गिज़ा है, इसे रोकने के लिए कोई उचित कारण नहीं है।

औरंगज़ेब सूफ़ी सन्तों का कैसा क़द्रदाँ था, इससे प्रमाणित होता है। यह सरासर ग़लत है कि वह सूफ़ियों का दुश्मन था।

मुग़लों के पूर्व जौनपुर के शर्क़ी सुल्तान, लोदी वंश के सिकन्दर लोदी माण्डू (मालवा) के सुल्तान, सूरवंश के अफ़ग़ान शासक का संगीत के अभिवर्धन में महत्त्वपूर्ण अवदान रहा।

सुल्तान हुसैनशाह शर्क़ी की ईजाद राग 'हुसैनी तोड़ी' और 'हुसैनी कानडा' आज भी प्रचलित है। प्रचलित राग जौनपुरी और अछोप (अप्रचलित) राग गौड़श्याम, मलारश्याम, भोपालश्याम सरीखे अनूठे राग भी शर्क़ी सुल्तान ने बनाये इब्राहिम शर्क़ी के समय में 'संगीत शिरोमणि' नामक ग्रन्थ की रचना एक प्रमुख घटना थी। इस ग्रन्थ की रचना इब्राहिम शर्क़ी के राज्यकालीन कड़ा के सूबेदार मलिक सुल्तान के पुत्र बहादुर मलिक ने उस काल के प्रसिद्ध संगीतशास्त्रियों को एकत्रित करके कराई था जिसमें संगीत के सभी उपलब्ध संस्कृतग्रन्थों के संग्रह के निचोड़ का समावेश किया गया।

सुल्तान हुसैन शर्क़ी ने तोड़ी के चार प्रकार ईजाद किये जिसमें 'जौनपुरी तोड़ी' भी है। उसने कुल अठारह रागों का अविष्कार किया जिसकी फ़ेहरिस्तें नीचे दी जा रही है—तोड़ी के पाँच प्रकार, यथा—आसावरी तोड़ी, रसुई तोड़ी (मुल्तानी और धनाश्री के मेल से), राम तोड़ी (रामकली और मलश्री के मेल से), जौनपुरी तोड़ी, हुसैनी तोड़ी, गौड़श्याम, मलारश्याम, भोपालश्याम, मेघ श्याम, कोहेनूर श्याम, सूहोश्याम, रामश्याम, बरारी श्याम, गोदानी श्याम, पूर्वी श्याम, हुसैन कानडा, जौनपुरी। सुल्तान हुसैन शर्क़ी मध्यकाल का एक महान संगीतज्ञ और वाग्येयकार था।

सुल्तान हुसैनशाह शर्क़ी, जौनपुर

"वही ख़याल का निर्माता था और उसने ख़याल रचे" ऐसा अवध के नवाब वाजिद अली शाह ने उसे ख़याल का नायक बताते हुए कहा था। पर ख़याल के इस

नायक की रची एक भी ख़याल की बन्दिश नहीं मिलती है। इसलिए यह कैसे मान लिया जाये कि ख़याल का निर्माता सुल्तान हुसैनशाह शर्क़ी था? प्रमाण के अभाव में यह सन्दिग्ध है।

मुग़ल शहंशाह अकबर के राज्यकाल में उत्तर प्रदेश के सहारनपुर में रूपमती नामक एक मशहूर पतुरिया (गाने-बजाने वाली) थी। वह अनिंद्य सुन्दरी नृत्य-संगीत में अपनी असाधारण पटुता के लिए विख्यात थी। 'Bards in the streets of Agra and Delhi sung in her praise.' *'Mughal Glory'* में रूपमती के रूप-लावण्य के विषय में मुनीलाल लिखते हैं, "To see her is to fall in love, and to drink a cup of wine from the flask of her lustrous eyes, is to be transported to the immortality. She is great, she is pure, she is divine. God makes

सुल्तान मोहम्मद आदिल शाह अदली

the like of her only once in a million years."

ऐसी रूपसी रूपमती की संगीत-प्रस्तुति देख-सुनकर माण्डू (मालवा) का अफ़ग़ान सुल्तान बाज़बहादुर उस पर इस क़दर फ़िदा हो गया कि उसे अपना बनाकर अपने हरम में ले आया। 'आईने-अकबरी' के प्रणेता अबुल फ़ज़ल ने लिखा है, "रूपमती पूरी दुनिया में अपनी ख़ूबसूरती के लिए मशहूर थी कि बाज़बहादुर उसे अपना दिल दे बैठा।"

'मन्तख़बुत्तवारीख़' के अनुसार बाज़बहादुर ने संगीतकला सूरवंश के अफ़ग़ान सुल्तान मोहम्मद आदिलशाह 'अदली' से सीखी। बाज़बहादुर और उसकी प्रेयसी रूपमती, दोनों ही ध्रुपदकार थे। रूपमती के वियोग में दुखी बाज़बहादुर की एक रचना प्राप्त हुई है–

"जोवन जात दिये दग़ा।
और रंगनि की कहा कहौं तोसों जैसी कसूमी रंगा।
कारे काग गये घर अपने आए सेत बगा।
रूपमती के बाज़बहादुर कोऊ न जीवै सदा।"

अर्थात् "यौवन दग़ा दिये जाता है। तुझसे और रंगों की क्या कहूँ कसूमी रंग जैसे है। काले काग (केश) चले गये और श्वेत बगुले (सफ़ेद बाल) आ गये। ओ रूपमती के बाज़बहादुर, सदा कोई नहीं जीवित रहता।"

बाज़बहादुर अपने पिता शुजाअत ख़ाँ की मृत्यु के पश्चात् मालवा का सुल्तान बना। उसके जीवन में अनेक उतार-चढ़ाव आये। अन्ततः 1571 ई. में शहंशाह अकबर का वह कृपापात्र बना–'मअसिरुल उमरा' के मुताबिक़ अकबर ने उसे दो हज़ारी मनसब दिया।

माण्डू (मालवा) के सुल्तान बाज़बहादुर की प्रेरणा से उसकी प्रेयसी रानी रूपमती ने 'भूप- कल्याण' सरीखा राग बनाया जो इन दिनों प्रचलित है–इस राग को 'शुद्ध कल्याण' भी कहते हैं। रूपमती-बाज़बहादुर की प्रणयकथा किंवदन्तियों में प्रचलित है।

रूपमती की रची ध्रुपद आदि की अनेक बन्दिशें मिलती हैं जिनमें से बानगी के रूप में कुछेक उद्धृत की जाती हैं–

राग गूजरी–ताल उसूलेफ़ाख़्ता (सूलताल)

"पाँवड़े पलकन के करो धरो जब।
बाज़बहादुर मो तन धरे चरण।

बार-बार डारो सकल आभूषण
मोको तो पिया की दृष्टि आमरण।
बन-बन माने सो न माने
सुधारे पिया अपने अपने करम
रूपमती के विछुरन को दुख भूल जाये
सब कुछ लेहो आसरन ॥"

राग भूप कल्याण

और धन जोड़ती है री
मेरो तो धन प्यारे की पीत पूँजी
काहू जिया की लागे दृष्टि
अपने कर राखूँगी कुंजी
दिन-दिन बढ़े सवायों डेवढ़ो
घटे न एको पूँजी
बाज़बहादुर के स्नेह ऊपर
निछावर करूँगी धन जी।

साभार, 'रानी रूपमती का परिचय'
मुग़लदरबार के कवि संगीतज्ञ'

—डॉ. शलिग्राम गुप्त

मालवा के सुल्तान गयासुद्दीन ख़िलजी को 'संगीतरत्नाकर' के तेलुगु टीकाकार विट्ठल के पिता ने बाईस श्रुतियों की सिद्धि करके सन्तुष्ट किया था और मानसिंह तोमर (ग्वालियर नरेश) द्वारा ध्रुपद संगीत प्रतिष्ठित हुआ (15वीं सदी ई.)।

मानसिंह तोमर ने 'मानकुतूहल' नामक संगीत विषयक ग्रन्थ की रचना अपनी गूजर रानी मृगनयनी तथा दरबार के संगीतकारों, यथा-नायक बक़्शू, नायक पाण्डवी, नायक लोहंग, नायक बैजू, नायक चरजू, नायक धौंडू प्रभृति संगीतज्ञों के सहयोग से की।

हिन्दुस्तान में इस्लाम के आगमन से यहाँ (भारतीय) संगीत के अन्तर्गत नये आयाम आये। विभिन्न शाही ख़ानदान के शासकों एवं सामन्तों द्वारा हिन्दुस्तानी संगीत के संवर्धन-संरक्षण में किये गये यथेष्ट फैलाव के चलते मुस्लिम शासकों की रुझान भारतीय संगीत में बढ़ा।

Mohibul Hasan writes, "Even the terrible Timur (तैमूर) who had learnt about the beauty of Hindustani Music listened to Indian artists and profusely rewarded them." लेकिन तैमूर के हमले की वजह से दिल्ली से संगीतकारों ने पलायन करके ग्वालियर, जौनपुर तथा गुजरात जाकर पनाह ली।

अपनी पुस्तक *Twilight of the Sultanate* में किशोरीशरण लाल लिखते हैं, "At Delhi music gradually regained to position with stability of the Sultanate. The Saiyyed Kings do not seem to have neglected the art and Mubarak Shah was known for his love of music."

He further writes, "Orthodox Sikandar Lodi also was great lover and patron of music. Miyan Taha was well known connoisseur of music, expert politician and administrator of his durbar. Although to keep up a show of religion, austerity the Sultan Sikandar Lodi would allow to sing or play in his presence all the celebrated artists used to come and perform before the Sultan's favorite nobles like Miran, Siayyad Nurullah and Saiyyed Ibn Rasul whose tents by the Sultan's order were pitched near those of the Sultan's. Thus the clever and virtuous monarch filled his ears with melody without damaging his reputation for piety. In the palace instruments were regularly played on, *Shehnai* was played every night commencing at 9 O' clock. A number of beautiful musicians sang and played on instruments like *Chang* (चंग) *Quanoon* (क़ानून), *Tambura* (तम्बूरा) and *Veena* (वीणा). According to Abdullah the Sultan's favorite tunes (धुन व राग) were *Malkauns* (मालकौंस), *Kalian* (कल्याण), *Kanada*

सुल्तान सिकन्दर लोदी

सुल्तान मोहम्मद आदिलशाह 'अदली'

(कानड़ा), and *Hussaini* (हुसैनी), according to Ahmed Yadgar they were *Kalyan* (कल्याण), *Kedar* (केदार), *Adana* (अडाना), *Hussaini* (हुसैनी) and *Ramkali* (रामकली) while according to Rizquallah Mushtaqui his favorites were *Gaud* (गौड़), *Kalyan, Kanada* (कानड़ा), and *Muquam Hussaini* (मुक़ाम हुसैनी). The list shows that Sikandar Lodi loved and listened almost every important raga. Sikandar Lodi's services in promoting the art of music were laudable. Under his patronage was written and to him was dedicated the 'Lahjat-e-Sikandarshahi', a treaties on music by Umar Yahiya. Yahiya was a scholar of Arabic, Persian and Sanskrit and his work is based on many Sanskrit treatise like 'Sangeet Ratnakar', 'Nritya Sangrah', 'Sangeet Kalpataru' and 'Brihaddeshi' of Matang etc. Probably the 'Lahjat-e-Sikandarshahi' is the first book in Persian of Indian Music.

Sultan Sikandar Lodi revered learning and art and at always kept the company of accomplished learned man and artists. He himself was a poet of no mean merit. He used to compose verse by the penname of 'Gulrukhi'. Badayuni has quoted some verses of the

Sultan Sikandar Lodi in his memoirs :

"In the eye of the needle of her eyelashes, I shall pass the thread the charm of her teeth, if 'Gulrukhi' would describe, the charm of her teeth, he would say they were water white pearls of the ocean of her speech."

The Sultan immensely loved poetry and music. He had many accomplished musician in his palace, *Shehnai* was his favorite instrument and was played in his presense when ever he so desired.

इस तरह हम देखते हैं कि जौनपुर के सुल्तान हुसैनशाह शर्क़ी के समकालीन सिकन्दर लोदी असाधारण प्रतिभासम्पन्न संगीतानुरागी एवं काव्यरसिक ही नहीं ख़ुद ऊँचे दर्जे का शायर भी था।

सूरवंश का अफ़ग़ान शासक मोहम्मद आदिलशाह 'अदली' संगीतकला में ऐसा दख़ल रखता था कि तानसेन सरीखा चोटी का गायक (जिसके विषय में अबुल फ़ज़ल ने 'आईने-अकबरी' में लिखा है कि 'हज़ार' वर्षों में ऐसा गायक नहीं हुआ) उसे गुरुवत सम्मान देता था।

बिहार के सूरवंश (शेरशाह सूरी का वंश) के शासकों के आश्रय में तानसेन रहा। शेरशाह के पुत्र इस्लामशाह का प्रेमपात्र दौलत ख़ाँ तानसेन का मुरीद था। इस्लामशाह की तरह तानसेन भी दौलत ख़ाँ पर आसक्त रहता था और उसका आशिक़ था। मेराज़ धौलपुरी तानसेन को दौलत ख़ाँ का प्रेमी बताता है। इस तरह हम देखते हैं कि समलैंगिकता को उन दिनों बुरा नहीं माना जाता था।

सूरी सुल्तानों के दरबार में संगीत की चर्चा हुआ करती थी। इसकी पुष्टि 'आईने-अकबरी' करती है। अकबरी दरबार में आने के पूर्व संगीतनायक बाबा रामदास और उनका पुत्र सूरदास अफ़ग़ान शासकों के दरबार में प्रतिष्ठित थे। इन दोनों गायकों ने रामदासी और सूरदासी मल्हार जैसे रागों का अन्वेषण किया—मल्हार के प्रकार में ये दोनों राग बड़े ख़ूबसूरत हैं और वर्तमान में प्रचलित हैं। इस्लामशाह की मुद्रा से अंकित कुछेक ध्रुपद मिलते हैं—बहुत सम्भव है कि इन ध्रुपदों की रचना तानसेन ने की हो। एक ऐसे ही ध्रुपद की बानगी देखिए।

रागहमीर—ताल चौताल

"आनन्द भयो आली, मेरे प्राननि को मुष (ख) देखत ही पिया के मुष (ख)।
जो कछु विथा व्यापति सो विरहनि पर भूलि गये तनमन के दुष।
हौ तौ तिहारो सुष (ख) चाहत कीनी नौछावरि पग परसत रोम-राम तब होत सन्तोष।

पातसाहि सलेम साहि मनसा के दाता तब भए सुष (ख) ॥''

भावभट्ट ने अपने ग्रन्थ में एक ध्रुपद शेरशाह की छायायुक्त प्रस्तुत किया है। उससे पता चलता है कि एक कुशल योद्धा तथा प्रशासक के अलावा शेरशाह संगीतप्रेमी भी था। बहुत सम्भव है कि उसके आश्रय में अकबरी दरबार के कई संगीतकार हों। शेरशाह के सुपुत्र और उत्तराधिकारी इस्लामशाह सूरी के आश्रय में तो कई ध्रुपदिए और संगीतकार थे, ऐसा उल्लेख मिलता है। भावभट्ट ने जिस ध्रुपद का हवाला दिया है, उसकी अन्तिम पंक्ति शेरशाह के नाम से शुरू होती है—

शेरशाह

"तोहि को रिझाय सके साहि मृदंग तार किन्नरी।
रबाब गेर गावे जु लाख कवि बीन बजावे सब तन्त्री।
ऐसो को न सुरन गायन कान प्रतीत धरै।
और जु मन की इच्छा पुजवै ऐसो को कवि तन्त्री।
और जु छत्र धरे आवि ते नारद तुम्बरू तेई देखियत
ऐसो भुवलोक मधि नाहीं जन्त्र मन्त्री।
'शेरशाहि' नवल कैसे रिझियो पर तु है ना न तन्त्री।"

यद्यपि भावभट्ट सत्रहवीं सदीं ई. में हुआ, पर बहुत सम्भव है कि उसका यह उद्धरण अपने पूर्ववर्ती रचनाकारों और गुणियों के उल्लेख पर आधारित हो।

शेरशाह का सुपुत्र शहज़ादा सलीम शाह (इस्लामशाह) के संगीतानुरागी होने तथा भ्रातृपुत्र आदिलशाह का एक चोटी का संगीतकार होना प्रमाणित करता है कि शेरशाह को भी मौसीक़ी से गहरा लगाव रहा होगा। और जबकि आश्रयदाता के रूप में शेरशाह की मुद्रा से अंकित ध्रुपद मिलते हैं तो यह धारणा और भी पुष्ट होती है।

सूरवंश के राज्यकाल में रंगसेन नामक गायक का उल्लेख मिलता है जिसका ज़िक्र 'आईने-अकबरी' में भी किया गया है।

पटना मध्यकाल में भी सांगीतिक गतिविधियों का केन्द्र रहा। संगीत की दुनिया में अज़ीमाबाद-पटना की ख़ास पहचान रही। औरंगज़ेब के समय में सांगीतिक क्रियाकलाप तथा शेरोसुख़न के लिए अज़ीमाबाद-पटना मशहूर था। औरंगज़ेब का समकालीन ग़ैरत ख़ाँ अज़ीमाबाद-पटना का उप-सूबेदार और शहंशाह का पौत्र शहज़ादा अज़ीमुश्शान सूबेदार था जिसके नाम पर पटना का नामकरण अज़ीमाबाद हुआ।

ग़ैरत ख़ाँ अज़ीमाबाद-पटना का उप-सूबेदार था। वह अमीरुलउमरा सैय्यद हुसैन अली ख़ाँ का भांजा था। सैय्यद हुसैन अली, सैय्यद अली अब्दुल्ला ख़ाँ का छोटा भाई था। ये दोनों इतिहास-प्रसिद्ध सैय्यद बन्धु थे जिनका वर्चस्व दिल्ली के तख़्त पर रहा। सैय्यद बन्धु वसन्त मनाते और संगीतप्रेमी थे।

अपने मामाओं का प्रभाव ग़ैरत ख़ाँ पर भी पड़ा था। वह भी संगीतप्रेमी था। नीचे उद्धृत ध्रुपद में ग़ैरत ख़ाँ को ईद की मुबारक़बाद देते हुए 'नवाब ग़ैरत ख़ाँ मुर्तज़ा अली शेरे-ख़ुदा' कहा गया है—

ध्रुपद राग तोड़ी-ताल चौताल

"सुभदिन सुभघरी सुभ महुरति सुभनषत बषत वली

तुमजु मुबारष (क) होई ईदि सौ सै जुब भरि।
चाईनिगाईनि गावत अधिक बजावत निर्त्त के निर्त्तकरत,
ऐक असीरवाद दो चर चिरंजीव हो कल परत।
मुनि सब सुषा दीनौ अनैगभतिनि बो हौ गज तुरंगवर,
बानी तिहारी जे हरि चिरंजीव रहौ नवाब ग़ैरति षां मुर्तज़ा आली।
मेरे जुदा तयवा औरनि कै ईदि तुम्हारे हज्ज अकबर ॥''

नवाब वाजिद अलीशाह

अवध का नवाब 'जानेआलम' वाज़िद अलीशाह 'अख़्तर पिया' न केवल ग़ज़लों और ठुमरियों का रचयिता बल्कि कुशल कत्थक नर्तक भी था। ख़ुद कृष्ण कन्हैया का रूप धारण करके इन्दरसभा और रहस (रास) रचाया करता था। इतना ही नहीं, उसने कई राग भी बनाये (राग जूही और जूही कन्नड़)। संगीत, नृत्य तथा नाट्यकला में पारंगत अवध के इस आख़िरी नवाब का जीवन कलाओं के लिए समर्पित रहा। उसके नाचघर को 'परीख़ाना' कहा जाता था। जीवन के विभिन्न पहलुओं को उजागर करते हुए वाजिद अलीशाह ने तक़रीबन सौ से अधिक पुस्तकें लिखीं जिनमें उल्लेखनीय हैं, *हुस्ने-अख़्तर, परीख़ाना, मसनवी अफ़साना-ए-इश्क़, कुल्लियात-ए-अख़्तर, बहार-ए-उल्फ़त, दरिया-ए-ताश्शुक, सौतुल मुबारक़', 'नसाइहे अख़्तरी, चंचल नाज़नीन, रिसालदार अयान अहले-बैत, जौहरे-उरूज़, बनी, नाजो* एवं *दुल्हन* इत्यादि। उसकी किताबों में उसकी रामकहानी, मौसीक़ी, शेरोशायरी, रहस व नाटक सभी कुछ अपनी उत्कृष्टता से वर्णित है।

उसने कम्पनी सरकार द्वारा मटियाबुर्ज, कोलकाता में जलावतन किये जाने के दौरान अवध से अपनी रुख़सती पर भैरवी की मशहूर ठुमरी 'बाबुल मोरा नइहर छूटो जाये' की रचना की थी।

दरअसल वह संगीत का एक उत्कृष्ट वाग्येयकार था जिसकी असंख्य सांगीतिक रचनाएँ और बन्दिशें हैं। नमूने के तौर पर चन्द बानगियाँ पेश की जाती हैं—उनकी मशहूर ग़ज़लें हैं, 'हमें भी प्यार कर ले', 'हमरी भी ख़बर ले', 'अरे क़ातिल बनकर दिलो ज़ाँ जी जिगर ले' इत्यादि।

ऐसा कहा जाता है, बल्कि ऐतिहासिक तथ्य है कि कोलकाता में मटियाबुर्ज के दरबार हॉल में मनाये गये एक जलसे में (सम्भवतः 1867 ई.) होली के त्योहार पर वाजिद अलीशाह ने राग 'तिलक कामोद' और तीन ताल में एक बन्दिश बाँधकर पेशवाज़ पहन कत्थक नृत्य किया था। बन्दिश के बोल थे, 'नीर भरन कैसे जाऊँ री अब'। यह ठुमरी की खड़ी महफ़िल एक नायाब ऐतिहासिक दस्तावेज़ है।

नवाब वाज़िद अलीशाह की एक मार्मिक ग़ज़ल का यह टुकड़ा भी यहाँ पेश किया जाता है जो अवध से जुदाई के क्षण उसके भीतर की टीस और पीड़ा का इज़हार करता है :
''सारे अब शहर से होता है अख़्तर रुख़्सत, आगे बस अब नहीं कहने की है मुझको फ़ुर्सत, दरो-दीवार पर हसरत से नज़र करते हैं। ख़ुश रहो अहले- वतन हम तो सफ़र करते हैं।''

अरसा बीते लखनऊ की बारादरी के एक जलसे में 'आफ़ताबे-मौसीक़ी'

उस्ताद फ़ैयाज़ ख़ाँ वाजिद अलीशाह की इन पंक्तियों को भैरवी की उसकी मशहूर ठुमरी, 'बाबुल मोरा' के साथ जोड़कर ऐसा गाया कि सुनने वाले तमाम लखनऊ वासियों की रोते-रोते घिग्गी बन्ध गयी थी।

उस मौसीक़ीकार नवाब 'जाने-आलम', 'अख़्तर पिया' की कुछेक बन्दिशें उद्धृत की जाती हैं। ये सभी रचनाएँ हिन्दुस्तानी संगीत की धरोहर हैं–

होरी धमाल

"नन्द के छैल छाँड दे गागर मोरी,
जिनि छुओ री गगरिया।
हाहा करत हूँ पैआँ पड़त हूँ।
चल बसे मथुरा नगरिया।
केसर रंग को मेह बरसाओ,
अबीर गुलाल की छायी बदरिया।
जैसी भीज मोरी सुरख़ चुनरिया,
वैसी भिजाउँ पगरिया।"

ठुमरी-राग जंगला–ताल तिताल

"सँवलिया तोरे कारण जिया जाये,
आठकुआँ नौ बाबलीरे,
सोलह सै पनिहार
अपने पिया को पानिआ पिलाओ,
बिन रसरी बिन डोर।"

ठुमरी-राग यमन माँझ–ताल जलद तिताला

"हरि ना कर इतनी रुखाई रे
सुनाओ लंगरवा, मै गारी दूँगी
तू ही मोरी बहियाँ पकर करत जोर ठिठाई रे,
कर कर कंगनवा म्हारा छाँड दे अँचरवा
पनघट पर अख़्तर लाज न आई रे।"

दादरा-राग मिश्र खमाज

"सैंया बिना लागत बूँद कटारी,
सपने में आये मेरोमन लै गये,
अख़्तर बिन जिया दुख भारी,
सैंया बिन लागत बूँद कटारी।"

नवाब वाजिद अलीशाह ने न केवल ग़ज़ल, ठुमरी, दादरा, होरी की बन्दिशें रचीं बल्कि ध्रुपद की भी ख़ूबसूरत बन्दिशें रचीं :

ध्रुपद-राग खम्माच–ताल तेवरा

सप्त सुरन को तन्त बनाय के,
नादभेद को ईसरजान,
तामे कला को सोच-समझकर,
ऐसो तन्त के तरबन मान
अक्कल वाको ठाठ बनाओ,
तानउपज सब जिआ में आयो,
धुरपद गा ले राग,
बजा कुछ गमक-गमक,
कुछ खरज, रिखब, गन्धार,
मध्यम, पंचम, धैवत, निषाद,
सुर ऐ हो, अचल, सुर पंचम,
तामे मद्धम पहलू ग्राम तीवरतरतीवर,
तम कोमल अध कोमल
सिखारे ऊँच-नीच सबगुनियन को पहचान
गीत गाओ, संगीत नचाओ
छन्द, परबन्ध, पर नयन टुकड़ी तोड़,
ताड़ तद लग गुरदुरत विलायत,
ताल अध्या संग ले 'अख़्तर' तान।'

ध्रुपद-रागनी रामकली–ताल चौताल

"रे कहूँ देखी राधा, नन्दन साँवरो,
गोरन की दुहू, दो फिरे,

ब्रज बस्ती वन को बनैया रहैय्या,
गेंद को खेलैय्या,
जहाँ जमुना गहरी नागनाथन को।''

मशहूर है कि एक बार बड़े नवाब साहब से उनके मुसाहिबों ने भरे दरबार में छोटे नवाब यानी वाजिद अलीशाह की शिकायत की कि वह हरदम रागरंग में ही डूबे रहते हैं, इसलिए राजपाट चलाने की लायकियत उनमें नहीं है। सुनकर नवाब साहब ने आदेशपाल को आदेश दिया कि छोटे नवाब को जाकर इत्तिला करो कि हम दरबार में उन्हें बुला रहे हैं। जब आदेशपाल छोटे नवाब के पास पहुँचा, उस वक़्त वह पाँव में घुंघरू बाँधे रियाज़ कर रहे थे। आदेशपाल ने उन्हें नवाब साहब का आदेश सुनाया। छोटे नवाब दौड़ते हुए दरबार में हाज़िर हुए, झुककर आदाब बजाया और बोले, ''अब्बा हुज़ूर ने याद किया, कोई काम हो तो हुक्म करें।'' नवाब साहब ने हँसते हुए कहा, ''नहीं जाओ।'' और उल्टे पाँव फिर दौड़ते हुए छोटे नवाब चले गये। पर हैरत की बात थी कि आते-जाते उनके पाँव में बँधे घुँघरुओं में से एक भी घुँघरू नहीं बजा। नवाब साहब ने दरबारियों की ओर मुख़ातिब होकर कहा, ''देखा आप लोगों ने, जिसे अपने पर इतना नियन्त्रण है, वह भला राजकाज नहीं कर सकता, ऐसा हो ही नहीं सकता।'' सभासदों को तो उसी वक़्त काठ मार गया जब उन्होंने छोटे नवाब का वह करिश्माई अन्दाज़ देखा। सभी गरदन झुकाए चुप्पी साध गये।

इस तरह देखा जाये तो पूरे हिन्दुस्तान में जहाँ-जहाँ मुस्लिम शासकों की सल्तनत थी, वह केवल संगीतमय ही नहीं थी बल्कि वहाँ के सुल्तान, नवाब .ख़ुद संगीत-नृत्य में पटु थे। पर इन सबों में मुग़ल शहंशाहों ने संगीतकला के विकास में सबसे अधिक योगदान किया। हिन्दुस्तानी संगीत की महती परम्परा इस बात की गवाह और ऋणी है कि क्या उत्तर, क्या दक्षिण। ज़हाँ भी मुसलमान शासकों की सत्ता रही, वहाँ संगीत और संगीतकारों का भरपूर पोषण हुआ तथा उन्हें आश्रय और सम्मान मिलता रहा।

हम पहले उल्लेख कर चुके हैं कि मध्यकाल में इस्लाम के अन्तर्गत एक उदारमना सम्प्रदाय का आविर्भाव हुआ जो सूफ़ी परम्परा कहलायी। भारत में इस्लामिक हुकूमत के साथ ही इस्लाम के एक उदार एवं सहिष्णु सम्प्रदाय 'सूफ़ीज़्म' का भी आगमन हुआ जिसने भारतीय साहित्य, कला और संगीत को प्रभावित किया। सूफ़ियों ने संगीत का संवर्धन अपने ढंग से किया। सूफ़ी सन्तों से न केवल दास, ख़िलजी, तुग़लक और लोदी वंशों के सुल्तान प्रभावित रहे बल्कि

मुग़ल शहंशाह, ख़ासकर अकबर और औरंगज़ेब, काफ़ी प्रभावित रहे। सूफ़ी सन्तों का तत्कालीन राजनीति और सत्ता पर गहरा प्रभाव था।

भारतीय रागों के वर्गीकरण का मुस्लिम आधार यानी 'मुक़ाम पद्धति' 'इन्द्रप्रस्थ' मत कहलाया। 19वीं सदी ईस्वी में (1813 ई.) में अज़ीमाबाद-पटना के मोहम्मद रज़ा ने *नग़मात-ए-आसफ़ी* नामक संगीत ग्रन्थ की रचना फ़ारसी में की, जिसमें वर्तमान में प्रचलित बिलावल को 'बेसिक स्केल' के रूप में स्थापित किया जिसे परवर्ती संगीतशास्त्री पण्डित विष्णु नारायण भातखण्डे ने भी स्वीकारा। इस पुस्तक की हस्तलिखित प्रति पटना स्थित .ख़ुदाबक़्श ओरिएण्टल लाइब्रेरी में उपलब्ध है।

मध्ययुग में सूफ़ियों ने मुक़ाम पद्धति पर आधारित इन्द्रप्रस्थ मत का प्रचार-प्रसार बिहार के सूबे में किया, क्योंकि बिहार में सूफ़ियों के सबसे अधिक केन्द्र रहे—मनेर शरीफ़, फुलवारी शरीफ़ और बिहार शरीफ़ सूफ़ी सम्प्रदाय के प्रमुख एवं महत्त्वपूर्ण केन्द्र हैं।

सूफ़ी सन्त सर्फ़ुद्दीन अहमद याहूया मनेरी (14वीं सदी ई.) का जन्मस्थान

मनेर शरीफ़ स्थित सूफ़ी सन्त सर्फ़ुद्दीन अहमद याहूया मनेरी की दरगाह

मनेर शरीफ़ है। यही उनकी दरगाह भी है। वह भावुक हृदय संगीतप्रेमी थे। कण्ठ तथा यन्त्र (मज़मीर) दोनों संगीत का वह आनन्द लेते थे जिसका ज़िक्र उनके शागिर्द मुज़फ़्फ़र शम्स बाल्ख़ी ने अपने मक़तुबत के 121वें पत्र में किया है। बाल्ख़ी किसी हिन्दू जोगी का उल्लेख करता है कि वह एकतारा लिये है (जो शेख़ क़ुतबन की *मृगावती* में उल्लिखित नाथपन्थी जोगियों की किंगरी से भिन्न है)। वह आगे लिखता है, ''एकतारा पर जब वह जोगी हिन्दवी दोहा गाता था तो महान सूफ़ी सन्त याहूया मनेरी भावविह्वल हो उठते थे।'' दोहा है 'एकत कंडी विध भूतर भर के कायन चित्त किन मन रंझिया मारनततू ही नहान'। शेख़ कुतबन ने अपनी 'मृगावती' में छह राग और छत्तीस रागिनियों का उल्लेख किया है।

सूफ़ी सन्तों का मौसीक़ी से रूहानी लगाव था। इसके अनेक दृष्टान्त मिलते हैं (जिनमें हज़रत निज़ामुद्दीन औलिया और उनके प्रिय शागिर्द अमीर .ख़ुसरों का उल्लेखनीय स्थान है।) सन्त याहूया मनेरी 'सोम' (धार्मिक गोष्ठियों और प्रवचनों में गाया जाने वाला भक्तिमूलक गीत) बहुत चाव से सुनते थे। ये सूफ़ी सन्त यहाँ की बोलीबानी और गीत-संगीत के बहुत क़रीब थे—ये संगीतकारों को .ख़ूब प्रश्रय और प्रोत्साहन देते थे। कहते हैं, सन्त सर्फ़ुद्दीन अहमद याहूया मनेरी की मनेर शरीफ़ स्थित दरग़ाह पर सिकन्दर लोदी, मुग़ल शहंशाह बाबर, अकबर और मियाँ तानसेन सिजदा करने आये थे।

सूफ़ियों की आराधना पद्धति और हिन्दुओं की निर्गुणोपासना में बड़ा साम्य है। सूफ़ियों का प्रभाव हिन्दी के मध्यकालीन रहस्यवादी सन्तकवियों के दोहों, पदों और साखियों पर भी दिखता है। कबीरदास कहते हैं, 'लाली देखन मै गयी मै भी हो गयी लाल', सूफ़ी अल्लाह को प्रेयसी के रूप में देखते हैं। मुझे तो ऐसा लगता है कि इस्लामी चिन्तन (आध्यात्मिक) में हिन्दू निर्गुणोपासना के तालमेल से ही सूफ़ी विचारधारा, मत और दर्शन का प्रादुर्भाव हुआ—सूफ़ीज़्म को यदि इस्लाम का भारतीयकरण कहा जाये तो सर्वथा उपयुक्त होगा। वैसे सूफ़ी विचारधारा आयी तो अरब और फ़ारस से, पर भारत में आकर रच-बस व केन्द्रित होकर उसका फैलाव हुआ गो कि यहाँ की माटी-पानी में ख़रादी गयी। शायद इसलिए भी सूफ़ी हज़रत अमीर .ख़ुसरो ने हिन्दुस्तान को दुनिया का सबसे ख़ूबसूरत और सर्वश्रेष्ठ मुल्क कहा।

सूफ़ियों में रंग और वसन्त का गायन हिन्दुस्तानी माटी की .ख़ुशबू बिखेरता है। रंग और वसन्त का गायन विशुद्धरूपेण भारतीय परम्परा की देन है। मुग़ल शहंशाहों द्वारा होरी धमारी यानी होरी सुनना और खेलना, फूल वालों की सैर, फूल

के पंखे, शहनाई और नफ़ीरी बजाते-गाते सूफ़ी दरगाह तक ले जाना समन्वयवादी भारतीय साँझी संस्कृति का परिचायक है। इससे मुग़ल बादशाहों की उदारवृत्ति और सहिष्णुता तथा उन पर भारतीय विचारधारा का प्रभाव साफ़ झलकता है।

हिन्दुस्तान में इस्लाम के आगमन से यहाँ के संगीत-नृत्य के अन्तर्गत नये

सूफ़ी सन्त निज़ामुद्दीन औलिया और हज़रत अमीर खुसरो

आयाम आये। मुस्लिम शासकों एवं सामन्तों ने यहाँ की संगीतकला के संवर्धन और संरक्षण में भरपूर योगदान किया। मध्यकाल में ईरानी संस्कृति और सूफ़ी विचारधारा के आविर्भाव और भारत में उसके फैलाव के फलस्वरूप मुस्लिम शासकों का रुझान भारतीय संगीत में बढ़ा। तुर्क-अफ़ग़ान सुल्तानों के राज्यकाल में हिन्दुस्तानी मौसीक़ी सुरक्षित ही नहीं रही बल्कि उसके विकास में बढ़ोतरी हुई।

तुर्क-अफ़ग़ानकालीन दासवंश से लेकर मुग़लों के शासनकाल तक के छह सौ वर्षों के मुस्लिम शासनकाल में भारतीय संगीत का विकास अबाधित चलता रहा। भारतीय संगीत ने मुस्लिम शासकों को बेहद लुभाया। मुस्लिम और हिन्दू संस्कृति के तालमेल से हिन्दुस्तानी संगीत में न केवल नये रंगरोगन लगे और बढ़ोतरी हुई बल्कि निखार भी आया। संगीत के सात सुरों में इन्द्रधनुषी वैविध्यपूर्ण आकर्षण और सौन्दर्य की छटा आयी, रूहानियत में रूमानियत आयी। इसमें मुग़ल शहंशाहों का योगदान निस्सन्देह सर्वोपरि और वैशिष्ट्यपूर्ण है।

ख़्वाजा मोईनुद्दीन चिश्ती की दरगाह अजमेर शरीफ़

मुस्लिम शासकों में यहाँ की कला, साहित्य और संस्कृति से सर्वाधिक जुड़ाव मुग़ल शहंशाहों का रहा क्योंकि ध्रुपद, बीन और ग़ज़ल से उनका गहरा लगाव था। हिन्दुस्तान में मुग़लिया सल्तनत के संस्थापक बाबर का समय समरभूमि में ही अधिक व्यतीत हुआ। बावजूद इसके वह परले दर्जे का काव्य-रसिक और संगीतानुरागी था। इतना ही नहीं, वह स्वयं शायरी करता और ग़ज़लें लिखता था। हुमायूँ आरामतलबी होने के बावजूद बेहद संगीतप्रेमी था। अकबर की संगीतप्रियता सर्वविदित है। जहाँगीर मद्यप और ऐशोआरामपसन्द था, पर साथ ही न्यायप्रिय और रसिक मिज़ाज भी था। ध्रुपद और ग़ज़लों से उसे इश्क़ था। शाहजहाँ का रुझान स्थापत्य और वास्तुकला में अधिक थी, पर ध्रुपद सुनना उसे भी उतना ही प्रिय था और औरंगज़ेब, वह तो स्वयं बीनकार और बन्दिशकार था। परवर्ती मुग़ल बादशाह भी रसिया, काव्यप्रेमी और फ़नेमौसीक़ी से लगाव रखते थे। उनमें जहाँदारशाह, मोहम्मदशाह 'रंगीला' और अन्तिम मुग़ल सम्राट बहादुरशाह द्वितीय 'ज़फ़र' भी शायर, बन्दिशकार और संगीतपारखी थे। 'ज़फ़र' 'शोख़रंग' उपनाम से बन्दिशें रचता था और आला दर्जे का शायर था, तो जहाँदार शाह और 'रंगीला' बादशाह चोटी के संगीतरसिक थे।

शहंशाह औरंगज़ेब आलमगीर (युवावस्था)

मुग़ल बादशाहों के दरबार में कवियों, शायरों और फ़नकारों का बड़ा मान-सम्मान था। अकबरी दरबार में फ़ैज़ी, अब्दुर्रहीम ख़ानख़ाना और कवि गंग सरीखे कवि थे तो बाबा रामदास और तानसेन जैसे संगीत के नायक और गायक भी थे। जबकि शाहजहाँ के दरबार की शोभा थे—सेनिया लाल ख़ाँ, ख़ुशहाल ख़ाँ और मृदंग वादक जगन्नाथ कविराय।

नियामत ख़ाँ 'सदारंग', फ़िरोज़ ख़ाँ 'अदारंग', सितार के आविष्कारक खुसरों ख़ाँ सरीखे चोटी के बीनकार, गायक, बन्दिशकार और साज़ के अन्वेषक तथा 'मीरमुशी महाकवि घनानन्द शहंशाह 'रंगीले' के दरबार

की रौनक़ थे। लालकुँवरि जैसी रूपसी रक़्क़ासा जिस पर शहंशाह ज़हाँदारशाह इस क़दर फिदा था कि राजपाट भुलाकर उसके आगोश में क़ैद रहता था। पर ध्रुपद सुनना उसे भी प्रिय था। बहादुरशाह द्वितीय 'ज़फ़र' का दरबार 'ज़ौक़' और 'ग़ालिब' सरीखे नायाब शायरों और हिम्मत ख़ाँ बीनकार, सितरिया तथा ध्रुपदिया एवं क़ुतुब बक़्श उर्फ़ तानरस ख़ाँ जैसे औलिया ख़यालिया से रोशन रहता था।

औरंगज़ेब भी कवियों, शायरों, अदीबों, मौसीक़ीकारों और फ़नकारों की क़द्र करने में किसी से कम नहीं था। औरंगज़ेब आश्रित कवियों और संगीतकारों की चर्चा आगे की जायेगी। उसकी सुपुत्री शहज़ादी ज़ेबुन्निसा 'मख़्फी' आला दर्जे की शायरा, कवयित्री और ग़ज़लगो थी तथा उसका ज्येष्ठ भ्राता शहज़ादा दाराशिकोह भारतीय दर्शन, अध्यात्म तथा मौसीक़ी से लगाव रखने वाला रसिक था। उसकी बेगम रानादिल अव्वल दर्जे की फ़नकार थी।

शहंशाह औरंगज़ेब आलमगीर (युवावस्था)

मुग़ल राजवंश में उस्तादों (गुरुओं) का सम्मान करने की प्रशंसनीय एवं अनुकरणीय परिपाटी थी। उल्लेखनीय है कि शहंशाह अकबर अपने तीनों पुत्रों को पढ़ाने के लिए फ़ारसी के आलिम फ़ाज़िल और कवि अबुल फ़ैज़ी को शहज़ादों के वज़न

के बराबर पन्द्रह वर्षों तक सोना देता रहा।

उल्लेखनीय है कि छुटपन में जब औरंगज़ेब का Personal tutor मुल्ला सलाह धार्मिक भेदभाव बरतने की सीख देता था तो उसे अपने शागिर्द शहज़ादा से फटकार सुननी पड़ी थी। औरंगज़ेब का नज़रिया बिल्कुल धर्मनिरपेक्ष (Secular) थी।

मुग़ल शहंशाह औरंगज़ेब के गद्दीनशीं होने पर उसके उस्ताद मुल्ला सलाह दिल्ली पहुँचे। उन्हें यह उम्मीद थी कि उनके शागिर्द बादशाह की कृपा से अमीर का ओहदा दरबार में उन्हें मिल जायेगा। इसी मक़सद से वह दरबार में आने-जाने लगे। प्रतिष्ठित दरबारियों, यहाँ तक कि शहंशाह की चहेती बहन रोशनआरा को अपना हमदर्द मुल्ला सलाह ने बना लिया। रोशनआरा ने मुग़ल ख़ानदान का स्मरण कराते हुए अपने भाई से सिफ़ारिश की कि उस्ताद मुल्ला सलाह उचित मान-सम्मान दिये जाने का हक़दार है।

मुल्ला सलाह दरबार में नित्य हाज़िरी बजाते रहे, किन्तु औरंगज़ेब ने ध्यान नहीं दिया। अन्ततोगत्वा एक दिन बादशाह ने हठात् अपने उस्ताद को दरबार में आने के लिए सन्देश भेजा। जब मुल्ला सलाह दरबार में आये तो उस वक़्त वहाँ बादशाह के साथ केवल दानिशमन्द ख़ाँ और तीन-चार विद्वान ही उपस्थित थे। बर्नियर ने दानिशमन्द ख़ाँ से यह वाकया सुनकर लिपिबद्ध किया। इस घटना को एम. लिंकन शूस्टर द्वारा सम्पादित 'ए ट्रेजरी ऑफ़ वर्ल्ड्स लेटर्स' (A Treasury of world's Letters) में शामिल किया गया है। इसमें कहा गया है कि मुल्ला सलाह को औरंगज़ेब ने ख़त लिखा था, परन्तु बर्नियर का प्रस्तुत वर्णन अधिक विश्वसनीय है क्योंकि वह आठ वर्षों तक औरंगज़ेब के क़रीब किसी-न-किसी रूप में रहा था।

शहंशाह औरंगज़ेब आलमगीर
(सौजन्य : पटना म्यूज़ियम)

बर्नियर के यात्रावृत्तान्त में दर्ज औरंगज़ेब और उसके प्रशिक्षक मुल्ला सलाह से सम्बद्ध जो तथ्य प्रकाश में आया है, उससे

औरंगज़ेब की उत्कट ज्ञानपिपासा तथा धर्मपरायणता और निरपेक्षता की प्रामाणिक जानकारी मिलती है।

औरंगज़ेब को अपने उस्ताद मुल्ला सलाह के प्रति ऐसी नफ़रत थी कि उसने वर्षों तक उसे तरज़ीह नहीं दी। बाद में उसने ख़त लिखकर मुल्ला साहब को बुलाया। बग़ैर दुआ-सलाम के शहंशाह ने बेरुख़ी से पेश आते हुए फटकार लगाई और कहा, "मुल्ला साहब, मेरहबानी करके यह तो बताइये कि आप चाहते क्या हैं? अगरचे आप चाहते हैं कि अमीरों में आपको दाख़िल किया जाये तो इसके लिए आपको साबित करना होगा कि आप इसके लायक़ हैं या नहीं। अगर आप मुझे सही तालीम देते तो ज़रूर ऐसी इज़्ज़त के हक़दार होते। बताइये कि आपकी तालीम से कौन-सी क़ाबिलियत मुझे हासिल हुई?

शहंशाह औरंगज़ेब आलमगीर

(सौजन्य : पटना म्यूज़ियम)

"हर बादशाह को अपने पड़ोसी के अदब और तहज़ीब को जानना ज़रूरी है। लेकिन बजाय इसके आपने मुझे अरबी पढ़ना-लिखना सिखाया। इस ज़ुबान को सीखने में मेरी ज़िन्दगी के दस-बारह साल, मेरी उम्र का बड़ा हिस्सा बेकार गया। आपको सोचना था कि एक शहज़ादे को क्या-क्या सिखाया-पढ़ाया जाये, पर आपने मुझे ऐसी तालीम दी जो सिर्फ़ क़ाज़ियों के लिए ही फ़ायदेमन्द है। इस तरह मेरी जवानी के दिन बेकार गये। क्या नमाज़ सिर्फ़ अरबी में अता की जा सकती है?

"मुल्ला साहब, आपके प्रति असम्मान प्रदर्शित करने का झूठा इल्ज़ाम मुझ पर नहीं लगाइये। क्या आपको नहीं मालूम कि शहज़ादों को यह ज़रूर सिखाया जाना चाहिए कि उसको प्रजा से और प्रजा को उनके साथ किस तरह का बर्ताव करना चाहिए। क्या आपको मुझे यह नहीं बताना चाहिए था कि किसी वक़्त तख़्त के लिए और अपनी जान बचाने के लिए अपने भाइयों से लड़ने को मज़बूर होना पड़ेगा? आप अच्छी तरह जानते हैं कि हिन्द के बादशाहों की सन्तानों को

हमेशा ऐसे मामले पेश आते रहे। पर क्या आपने कभी लड़ाई का हुनर या किसी शहर की घेराबन्दी करने या फ़ौजी व्यवस्था का तरीक़ा मुझे सिखाया? यह तो मेरी ख़ुशक़िस्मती रही कि मैंने ख़ुद से ऐसे मामले में ऐसे लोगों से कुछ सीख लिया। आप मेहरबानी करके अपने गाँव चले जाइये और यह कोई नहीं जाने कि आप कौन हैं और आप किस हाल में हैं।''

सबसे विलक्षण गुण औरंगज़ेब की शख़्सीयत में था कि गुमराह करने वाला चाहे कोई भी हो, चाहे उस्ताद ही क्यों न हो, उसे वह किसी भी क़ीमत पर बख़्शता नहीं था। बर्नियर के हवाले से औरंगज़ेब के इस गुण विशेष पर प्रचुर प्रकाश पड़ता है।

धर्म के सम्बन्ध में औरंगज़ेब के ख़यालात कैसे थे, प्रस्तुत वाक़ये से स्पष्ट होता है। शाहजहाँ ने बघेरा के राजा इन्द्रासन को उसकी आज्ञा का उल्लंघन करने पर क़ैद करवा लिया। जब औरंगज़ेब उस क्षेत्र यानी दक्कन का सूबेदार बना तो उसने राजा इन्द्रासन की रिहाई के लिए शाहजहाँ से अनुरोध किया। शाहजहाँ ने औरंगज़ेब को लिख भेजा कि उसे इस शर्त पर रिहा किया जा सकता है कि वह इस्लाम क़ुबूल कर ले। इस पर औरंगज़ेब ने कड़ा प्रतिरोध जताया कि इस शर्त का पालन नहीं किया जा सकता है, ऐसा करना ग़ैर-प्रशासनिक और संकीर्णता का द्योतक होगा। राजा की रिहाई उसी की शर्त के मुताबिक़ होनी चाहिए। औरंगज़ेब का यह पत्र 'आदाबे-आलमगीरी' में ख़ुदाबक़्श लाइब्रेरी, पटना में उपलब्ध है।

इससे निष्कर्ष निकलता है कि औरंगज़ेब के भारत में धर्म की जो प्रमुखता थी वह ऐसी थी, जैसी वर्तमान भारत में है। आज की तरह उस समय भी हिन्दू-मुसलमान के सम्बन्ध में सद्भाव से सोचते होंगे। ऐसे में औरंगज़ेब, जो धार्मिक दृष्टि से अल्पसंख्यक था, उस बहुसंख्यक प्रजा पर जो दूसरे धर्म को मानने वाली थी, ऐसी नीति चलाये बिना इतने लम्बे समय तक कैसे इतने विशाल साम्राज्य की स्थापना और शासन कर सकता था, जैसा कि औरंगज़ेब ने किया। वास्तविकता यह थी कि वह पूर्णरूपेण धर्मनिरपेक्ष शासक था।

हालाँकि औरंगज़ेब का सिखों से बनाव नहीं रहा। राजनीतिक कारणों से वह सिखों, जाटों, मराठों और राजपूतों से जूझता रहा। पर इसके पीछे रूढ़ साम्प्रदायिकता और धार्मिक उन्माद कारण नहीं थे जिसका ज्वलन्त प्रमाण है सिखों का धार्मिक ग्रन्थ, 'गुरुग्रन्थ साहिब'। गुरुग्रन्थ साहिब में मध्यकालीन सन्त कवियों के दोहे, चौपाइयाँ, पद और सूफ़ियों की भक्तिपरक रचनाएँ संकलित हैं। ये सारे के सारे रागों और तालों में निबद्ध हैं। सिखों के प्रथम गुरु नानक देव और दसवें गुरु गोविन्द सिंह संगीत के जानकार थे। उनकी 'बानी' रागों में बंधी है।

सिखों के आदिगुरु नानक देव के रचे पद और सबद भी राग और तालबद्ध हैं। राग 'आसा' ऐसे अछोप (अप्रचलित) राग का उल्लेख 'गुरुग्रन्थ साहिब' में ही मिलता है, अन्यत्र नहीं। राग आसा नानक देव जी का अत्यन्त ही प्रिय राग था।

'गुरुग्रन्थ साहिब' में सूफ़ियों की रचनाएँ भी हैं। बुल्लेशाह एवं अन्य सूफ़ी

सिक्खों के दसवें गुरु गोविन्द सिंह जी

कवियों की रचनाएँ भी रागों पर आधारित हैं।

औरंगज़ेब ने गुरुद्वारों को भी दानपत्र दिये। यदि उसमें धार्मिक असहिष्णुता होती तो 'गुरुग्रन्थ साहिब' और 'स्वर्ण मन्दिर' को उससे क्षति पहुँचती। अमृतसर में स्थापित 'स्वर्ण मन्दिर' की नींव की ईंट साई मियाँ मीर नामक मुसलमान सूफ़ी के हाथों रखी गयी। वह पाँचवें गुरु अर्जुनदेव का समकालीन था।

मज़हब को औरंगज़ेब व्यक्तिपरक मानता था। उसमें किसी प्रकार का हस्तक्षेप उसे पसन्द नहीं था। मज़हब के मामले में ज़ोर-ज़बर्दस्ती से धर्म-परिवर्तन या दख़लअन्दाज़ी के वह ख़िलाफ़ था।

हिन्दू धर्म और विचारधारा का जुड़ाव भारतीय संगीत से रहा यानी कि भारतीय संगीत की पृष्ठभूमि पूर्णतया आध्यात्मिक है। यदि औरंगज़ेब को हिन्दू या किसी और धर्म से दुराव होता तो मौसीक़ी से भी परहेज़ रहता या नफ़रत करता। पर जबकि वह 'वैणिक' (बीनकार) था तो परहेज़ करने या नफ़रत करने का प्रश्न ही नहीं उठता।

In his book *'India : A History'* John Keay writes, "In the same spirit dancers, musicians and artists were dismissed from imperial employ. Their places were taken by bearded jurists and Quranic diviner who belabored to produce a standard compilation of hamafi jurisprudence." John Keay का ऐसा लिखना बिल्कुल तथ्य से परे और भ्रामक है। ग़लत और असंगत है। ऐसा उल्लेख कहीं भी नहीं मिलता है, बल्कि औरंगज़ेब ने दरबार में होने वाली सांगीतिक गतिविधियों पर प्रतिबन्ध लगाते हुए अपने हुक्मनामा में कहा है कि गाने-बजाने वाले दरबार में आया करेंगे। बादशाह को सलाह बजायेंगे। वे दरबारी संगीतज्ञ के रूप में बरक़रार रहेंगे और उन्हें वेतनादि सारी सुविधाएँ यथावत मिलती रहेंगी। राजनीतिक कारणों से दरबार मे निषेधाज्ञा लगायी गयी। अन्य जगहों पर संगीत-नृत्य करने की मनाही नहीं थी।

औरंगज़ेब के विषय में, उसके क्रियाकलापों के बारे में कहीं-कहीं John Keay सही भी फरमाते हैं, जैसे वह लिखते हैं, "Aurangzeb in fact destroyed comparatively few temples and that to others he even granted jagirs. More over the sites which were in deed desecrated were chosen they posed a direct political or ideological challenge."

मुझे लगता है कि ये यूरोपीय इतिहासकार इतने भ्रमित थे कि औरंगज़ेब के कृतित्व और व्यक्तित्व का आकलन भी तद्नुसार किया है। फिर भी उनके उपलब्ध विवरणों को एकदम से किनारे नहीं लगाया जा सकता। शोधकर्ताओं को अपनी बुद्धि

और विवेक से काफ़ी जाँच-पड़ताल करने के पश्चात् निष्कर्ष निकालना चाहिए। यहाँ तटस्थता आवश्यक शर्त होगी। तभी सही निष्कर्ष निकाला जा सकता है।

मैं पहले ही उल्लेख कर चुका हूँ कि औरंगज़ेब का व्यक्तित्व गुलाब और कैक्टसनुमा था जिसमें काँटों के साथ ख़ूबसूरत सुगन्धित फूल खिलते हैं। और विरोधाभास भी उसमें थे। पर वह एक सच्चरित्र, पाक और नेकदिल इनसान था।

जब सिखों के अन्तिम गुरु गोविन्द सिंह हिमाचल प्रदेश के विलासपुर के निकट आनन्दपुर साहिब में वहाँ के मुग़ल कमाण्डर से जूझ रहे थे और मुग़लों को भी सिखों पर सफलता नहीं मिल रही थी, ऐसे में औरंगज़ेब परेशान था। उसी समय गुरु गोविन्द सिंह ने बादशाह को एक सम्मानजनक समझौते के लिए पत्र लिखा। औरंगज़ेब ने क़ुरानशरीफ़ की क़सम खाते हुए गुरु साहिब को आश्वस्त किया, "आप क़िले को ख़ाली कर दें, आप जहाँ चाहें जा सकते हैं। आप पर सल्तनत की किसी तरह की पाबन्दी नहीं रहेगी और आपसे मित्रवत् व्यवहार किया जायेगा।" हालाँकि इस पर गुरु गोविन्द सिंह को यक़ीन नहीं हुआ, पर गुरु के सहयोगियों के समझाने पर कि बादशाह ने क़ुरानशरीफ़ की क़सम खायी है। वह नमाज़ी मुसलमान है, इसलिए विश्वासघात नहीं करेगा। अपने निकटस्थ सहयोगियों के दबाव में आकर गुरु साहिब ने क़िला ख़ाली कर दिया और बाहर निकल आये। लेकिन पीछे से मुग़ल सेना से उन पर धावा बोल दिया।

राजनीति और सत्ता की लड़ाई में जायज़-नाजायज़ सब कुछ होता है। प्राचीनकाल से ऐसा होता रहा है। माना कि सिखों के दसवें गुरु गोविन्द सिंह धर्म और न्याय की लड़ाई लड़ रहे थे। पर सवाल उठता है कि भारतवर्ष को एक राष्ट्र मानकर उन्होंने राष्ट्र की एकजुटता के लिए जाट, राजपूत, मराठा और सिखों को मिलाकर विरोधी शक्ति को पराजित करने के लिए क्या उपाय और प्रयास किये? वह तो सिखों की सम्प्रभुता के लिए लड़ रहे थे। ऐसे में औरंगज़ेब कोई फ़रिश्ता तो था नहीं, लेकिन उसने हिन्दुस्तान को एक मुल्क और साम्राज्य मानकर अखण्ड एवं विस्तृत भारतीय साम्राज्य का सपना देखा और उसे साकार करने का हर सम्भव उपाय और प्रयास किया और बहुत हद तक सफल भी रहा।

सिख, जाट, राजपूत और मराठा अलग-अलग क्षेत्रीयता के आधार पर अपनी-अपनी अस्मिता बचाने के लिए एक-दूसरे से जूझते रहे और अलग-अलग ही मुग़ल साम्राज्य से लड़ते रहे। तो क्या अलग-अलग रहकर मुग़लों को पराजित करना सम्भव था? उस समय का तक़ाजा था कि भारत को एक साम्राज्य मानकर एकजुटता बनाने की कोशिश की जाये जिसमें ये चारों क्षेत्रीय शक्तियाँ पूर्णतया असफल रहीं, क्योंकि

इन चारों की सोच अपनी-अपनी क्षेत्रीय सत्ता तक ही सीमित थी।

औरंगज़ेब को प्रेषित गुरु गोविन्द सिंह का पत्र 'ज़फ़रनामा' में देखा गया। बेशक, गुरु गोविन्द सिंह एक पुरुष थे। पर सिख सम्प्रदाय के मुखिया के रूप में ही मशहूर थे। राजनीतिक कारणों से औरंगज़ेब से मतभेद रहने के बावजूद 'ज़फ़रनामा' में उन्होंने औरंगज़ेब की धर्मपरायणता और चारित्रिक सद्‌गुणों की तारीफ भी मुक्तकण्ठ से की है यह मार्के की बात है।

गुरु साहिब के 'जफ़रनामा' को पढ़कर औरंगज़ेब को अपनी भूल पर पछतावा और ग्लानि हुई। उस समय शहंशाह दक्कन में था। उसने तुरन्त दिल्ली, सरहिन्द और लाहौर के सूबेदारों को शाही फ़रमान जारी किया कि गुरु गोविन्द सिंह का पीछा करना छोड़ दिया जाये और न ही उन्हें पकड़ने का प्रयास किया जाये। औरंगज़ेब ने गुरु साहिब को जवाब लिख भेजा कि वह दीने (काँगड़ा) पहुँचकर उनसे मुलाक़ात करेगा, किन्तु दुर्भाग्यवश दक्षिण से लौटते वक़्त बादशाह की मौत रास्ते में ही हो गयी। एक नमाज़ी मुसलमान होकर उसने जो वचन दिया था, उसका निर्वाह नहीं होने के कारण आयुवाधिक्य के चलते उसे गहरा सदमा पहुँचा जो उसकी मौत का कारण बना।

मेरे विचार से यदि औरंगज़ेब के मन में खोट होता तो न तो अपने किये पर उसे पछतावा होता और न दिल्ली, सरहिन्द और लाहौर के सूबेदारों को आदेश ही भेजता। आख़िर बादशाह को ऐसा करने के लिए कोई विवशता भी नहीं थी। अपनी ग़लती पर पश्चात्ताप करना बादशाह के लिए बड़ी बात थी। उसका ऐसा करना यह दर्शाता है कि वह एक सहृदय नेकदिल इनसान था। औरंगज़ेब यदि असंवेदनशील होता तो सत्‌गुरु जी द्वारा भेजे गये पत्र को ठुकरा देता। पर उसने ऐसा नहीं किया। ऐसा नहीं था कि उसने विवशतावश वैसा किया बल्कि स्वेच्छा से किया। अकबर की तरह वह कुटिल कूटनीतिज्ञ नहीं था अन्यथा वह वैसा निर्णय नहीं लेता।

यह सही है कि गुरु गोविन्द सिंह की महत्त्वाकांक्षी योजनाओं तथा केन्द्रीय सत्ता- विरोधी गतिविधियों से औरंगज़ेब चौकन्ना हो गया था। इसलिए अन्य विरोधी शक्तियों के समान सिखों को भी उसने कुचला। पर बग़ैर किसी ठोस प्रमाण के उस पर इल्ज़ाम लगाना कि उसने गुरु गोविन्द सिंह के दोनों पुत्रों को मरवा डाला, उचित नहीं माना जा सकता।

शहंशाह औरंगज़ेब पर यह भी इल्ज़ाम लगाया जाता है कि उसने सिखों के नौवें गुरु तेग़बहादुर का क़त्ल करवाया। पर इस सन्दर्भ में जितने तथ्य प्रकाश

में आये हैं उससे स्पष्ट नहीं होता कि गुरु तेग़बहादुर को औरंगज़ेब ने मरवाया। इस सम्बन्ध में ठोस प्रमाण उपलब्ध नहीं है।

मैकलिफ़ नामक अंग्रेज़ ऑफिसर ने अपनी पुस्तक *सिखों का इतिहास* में बताया है कि गुरु तेग़बहादुर को औरंगज़ेब ने मृत्युदण्ड दिया। मैकलिफ़ से पूर्व इस बात का लिखित प्रमाण नहीं मिलता। भाई मुनि सिंह द्वारा 1893 ई. में प्रकाशित पुस्तक *भगत रत्नावली* में साफ़ लिखा है, "एक सिख ने ही उनकी आज्ञा से उनका सिर काट दिया था।" कनिंघम ने लिखा है, "औरंगज़ेब को अपना चमत्कार दिखाने के लिए गुरु तेग़बहादुर ने कहा कि वह एक मन्त्र लिखेंगे और जो इस मन्त्र को गले में बाँध लेगा, उसकी गरदन पर तलवार के तगड़े वार का भी कोई असर नहीं होगा।" उस मन्त्र को उन्होंने स्वयं अपने ही गले में बाँधा और अपने शिष्य से वार करने का संकेत किया। तलवार का भारी वार उनके गले पर ज्यों ही पड़ा, उनका सिर छिटककर एक ओर जा गिरा। इस तथ्य की जानकारी देने वाले वैसे लोग थे जिन्हें गुरु जी की सेवा में हमेशा रहने का सौभाग्य प्राप्त हुआ। 1912 ई. में *भगत रत्नावली* जब पुनः प्रकाशित हुई तो इस तथ्य को निकाल दिया गया।

इसी तरह ज्ञानी सिंह द्वारा लिखित पुस्तक *पन्थ प्रकाश*, जो कि दो बार प्रकाशित हुई (पहली बार 1879 ई. में और दूसरी बार 1883 ई. में), में इस बात की चर्चा नहीं है कि औरंगज़ेब ने गुरु तेग़बहादुर का क़त्ल करवाया। *पन्थ प्रकाश* का तीसरा संस्करण मैकलिफ़ की पुस्तक के बाद प्रकाशित हुआ जिसमें लिखा गया कि गुरु तेग़बहादुर को इस्लाम स्वीकारने के लिए कहा गया और इनकार करने पर दिल्ली के चाँदनी चौक में उनकी हत्या कर दी गयी। पर इस बात का उल्लेख कनिंघम ने नहीं किया है, जो एक महत्त्वपूर्ण बिन्दु है।

सिखां दे राज नामक पुस्तक (1862 ई. और 1892 ई. में दो बार प्रकाशित हुई) में 'भगत रत्नावली' के समान गुरु जी को औरंगज़ेब द्वारा मृत्युदण्ड देने की चर्चा नहीं है। बाद में गुरुमुखी प्रकाशन में इस वास्तविक तथ्य को हटाकर औरंगज़ेब का नाम डाल दिया गया कि उसने मृत्युदण्ड दिया।

गुरु तेग़बहादुर की मृत्यु के सम्बन्ध में विवादास्पद तथ्य ही सामने आये हैं, जिसके आधार पर औरंगज़ेब पर इल्ज़ाम नहीं लगाया जा सकता है।

गुरु तेग़बहादुर के निधनोपरान्त सिख आन्दोलन का स्वरूप पूर्णतया सैनिक हो गया यानी सिख आन्दोलन ने राजनीतिक रूप ले लिया जो कि मुग़ल सल्तनत के लिए 'ख़तरे की घण्टी' बन गयी। इसलिए गुरु गोविन्द सिंह की बढ़ती महत्त्वाकांक्षा

को देखते हुए औरंगज़ेब चौंका और सतर्क हो गया। स्थिति की गम्भीरता को भाँपते हुए औरंगज़ेब गुरु गोविन्द सिंह से मिलकर आपसी सुलह से समस्या का निबटारा करना चाहता था जिसके लिए उसने गुरु साहिब को सन्देशा भेजा कि वह मिलना चाहता है। पर दक्कन से दीना (काँगड़ा) के लिए रवाना होने के रास्ते में ही उसका देहान्त हो गया।

औरंगज़ेब जिस दौर से गुज़र रहा था, उसमें राजसत्ता और समाज में क़ाज़ी-मुल्लाओं का बड़ा बोलबाला था। आख़िर उनसे कहाँ तक वह परहेज़ करता। क्योंकि वह एक बादशाह था जिसके लिए सत्ता सर्वोपरि थी। वह कोई सन्त या फ़रिश्ता तो था नहीं कि राजपाट त्यागकर सिख गुरु की शरण में जाता। फिर भी उसने अपनी ग़लती स्वीकार गुरु गोविन्द सिंह से मिलने की इच्छा व्यक्त की। इसलिए मेरे विचार से उस पर ख़्वामख़ाह इल्ज़ाम लगाना उचित नहीं है। हम यदि तटस्थ होकर विचार करेंगे तो बात समझ में आयेगी। औरंगज़ेब कतई क्रूर, निर्मम, संगदिल और आततायी नहीं था। एक फ़नकार बादशाह ऐसा नहीं हो सकता। मैंने इस शोध में अनगिनत प्रमाण और साक्ष्य प्रस्तुत किये हैं जिससे साबित होता है कि वह ज़ालिम नहीं था। इसलिए उसके व्यक्तित्व पर नाहक अँगुली उठाना ओछी मानसिकता और संकीर्णता का परिचायक होगी।

सिख विचारधारा और सम्प्रदाय का उदय मुग़लकाल में ही हुआ। ज़ाहिर है, इसके गुरु भी मुग़लकाल ही में हुए। इन दस गुरुओं द्वारा 'धर्मग्रन्थ साहिब' का संकलन-प्रणयन भी इसी काल में हुआ। सिखों के दस गुरुओं में सबसे प्रखर, तेजस्वी और लोकप्रिय गुरु गोविन्द सिंह शहंशाह औरंगज़ेब के समकालीन थे। इनसे औरंगज़ेब की लड़ाई राजनीतिक कारणों से थी, न कि धार्मिक। पूरे मुग़लकाल में धार्मिक उन्माद के कारण कभी भी समाज में कोई मतभेद नहीं रहा और न ही दंगे-फ़साद ही हुए। यह ग़ौरतलब है।

औरंगज़ेब ने न केवल जाट, मराठा, राजपूत राजाओं से लड़ाई की बल्कि बीजापुर और गोलकुण्डा के सुल्तानों को हराकर वहाँ की सल्तनत को क़ब्ज़े में किया। ये जितने भी हमले उसने किये, सभी राजनीतिक कारणों से किये गये। साम्राज्य-विस्तार में धर्म का कभी भी सहारा औरंगज़ेब ने नहीं लिया अन्यथा मुस्लिम सुल्तानों पर वह हमला नहीं करता।

इस पृष्ठभूमि और परिप्रेक्ष्य में शहंशाह औरंगज़ेब के व्यक्तित्व और संगीतप्रेम पर हम विस्तार से प्रकाश डालेंगे। व्यक्ति पर न केवल वंशानुगत संस्कार, संगत-सोहबत बल्कि मुल्क के माहौल का भी असर पड़ता है। जन्मजात संस्कार के

अलावा सोहबत और पारिवारिक माहौल जिसमें रहकर औरंगज़ेब के व्यक्तित्व का निर्माण और विकास हुआ, संगीत-विरोधी नहीं था। इसलिए वह संगीत से नफ़रत कैसे कर सकता था?

भारतवर्ष पर कई बाहरी आक्रामकों के हमले हुए, यथा—ग्रीक, हूण, शक, कुषाण हमलावर आये। से सभी लूटखसोट कर चलते बने। केवल कुषाणों ने अपना साम्राज्य स्थापित किया। मुसलमान हमलावर भी आये जिनमें ग़ज़नी, गोरी, तैमूरलंग, दुर्रानी, नादिरशाह ये बतौर लुटेरे आये। विध्वंस करके लूटपाट कर चलते बने। लेकिन तुर्क-अफ़ग़ान मुसलमान और मुग़ल आकर यहाँ स्थायी रूप से बस गये और शासन करने लगे। यहाँ की तहज़ीब को उन्होंने अपना लिया। इस तरह भारतीय संस्कृति, जो मूलतः वैदिक संस्कृति थी, उसमें बदलाव आया। वैदिक संस्कृति और मुस्लिम तहज़ीब का परस्पर सम्मिलन हुआ और एक सामासिक संस्कृति का प्रादुर्भाव हुआ। भारतीय संगीत के धीर-गम्भीर आध्यात्मिक स्वरूप में मुस्लिम तहज़ीब की नफ़ासत-नज़ाकत, लताफ़त और शराफ़त का समावेश हुआ। इस तरह एक बेहद ख़ूबसूरत तहज़ीब के आगमन के साथ संगीत भी सलोना, नफ़ीस और बेहद मोहक कमनीय अदाओं से भर गया। तुर्क-अफ़ग़ान सुल्तानों और ख़ासकर मुग़ल बादशाहों ने संगीत, चित्रकला, शिल्प और वास्तुकला को इस मुक़ाम पर पहुँचाया कि क़ौल, क़लबाना, क़व्वाली, गुल, नक़्श, रंग, वसन्त, सादरा, ख़याल, टप्पा, ठुमरी जैसी गेय विधाएँ, मिनिएचर पेंटिंग और कुतुबमीनार तथा ताजमहल सरीखे वास्तुकला के नायाब नमूने हमें दिये। वास्तुकला की पच्चीकारी और मीनाकारी की बारीकियाँ और नफ़ासत का तत्कालीन कलाकारों ने संगीतकला में बख़ूबी सम्मिश्रण करके एक नूतन अभिनव हृदयग्राही एवं चित्ताकर्षक स्वरूप प्रदान किया जिससे हिन्दुस्तानी मौसीक़ी हसीन और रूमानी बन गयी।

मुग़लों के शासनकाल में न केवल चोटी के फ़नकार हुए बल्कि संगीत की नयी विधाओं और साज़ों का भी निर्माण किया गया जो आज तक भी प्रचलित हैं। राग-रचना, बन्दिशकारी और उसकी प्रस्तुति की उत्कृष्टता की दृष्टि से मियाँ तानसेन और नियामत ख़ाँ 'सदारंग' के अवदान 'मील के पत्थर' साबित हुए। तानसेन की परम्परा यानी सेनियों की परम्परा का स्थान हिन्दुस्तानी संगीत में सदियों से सर्वोच्च रहा है। 20वीं-21वीं सदी में भी गवैयों-बजवैयों में 'सेनिया' कहलाने और तानसेन की परम्परा से अपने को जोड़कर रखने की ललक, सनक तथा होड़ बरक़रार है। संगीतकारों की बिरादरी में 'सेनिया' कहलाना फ़ख़्र की बात समझी जाती है।

मियाँ तानसेन और नियामत ख़ाँ 'सदारंग' इस कोटि के राग आविष्कर्त्ता

और बन्दिशकार हुए कि गुणवत्ता की दृष्टि से आज भी उनके बनाये राग और रची बन्दिशों को श्रेष्ठ माना जाता है। कहते हैं, शहंशाह अकबर के दरबार में तानसेन द्वारा 'कानड़ा' की प्रस्तुति ऐसी तासीरदार हुई कि बादशाह की आँखों से दो बूँद मोती बनकर आँसू टपक पड़े और बादशाह ने आह्लादित होकर उस कानड़े को 'दरबारी' कहकर सम्बोधित तथा तानसेन को मियाँ के सम्मानसूचक पदवी से सम्मानित किया। तब से वह राग दरबारी कानड़ा और उसके प्रस्तोता मियाँ तानसेन के नाम से मशहूर हो गये।

सितारनवाज़ उस्ताद विलायत ख़ाँ ने कलकत्ता में 'दरबारी कानड़ा' बजाते हुए उसे 'राजार चोखेर जल' कहा और ऐसा हृदय को विदग्ध कर देने वाला मार्मिक अविस्मणीय वादन किया कि श्रोताओं के मर्म को छू गया और कितने भावकों की आँखें छलछला गयीं।

मोहम्मद क़रम इमाम के अनुसार राग दरबारी का अविष्कर्ता नायक बैजू था। जो भी हो, यह विवाद का मुद्दा है जिसकी तह में जाने की आवश्यकता यहाँ नहीं है।

तानसेन ने तोड़ी, मल्हार, कल्याण और सारंग रागों की भी दिलकश पेशकश की कि बादशाह ने ख़ुश होकर इन रागों को भी 'मियाँ' की विरुदावली से सम्मानित किया। तब से इन रागों के आगे 'मियाँ' लगने लगा, यथा—'मियाँ की तोड़ी', 'मियाँ का मल्हार', मियाँ का कल्याण' तथा 'मियाँ का सारंग'। तानसेन ने कभी इस्लाम क़बूल नहीं किया, न उसे इसके लिए बाध्य किया गया। उसके नाम के साथ 'मियाँ' लगाना सम्मानपरक है, जैसे मिर्ज़ा राजा जयसिंह।

'सदारंग' के विषय में आचार्य बृहस्पति ने लिखा है, "वह रागों का निर्माता था।" पर 'सदारंग' द्वारा निर्मित एक भी राग का उल्लेख बृहस्पति ने नहीं किया। जब आप किसी चीज़ के निर्माण का श्रेय देते हैं तो उसकी पुष्टि उदाहरण देकर करनी चाहिए अन्यथा बात सन्देह के घेरे में आ जाती है। बन्दिशकार और बीनकार के रूप में तो 'सदारंग' का उल्लेख मिलता है, क्योंकि उसकी ढेर सारी बन्दिशें प्रचलित हैं।

डॉ. शैलेन्द्र कुमार गोस्वामी का शोध-प्रबन्ध *हिन्दुस्तानी संगीत* के महान रचनाकार 'सदारंग'-'अदारंग' के विद्वान शोधकर्ता ने सदारंग द्वारा निर्मित एक भी राग का उल्लेख नहीं किया है।

शहंशाह शाहजहाँ के समय में राग 'भीम' का निर्माण हुआ। पर किसने किया, यह अज्ञात है। इस तरह मुग़लों के राज्यकाल में नूतन प्रयोग और आविष्कार भी हुए। संगीत की दुनिया में चिन्तन-मनन-मन्थन की प्रक्रिया सदियों से सतत् गतिशील रही। पहले के संगीतकारों का प्रयोग और ईज़ाद गहन चिन्तन,

सकारात्मक सोच तथा नियमों की भित्ति पर टिकी होती थी। वे सस्ती लोकप्रियता के ख़याल से नाम गिनाने के लिए प्रयोग के नाम पर 'बंडलबाज़ी' नहीं करते थे। पर आज की राग रचनाएँ और प्रयोग पण्डित मल्लिकार्जुन मंसूर सरीखे सिद्ध घरानेदार गायक के शब्दों में 'बंडलबाज़ी' के सिवाय कुछ भी नहीं। इसका प्रमाण भी ढूँढ़ना नहीं पड़ता। सदियों पहले बने राग, जैसे—ईमन, भैरव, मालकौंस, श्री, मल्हार आदि आज भी प्रचलित हैं जबकि पण्डित रविशंकर, उस्ताद अली अकबर ख़ाँ, उस्ताद अमजद अली ख़ाँ और पण्डित कुमार गन्धर्व सरीखे समकालीन मूर्धन्य संगीतकारों के बनाये राग उनके जीवनकाल में ही कालकवलित (Defunct) हो गये। इसलिए पुरानी पीढ़ी के जितने भी संगीतकार हुए, उनसे जब नये राग बनाने के बारे में पूछा जाता तो कहते, "भई! हमारे पुरखों ने इतने राग बना दिये कि एक जीवन में उन सभी रागों को साधना सम्भव नहीं है, इसलिए फ़िज़ूल नये राग बनाने में अपना समय और ऊर्जा क्यों व्यय करूँ।" इसलिए वे कला प्रस्तुतियों को माँजने पर ज़ोर देते रहे जिससे चमक और तासीर बरक़रार रहे।

इस परिप्रेक्ष्य में देखें तो औरंगज़ेब के समय में हिन्दुस्तानी संगीत का जैसा सर्वतोन्मुखी उन्नयन हुआ, वैसा किसी भी समय में नहीं हुआ। इस पर आगे सप्रमाण चर्चा की जायेगी।

स्वयं औरंगज़ेब को विरासत में अपने बाप-दादा-पुरखों से इल्मे-मौसीक़ी का संस्कार मिला था। संगीत तो उसकी घुट्टियों-शिराओं में समाया रचा-बसा था। संगीत से परहेज़ करने वाला वह कैसे हो सकता था? ऐसा कहने और लिखने वालों ने जो कुछ कहा और लिखा है, वह सारा-का-सारा कपोल कल्पना, मिथ्या प्रलाप और साज़िश ही कही जायेगी। बाप-दादा-पुरखों में तो केवल संगीतानुराग था, किन्तु औरंगज़ेब महज़ संगीतानुरागी ही नहीं, संगीतकार भी था। काव्य एवं संगीतप्रेम, भाषाविद्, कुशल प्रशासक, धर्मपरायणता, दूसरे धर्मों के प्रति सहिष्णुता, प्रजावत्सलता, अनुशासनप्रियता, सामरिक कौशल, सदाचार, मितव्यता, स्वावलम्बन, न्यायप्रियता, दानशीलता इतने सारे गुणों से मण्डित जिसका बहुआयामी व्यक्तित्व हो, उसे 'आदर्श और अनुकरणीय' नहीं बताकर कट्टर धर्मान्ध, हिन्दू तथा संगीत-विरोधी बताना कहाँ तक तर्कसंगत और समुचित लगता है? विचारणीय है।

औरंगज़ेब के साथ कुछेक इतिहासकारों ने सच्चाई का सम्बल छोड़कर ऐसा ही किया है। औरंगज़ेब के व्यक्तित्व का हनन बग़ैर ठोस प्रमाण के कुछेक इतिहासकारों ने किया है। औरंगज़ेब ने केवल दरबार में सांगीतिक प्रस्तुतियों पर प्रतिबन्ध क्या लगाया कि उसे संगीत-विरोधी बताकर क़िस्से गढ़ लिये गये।

औरंगज़ेब को छोड़कर एक भी सम्राट, सुल्तान या बादशाह का नाम लें जो मद्यप नहीं था, जो अपना व्यक्तिगत ख़र्च राजकोष के पैसे से नहीं करता था, जो संगीतकार हो, जो सुरा-सुन्दरियों से परहेज़ रखता हो, तो ढूँढ़ने पर ऐसा एक भी दृष्टान्त नहीं मिलता। इसे अनहोनी संयोग ही कहा जायेगा कि छुटपन में सुरा-सुन्दरियों के विलास एवं आमोद-प्रमोदपूर्ण वातावरण में रहने वाला शहज़ादा अपने जीवन के परवर्ती काल में भोग-विलास से असम्पृक्त रहा। उसने अपने जीवन में कभी भी सुरा को ओठों से नहीं लगाया। जवानी अन्धी होती है और इनसान की ज़िन्दगी में ऐसी घड़ी आती है, जब वह कामवासना के वशीभूत हो जाता है। ऐसा होना स्वाभाविक है। प्रकृति के नियमानुकूल है। औरंगज़ेब भी भरी जवानी में रमणियों के प्रति आसक्त रहा (जिन सुन्दरियों के प्रति आसक्त रहा, वे सभी संगीत-नृत्य में पटु थीं।) विपरीत सेक्स के प्रति मानव की आसक्ति क़ुदरती है। यह प्रकृतिप्रदत्त सहज स्वभाविक प्रवृत्ति है। यह प्रवृत्ति पशु-पक्षियों तक में देखी जाती है। यदि ऐसा न होता तो मानव जीवन में परस्पर आकर्षण नहीं रहता। सृष्टि थम जाती। इनसान बिल्कुल संगदिल हो जाता। राजसी वैभव में पला एक शहज़ादा इससे अछूता कैसे रह सकता था जैसा कि सभी ज्ञानी-गुणी जानते हैं कि जवानी अन्धी होती है। उस अँधियारे से औरंगज़ेब को भी गुज़रना पड़ा, तो इसमें बुरा क्या है? किन्तु आयु की परिपक्वता के पश्चात् वह भोगलिप्सा एवं विलसिता से विरक्त होकर फ़क़ीराना ज़िन्दगी जीने लगा। जीवन की प्रौढ़ावस्था में औरंगज़ेब का अधिकांश समय इबादत, उपवास और धार्मिक अनुष्ठानों में व्यतीत होने लगा। प्रजा बादशाह को शाही पोशाक में दरवेश कहती थी।

बावजूद इसके उसकी जन्मजात सांगीतिक पिपासा बुझी नहीं बल्कि अक्षुण्ण रही। संगीत का वास तो उसकी अन्तरात्मा में था। इसलिए संगीत से न तो कभी वह विलग हुआ और न संगीत से उसने द्रोह किया। औरंगज़ेब में जो सद्गुण थे, उसे रेखांकित करते हुए उसके व्यक्तित्व का विवेचन और सम्यक् मूल्यांकन किया जाना चाहिए। औरंगज़ेब के गुणों की चर्चा उसके विरोधी गुरु गोविन्द सिंह ने भी अपने 'ज़फ़रनामा' में की है जिसका उल्लेख पहले किया जा चुका है।

यह कितना बड़ा अन्याय है कि ऐसे आदर्श पुरुष को चन्द इतिहासकारों ने संगीत का दुश्मन, दुराग्राही, धर्मान्ध, अदूरदर्शी, वहशी, असहिष्णु, झक्की-शक्की और इतना ही नहीं मुग़ल साम्राज्य के पतन का कारक बताया है। विभिन्न कालखण्डों में राजा-प्रजा जो भी महत्त्वपूर्ण और उल्लेखनीय शख़्सीयत हो गये, उनमें से कइयों को विवादास्पद बताकर इतिकासकारों ने लोगों को गुमराह ही

नहीं किया अपितु इतिहास से धोखा और उसे दिग्भ्रमित करने का ज़रिया बनाया। ऐसे इतिहासकारों में अधिक अंग्रेज़, यूरोपीय और कुछेक अंग्रेज़ इतिहासकारों की लीक पर चलने वाले भारतीय भी हुए।

'अबुल मुज़फ़्फ़र मुहीउद्दीन मुहम्मद औरंगज़ेब आलमगीर पादशाह ग़ाज़ी' मुग़ल सल्तनत का सबसे सशक्त और महत्त्वपूर्ण किरदार था। आइये, उसके व्यक्तित्व के विलक्षण पक्षों, अनबूझे पहलुओं, अनुकरणीय-प्रेरक गुणों जिन पर इतिहासकारों ने जाने-अनजाने ध्यान नहीं दिया, उसका सही जायज़ा लिया जाये।

औरंगज़ेब के व्यक्तिगत गुणों तथा विशेषताओं की चर्चा करते हुए रामप्रसाद त्रिपाठी अपनी पुस्तक *मुग़ल साम्राज्य का उत्थान और पतन* में लिखते हैं, "औरंगज़ेब कुशल लेखक और योग्य सैनिक था। दृढ़ इच्छाशक्ति और धैर्यशील स्वभाव वाला औरंगज़ेब कूटनीति में सकारात्मक और गहरी सूझ रखता था। ब्योरे की जाँच अथक परिश्रम और फुर्ती के साथ करता था। उसे सहनशक्ति की प्रचुर निधि प्राप्त थी। उसकी संजीदगी, स्वाभाविक परामुखता और धीरता से लोगों पर उसका रौब छा जाता था। उसकी कठोर नीति और गहरी कूटनीति से लोग डरते थे। संकटकाल में वह इस्पात के समान ठण्डा रहता था। ख़ुशी में उसके चेहरे का रंग नहीं बदलता था। सैनिक उसके व्यवहार से ख़ुश रहते थे। शारीरिक, मानसिक या भावनात्मक निर्बलता का लांछन उस पर नहीं लगाया जा सकता था। वह प्रायः चिड़चिड़ा और चिन्तनशील बना रहता था। किसी पर वह पूर्ण विश्वास आसानी से नहीं करता था। इसका आभास नहीं देते हुए दूसरे से काम निकाल लेने की उसमें अद्‌भुत योग्यता थी। उसकी उपर्युक्त विशेषताओं को चुनौती देना सम्भव नहीं था।"

औरंगज़ेब के राज्यकाल में इतालवी यात्रियों का आना-जाना मुग़ल दरबार और हरम में था। उसका निजी चिकित्सक ग्रेमेली इतालवी था। वह औरंगज़ेब का मुरीद था। इतालवी यात्री निकोलाई मनुश्शी शहंशाह का प्रिय पात्र था। इन इटालियंस ने उसके बहुआयामी व्यक्तित्व और क्रियाकलापों पर पूर्ण प्रकाश डाला है। इटालियंस कोई राजनीतिक मनसूबा गाँठने भारत नहीं आये थे। जबकि अंग्रेज़ आये तो तिजारत करने, पर धीरे-धीरे वे सत्ता हथियाने में लग गये। उनकी कुटिलता और साज़िशों से औरंगज़ेब पूरी तरह वाक़िफ़ था। इसलिए अंग्रेज़ों को कभी भी अपने पास फटकने नहीं दिया। अंग्रेज़ कभी भी उसके विश्वासपात्र नहीं बन सके। अंग्रेज़ों को किसी भी तरह की छूट शहंशाह ने नहीं दी। औरंगज़ेब की दूरदर्शिता इससे ज़ाहिर होती है। यही वजह है कि अंग्रेज़ और उनके पिछलग्गू

इतिहासकारों ने उसके व्यक्तित्व को दाग़दार बनाने में कोई कसर नहीं छोड़ी।

औरंगज़ेब के अन्तिम दिनों में शाही दरबार के इटालियन चिकित्सक ग्रेमेली के अनुसार, "...विभिन्न काम-धन्धों के बारे में पेश किये गये प्रार्थना-पत्रों पर उसे हाथ से स्वयं आवश्यक हुक्म लिखते हुए देख मेरे हृदय में उसके प्रति विशेष आदर उत्पन्न हो जाता था। लिखा-पढ़ी करते समय वह चश्मा नहीं लगाता था। उसके सुप्रसन्न चेहरे को देख यही लगता था कि उसे अपना काम बहुत ही रुचिकर है। नब्बे वर्ष की आयु में भी औरंगज़ेब की मनःशक्ति तथा इन्द्रियाँ सफलतापूर्वक काम करती रहीं। उसकी स्मरणशक्ति इतनी तेज़ थी कि किसी को भी एक बार देखकर सुन लेने पर उसे जीवनभर याद रखा। बुढ़ापे के कारण अन्तिम वर्षों में वह कुछ ऊँचा सुनने लगा था। दुर्घटना में उखड़े हुए दाहिने घुटने का इलाज ठीक से नहीं होने के कारण वह थोड़ा लँगड़ाकर चलता था। इन दो अपवादों को छोड़ अन्तिम साँस तक उसकी शारीरिक क्षमताएँ यथावत बनी रहीं।"

"फ़कीर-दरवेशों-सा सादगी पसन्द वह संयमित और कठोर जीवन पसन्द करता था। वह अपने में हमेशा विनम्र दीनता दिखाया करता था।" शायद यही वजह है कि दरबारी ध्रुपदिए ख़ुशहाल ख़ाँ ने अपनी एक बन्दिश में उसे 'आलमगीर जिन्दापीर' कहा। प्रजा उसे शाही पोशाक में दरवेश मानती थी।

मुस्लिम सम्प्रदाय में, ख़ासकर मुल्ला-मौलवियों और क़ाजियों द्वारा घोर कट्टरता और धर्मान्धता को तरजीह दी जाती रही। ऐसा प्रायः सभी धर्मों के धर्माचार्यों में क़मोबेशी देखा और पाया जाता है। हर मज़हब में दक़ियानूस रूढ़िवादी कठमुल्लाओं की कमी नहीं रहती। मुसलमान हिन्दू को क़ाफ़िर और हिन्दू मुसलमान को मलेच्छ मानते रहे। इसलिए अपवाद को छोड़कर दोनों क़ौमों में मिल्लत नहीं रही और यदि रही भी तो अंग्रेज़ दोनों में दूरी बनाये रखने की भरसक कोशिश करते रहे। अंग्रेज़ी शासन से पूर्व कभी भी इस देश में हिन्दू-मुस्लिम दंगे-फ़साद नहीं हुए। इस तथ्य को नकारकर औरंगज़ेब को कट्टर धर्मान्ध कहकर निकृष्ट बताया जाना कैसी साज़िश और विडम्बना है? आँखें बन्द कर विवेकशून्य हो उसे प्रबुद्ध समाज क़ुबूल करता रहा। यह बुद्धि और सोच का दिवालियापन ही दर्शाता है। औरंगज़ेब के चरित्र और व्यक्तित्व को प्रामाणिक तथ्यों की कसौटी पर आँकने की आवश्यकता है। तभी हम जान सकेंगे कि मुग़ल शहंशाहों में सबसे प्रखर, चरित्रवान और उदात्त व्यक्तित्व किसका था। वर्तमान शोधकर्त्ताओं और इतिहासकारों के लिए यह एक गम्भीर चुनौती है।

औरंगज़ेब के जीवन का अधिक समय युद्ध और षड्यन्त्रों से जूझने-निबटने

में व्यतीत हुआ। फलस्वरूप उसमें थोड़ी रुक्षता और शक्कीपन आ गया था। पर मानवोचित गुण उसमें इतने थे और संगीत में ऐसी प्रगाढ़ अभिरुची थी कि राजसत्ता का उपभोग करते हुए भी वह निरकुंश, आततायी और वहशी नहीं हुआ। इसके पीछे उसकी धर्मपरायणता, सभी धर्मों के प्रति सहिष्णुता, काव्यरसिकता और संगीत से आत्मिक लगाव ही कारण माने जा सकते हैं।

असलियत से हम किस तरह मुँह मोड़े कतराते चलते हैं, इस सन्दर्भ में ख्यातना में संगीतशास्त्री और हारमोनियम वादक डॉ. मुनेश्वर दयाल ने मुझे एक रोचक पर आँखें खोलने वाला वाक़या सुनाया था। सरोदनवाज़ उस्ताद हाफ़िज़ अली ख़ाँ ग्वालियर राजदरबार के वादक थे। डॉ. दयाल से उनका अच्छा परिचय था। एक बार मुनेश्वर दयाल जी उनसे मिलने ग्वालियर पहुँचे। औपचारिक कुशलक्षेम पूछने के बाद ख़ाँ साहब ने मेहमान को चाय पिलायी, चाय की चुस्कियाँ लेते हुए दोनों गुफ़्तगू में मशग़ूल हो गये। हाफ़िज़ अली ने बातों-बातों में बाहर एक चबूतरे के बीच खड़े नीम के दरख़्त की ओर इशारा करते हुए कहा, "अमा मुन्नू बाबू, वह नीम का पेड़ और चबूतरा देख रहे हैं। मेरे वालिद उस्ताद नन्हे ख़ाँ उसके साये में चबूतरे पर बैठकर घण्टों रियाज़ किया करते थे। रियाज़ में वह इस क़दर डूब जाते थे कि कब मुहल्ले के लौण्डे उनके सरोद की खूँटियाँ निकाल लेते थे, फिर भी माशाअल्लाह, क्या सुर में उनका साज़ बजता था कि सुभानअल्लाह।" मुनेश्वर दयाल पीछे कैसे रहते—नहला पर दहला मारते हुए चट बोल पड़े, "वज़ा फ़रमा रहे हैं, भाईजान! मेरी पेटी (हारमोनियम) देख रहे हैं न, कभी कभार मेरे अब्बाजान का मिज़ाज आ जाता तो मेरी पेटी खोलकर बजाते मूड में आकर उसे अपने पैर से ठेल देते थे, फिर भी कमरे में एक कोने में जाकर, सुभानअल्लाह, क्या सुर में बजता रहता था, जवाब नहीं।" ख़ाँ साहब ने बात काटते हुए कहा, "भई, आप भी क्या कमाल फ़रमा रहे हैं—भला बिना भाथी के पेटी बज सकती है क्या?" हाज़िरजवाब मुनेश्वर दयाल ने हँसते हुए कहा, "क्यों नहीं ख़ाँ साहब, जब बग़ैर खूँटियों के आपके मरहूम वालिद का सरोद बज सकता है तो मुझ नाचीज़ की पेटी बगैर भाथी के क्यों नहीं बज सकती।" बेचारे ख़ाँ साहब झेंप गये और उनकी बोलती बन्द हो गयी।

नामज़द उस्ताद अपना वर्चस्व क़ायम रखने के लिए ऐसे अनेक बेसिर पैर के मनगढ़न्त क़िस्से सुनाते रहते थे जिसे आज भी संगीत की दुनिया में बड़े फ़ख़्र और चाव से सुना जाता है। मज़ा यह है कि पढ़े-लिखे प्रबुद्ध लोग भी इसे सहज ही स्वीकार कर लेते हैं। औरंगज़ेब के समय में मौसीक़ी का जनाज़ा निकालने और दफ़नाने वाला क़िस्सा भी कुछ ऐसा ही है। बिल्कुल बेबुनियाद

और मनगढ़न्त जिसे हम सही मानकर चल रहे हैं। पर ऐसी स्थिति स्थायी नहीं होती। क्योंकि मिथ्या की न तो रीढ़ होती है और न पाँव होते हैं। इसलिए वह टिक नहीं पाती। अंग्रेज़ इतिहासकारों ने अंग्रेज़ शासकों के इशारे पर इस भ्रान्ति को फैलाने का काम किया। फलतः औरंगज़ेब के व्यक्तित्व के उदात्त पक्षों को दरकिनार करते हुए इतिहास लिखा। हिन्दुओं में मुसलमानों के प्रति नफ़रत का बीज बोने के लिए अंग्रेज़ों को एक ऐसा पात्र चाहिए था कि हिन्दू उससे घृणा करे और उसे कट्टर धर्मान्ध माने। इसलिए उन्होंने औरंगज़ेब का चरित्र हनन करते हुए उसे हिन्दू-विरोधी, क्रूर, निरंकुश और काव्य, कला एवं संगीत-विरोधी रूक्ष बताया। पर भारतीय इतिहासकारों में कुछेक ऐसे हुए जिन्होंने औरंगज़ेब के संगीतप्रेमी होने का हवाला यत्र-तत्र दिया है और उसके व्यक्तित्व के उज्ज्वल पक्ष को सामने लाने का सुकार्य किया। ऐसे जितने भी इतिहासकार हुए उनके नाम इस शोध-प्रबन्ध में यथास्थान दिये गये हैं।

क़ुरानशरीफ़ में एक ऐसे पैग़म्बर हज़रत शेख़ दाऊद का उल्लेख है जिनका ताल्लुक़ मौसीक़ी से है। *क़ुरानशरीफ़* की हदीस में पैग़म्बर दाऊद फरमाते हैं, सुरीली आवाज़ यानी मौसीक़ी जिसे सुनकर परिन्दे तक मदहोश हो जाते हैं। जिन धुनों-रागों-साज़ों से अल्लाह ख़ुश होता हैं, वह हराम कैसे हो सकता हैं। यह तो ख़ुदाई नेमत है। 'ख़ुदा का नूर है।' अब बताइये, *क़ुरानशरीफ़* की इस हक़ीक़त को नज़रअन्दाज़ करने वाला किस क़दर मुसलमान कहला सकता है? इस असलियत पर पर्दा डालने वाले इमाम, मुल्ला, मौलवी, धर्मगुरु सभी पाखण्डी इस्लाम से दग़ा करने वाले हैं। (मैंने पाकिस्तान में बनी एक फ़िल्म की डी.बी.डी. देखी जिसमें एक मौलवी के हवाले से *क़ुरानशरीफ़* में उल्लेखित इस हक़ीक़त से वाक़िफ़ हुआ।)

सुरीली आवाज़ में मस्जिद में अज़ान पढ़ी जाती है। तो कट्टर मुल्ला-मौलवी, इमाम उसे हराम क्यों नहीं क़रार देते? जो सच्चे मायने में क़ुरानशरीफ़ पर अमल करता है, वो ही सही मायने में मुसलमान है और ऐसे मुसलमान मौसीक़ी से इश्क़ करते हैं। गाते-बजाते हैं वर्ना मिस्र, अरब, फ़ारस, तुर्की, पाकिस्तान, बांग्लादेश, अफ़ग़ानिस्तान, उज़्बेकिस्तान और हिन्दुस्तान में इतनी बड़ी तादाद में मुसलमान गाने-बजाने वाले नहीं होते। ऐसा कोई मज़हब नहीं है जिसमें मौसीक़ी को नापाक और हराम कहा गया हो। दरअसल, मौसीक़ी तो इबादत का ज़रिया है। इसलिए औरंगज़ेब को कट्टर धर्मान्ध बताने का काम फ़िरक़ापरस्त रूढ़िवादी लोगों का है जो उसे संगीत-विरोधी कहते हैं।

इस्लाम धर्म के संस्थापक हज़रत मुहम्मद साहब ने संगीत को केवल क़ुरान की आयतों एवं कौटुम्बिक उत्सवों तक ही सीमित कर दिया था। उन्होंने धर्म से अलग किसी कार्य के लिए मौसीक़ी को प्रोत्साहित नहीं किया। हिन्दू धर्म में भी संगीत की पृष्ठभूमि पूर्णतया आध्यात्मिक मानी गयी है।

एक सुल्तान ने क़ाज़ी से पूछा कि क्या मौसीक़ी को सुनने की क़ानूनी इजाज़त है? क़ाज़ी ने जवाब में कहा, "मौसीक़ी तार्किक लोगों के लिए नियम के विरुद्ध है, किन्तु ख़ुदापरस्तों के लिए न्यायोचित है।" इस तरह सुल्तान ख़ुश हुआ और उसने दरबार में मौसीक़ी के प्रवेश की इजाज़त दे दी। इस तरह कहीं भी इस्लाम में मौसीक़ी पर पाबन्दी नहीं है।

मज़ारों और दरगाहों पर क़व्वालियाँ गायी जाती हैं। मुहर्रम में सोज़ और मर्सिया गायी जाती है। यहाँ तक कि मुस्लिम समाज में शादी-ब्याह एवं अन्य संस्कारों में गाने-बजाने का रिवाज है। तो यह कहना बेबुनियाद साबित होता है कि मौसीक़ी हराम है। हर मज़हब में पाक परवरदिगार की इबादत, प्रार्थना, आराधना और स्तुति के लिए भजन, कीर्तन, क़व्वाली, नात तथा भक्तिमूलक गायन-वादन जिसमें मौला का गुणगान किया जा सके, गाया-बजाया जाता है जिसका आधार ख़ुदाई इल्म और फ़ने-मौसीक़ी है। औरंगज़ेब एक नमाज़ी-सच्चा मुसलमान होने की वजह से इन बातों पर पूरी तरह से यक़ीन व अमल करता था। उसे गाने-बजाने से दिली लगाव था।

आधुनिककालीन इतिहासकारों में अब तक मुझे केवल चार ही ऐसे इतिहासकार मिले हैं जिन्होंने अपने लेखन में क्रमोबेशी इस बात की पुष्टि की है कि औरंगज़ेब संगीतप्रेमी ही नहीं संगीतज्ञ भी था। सर यदुनाथ सरकार (जिन्होंने *History of Aurangzeb* in 6 Vols. में लिखा है), सतीश चन्द्र, ओमप्रकाश प्रसाद और आचार्य कैलासचन्द्र देव बृहस्पति—इन विद्वानों से मुझे औरंगज़ेब का संगीतप्रेम विषयक सूत्र हासिल हुआ जिसे आधार बनाकर इस दिशा में मेरी खोजबीन होती रही। और जैसे-जैसे तथ्य एवं प्रमाण मिलते गये, इस नतीजे पर पहुँचा हूँ कि औरंगज़ेब न केवल काव्यरसिक और परले दर्जे का संगीतानुरागी था बल्कि कुशल बीनकार (वैणिक) और माहिर बन्दिशकार-वाग्येकार भी था। उसकी रची हुई ध्रुपद की कई बन्दिशें मुझे मिली हैं जिस पर आगे चर्चा की जायेगी। आख़िर कविवर बिहारी ने 'तन्त्रीनाद', 'सरस राग', 'कवित्तरस' और 'रतिरंग' निमग्न कहकर सहृदय व्यक्ति की जो विशेषता बतायी है और उसमें तल्लीनता सहृदयता का परिचायक कहा है तो इस कसौटी पर मुग़ल बादशाहों में कौन खरा उतरता

है, विचारणीय है।

औरंगज़ेब बीनकार था, इसलिए तन्त्रीनाद की उसे परख थी और उसका ज्ञान था। वह ब्रजभाषा का कवि और ध्रुपद का बन्दिशकार था, इसलिए 'सरसराग, कवित्तरस और रतिरंग' भी उसमें था। उसका 'रतिरंग' होना इससे भी प्रमाणित होता है कि वह 'मंगलामुखियों' और 'सुकण्ठियों' के प्रति सहज ही आसक्त हो जाता था और उनसे ध्रुपद सुनना पसन्द करता था।

इस तरह महाकवि बिहारी की परिभाषा में औरंगज़ेब एक सहृदय व्यक्ति था। पर राजसत्ता और राजनीति-कूटनीति इससे हटकर इतर चीज़ होती है। राजसत्ता पर क़ाबिज़ होने के लिए राजनीति और कूटनीति का सहारा लेना पड़ता है। शासक होने के नाते बादशाह औरंगज़ेब के लिए राजसत्ता .ज्यादा अहमियत रखती थी, इसलिए राजनीति-कूटनीति का सहारा लेना वांछनीय हो जाता था। जब-तब उसे कठोर निर्णय लेने पड़ते थे। सफल शासक के लिए न केवल सहृदय संवेदनशील अपितु कठोर निर्णय लेने की दृढ़ता, क्षमता और will power (मनोबल) की आवश्यकता है। जो शासक कठोरता और सहृदयता में सन्तुलन रखता है, वह सफल होता है। 'वज्रादपि कठोरानि, कुसुमादपि मृदुलनी' की साक्षात् प्रतिमूर्ति था शहंशाह औरंगज़ेब। इस नज़रिये से भी औरंगज़ेब के व्यक्तित्व को आँका जाना चाहिए। शहंशाह औरंगज़ेब के व्यक्तित्व में कठोरता और मृदुता का अद्भुत सामंजस्य था।

वह निरंकुश कतई नहीं था। अकारण न तो उसने प्रजा (ख़ासकर हिन्दू) को लूटा, न सताया और न हिन्दुओं की बीवी-बेटी की अस्मत ही लूटी। प्रजा, ख़ासकर हिन्दुओं, के कल्याण और भलाई करने में किसी तरह की न लापरवाही की और न कोताही। राजसत्ता पर आधिपत्य बनाये रखने के लिए उसने राजनीति का सहारा लिया, पर आवश्यक ढंग से उसने राजनीतिक छलछन्द का सहारा नहीं लिया। हालाँकि सिख ऐसा आरोप औरंगज़ेब पर लगाते हैं, पर ऐसा तटस्थ होकर नहीं आग्रहवश ही करते हैं।

हम यहाँ तीन साक्ष्य प्रस्तुत करते हैं जिससे साफ़ पता चलता है कि वह ग़ैर-मुसलमानों के प्रति कितना ख़याल रखता और रहमदिल था।

मराठों पर विजय के बाद एक अधिकारी मुहर्रम ख़ाँ ने ग़ैर-मुसलमानों को शुत्र और विश्वासघाती बताते हुए उन्हें पदों से हटाने के लिए प्रार्थना-पत्र बादशाह को लिखा। औरंगज़ेब ने जवाब दिया, "सांसारिक मामलों का धर्म से कोई सम्बन्ध नहीं होता। यदि तुम्हारे द्वारा सुझाया नियम चालू कर दिया जाये

तो कर्तव्य हो जायेगा कि सभी हिन्दू राजाओं तथा उनके अनुगामियों को जड़-मूल से नष्ट कर दूँ, जो मैं नहीं कर सकता। योग्य अधिकारियों को पद से हटाने का समर्थन समझदार शासक कभी नहीं करते।"

शहंशाह के कुछ आदेशों के अध्ययन से ज्ञात होता है कि औरंगज़ेब इस बात के लिए उत्सुक रहता था कि बनारस के हिन्दू शान्तिपूर्वक जीवन व्यतीत कर सकें। बनारस नरेश राम सिंह ने जब एक प्रार्थना-पत्र औरंगज़ेब के पास भेजा कि गंगा नदी के किनारे भगवत गोसाई नामक एक पुजारी को उनके पिता के समय से ही एक मकान बनवाकर दिया गया था, लेकिन अब कुछ मुसलमान गोसाई को परेशान कर रहे हैं, तो बादशाह ने अधीनस्थ अधिकारियों को आदेश दिया कि वे गोसाई को परेशान करने पर सज़ा के भागीदार होंगे। बादशाह ने यह भी निर्देश दिया कि हिन्दू धर्म और हिन्दुओं के बीच शान्ति का वातावरण बनाने में सारे मुसलमान सहयोग करें।

मुंशी सुजानराय जो शहंशाह औरंगज़ेब का समकालीन इतिहासकार था, अपनी पुस्तक *खुलासतुल तवारीख़* में लिखता है, "दीपावालीवाल नामक गाँव जो कालानूर के पास है, यहाँ शाह शम्सुद्दीन दरियाई का मज़ार है। उनके जीवनकाल से ही दीपाली नामक एक हिन्दू को उनके प्रति इतनी श्रद्धा थी कि उनकी मृत्यु के बाद हिन्दू-मुसलमान सबों ने मिलकर उसी हिन्दू को उनके मज़ार का मुख्य प्रबन्धक बना दिया। वर्षों बाद कुछ मुसलमानों ने हंगामा करके धर्म की आड़ लेकर उस हिन्दू को प्रबन्धक पद से हटाना चाहा, लेकिन औरंगज़ेब की सरकार ने हंगामे को सफल होने नहीं दिया। और आज जबकि यह क़िताब (खुलासतुल तवारीख़) लिखी जा रही है, औरंगज़ेब के शासनकाल का तीसरा वर्ष है और उस मज़ार का प्रबन्धन पहले की तरह हिन्दुओं के हाथों है।

ऊपर उल्लिखित तीनों साक्ष्यों से स्पष्ट पता चलता है कि प्रशासनिक कार्यों में औरंगज़ेब मज़हब को महत्त्व नहीं देता था और धर्म से दूर रखता था। यदि वह कट्टर धर्मान्ध होता तो क्या ऐसा करना सम्भव था। वह अच्छी तरह समझता था कि बहुसंख्यक प्रजा यानी हिन्दुओं को नाख़ुश रखकर वह अपने शासन को सुचारु रूप से नहीं चला सकता।

औरंगज़ेब पूर्णरूपेण हिन्दुओं के प्रति सहिष्णु और उदार था। इस सन्दर्भ में निम्नलिखित साक्ष्य अवलोकनीय है :

तत्कालीन बनारस ज़िले में स्थित वस्ती नामक गाँव के निवासी जगजीवन के पुत्र गिरिधर, महेशपुर परगना हवेली के यदुनाथ मिश्र और पण्डित बलभद्र

मिश्र को औरंगज़ेब ने जागीरें दीं। ये सभी मन्दिरों के पुजारी थे।

मुल्तान के मन्दिर तुतलमयी के लिए कल्याणदास मिश्र को सौ रुपये मन्दिर के ख़र्च चलाने के लिए शहंशाह द्वारा मुकर्रर हुए।

इन तथ्यों के अलावा डॉ. ओमप्रकाश प्रसाद की पुस्तक *औरंगज़ेब : एक नयी दृष्टि* के हवाले से यह भी जानकारी मिलती है कि राजकुमार के प्रशासन काल में औरंगज़ेब ने अपने पिता शहंशाह शाहजहाँ को कई पदों पर हिन्दुओं को बहाल करने की सिफ़ारिश कई बार की। यह उसके पत्रों में देखा जा सकता है जो *रुक़आते आलमगीरी* और *आदाबे-आलमगीरी* में संग्रहीत है (ख़ुदाबक़्श ओरिएण्टल लाइब्रेरी, पटना)। मिसाल के तौर पर इन्हीं पात्रों में मिलता है कि इलिचपुर के दीवान का पद ख़ाली होने पर औरंगज़ेब ने एक राजपूत अधिकारी रामकरण की सिफ़ारिश की।

इतिहासकारों ने कई महान शासकों को अकारण विवादास्पद बना डाला—तुग़लक सुल्तान मुहम्मद बिन तुग़लक और मुग़ल शहंशाह औरंगज़ेब ऐसे ही मध्यकालीन दो शासक थे जिनके महत्त्वपूर्ण कार्यों को नज़रअन्दाज़ करके एक को पागल शासक और दूसरे को क्रूर एवं कट्टर धर्मान्ध बताया, जबकि इन दोनों मुस्लिम शासकों के राज्यकाल में न तो अशोक के समान क़त्लेआम हुआ और न ही दुश्मनों को बन्दी बनाया गया और न इस्लाम के प्रचार के लिए राजकोष, प्रशासनिक अधिकारियों और परिवार के सदस्यों का उपयोग ही किया गया। (*औरंगज़ेब : एक नयी दृष्टि*, डॉ. ओमप्रकाश प्रसाद)

कहीं तो औरंगज़ेब को धर्मान्ध, हिन्दू-विरोधी और रागरंग से परहेज़ रखने वाला रूक्ष-शुष्क, निर्मम, संगदिल और अतिशय महत्त्वाकांक्षी शासक के रूप में चित्रित किया गया, तो कहीं धर्मनिरपेक्ष, अनन्य संगीतरसिक और काव्य में रुचि रखने वाला उदारमना दिखाया गया है। बेशक, राजसत्ता और हुकूमत (जिसे औरंगज़ेब ने बड़ा संघर्ष करके प्राप्त किया था।) उसके लिए ख़ास अहमियत रखती थी। इसलिए उसके सम्मुख राजनीतिक लक्ष्य की प्राप्ति और महत्त्वाकांक्षाएँ तो थीं, जिसकी परिपूर्ति के लिए वह सूफ़ियों, क़ाज़ियों और मुल्ला-मौलवियों का उपयोग करता था। यही कारण है कि उसने क़ाज़ियों और मौलवियों को अपार अधिकार दे रखे थे जिसका उन लोगों ने बादशाह के नाम पर खुलकर दुरुपयोग किया। इसके लिए मुल्ला, क़ाज़ियों और मौलवियों को जब-तब वह फटकार भी सुनाता था।

मौलाना शिबली नोमानी फ़रमाते हैं, "आलमगीर निहायत रूखा-फीका इनसान था। मेला, रागरंग, बाजा और गाने-बजाने से उसे नफ़रत थी। वह समझता था

कि इन चीज़ों से अख़लाक़ पर बुरा असर पड़ता था। आलमगीर ने 1078 हिजरी (सन् 1667 ई.) में हुक्म दिया कि गवैये दरबार में आवें पर गाना न गावें।" (*रागदर्पण तथा मानकुतूहल*, पृ. 138)

अपनी क़िताब *औरंगज़ेब आलमगीर पर एक नजर* में अल्लामा शिबली नोमानी यह भी फ़रमाते हैं कि आलमगीर अगरचे ख़ुद जो कि–'मआसिरे आलमगीरी' में वजाहत से लिखा है, "फ़ने-मौसीक़ी का माहिर था, लेकिन मज़ामीर के साथ गाना चूँकि सरअन्न मज़नू (मना है।) और दरबारशाही के बिल्कुल ख़िलाफ़ है, आलमगीर ने इसे बन्द कर दिया।"

जनाब नोमानी का यह कथन कितना परस्पर-विरोधी और भ्रान्तिमूलक है कि 'मआसिरे आलमगीरी' का हवाला देते हुए वह आलमगीरी को फ़ने-मौसीक़ी में माहिर बताते हैं और दूसरी ओर यह भी कहते हैं कि 'लेकिन मज़ामीर के साथ गाना चूँकि सरअन्न मज़नू और दरबारशाही के ख़िलाफ़ है, आलमगीर ने उसे बन्द कर दिया।' मज़ामीर यानी साज के साथ गाना दरबारशाही के ख़िलाफ़ है, ऐसा लिखना सरासर ग़लतबयानी है, क्योंकि औरंगज़ेब बीनकार था तो दरबारशाही के ख़िलाफ़ कैसे हो सकता है?

'मआसिरे आलमगीरी' में तो स्पष्ट उल्लेख मिलता है, एक बार बादशाह ने मशहूर मौसीक़ीकार मिर्ज़ा मुक़र्रम ख़ाँ सफ़वी से कहा, "बगैर बेमज़ामीर यानी बाँसुरी के बिना गाना नहीं सुन सकता, ख़ासतौर से जब पखावज बज रहा हो।" इससे ज़ाहिर होता है कि औरंगज़ेब को संगीत की बारीकियों को परखने की महारत हासिल थी। बाँसुरी के स्वर 'मीठे और सरस' होते हैं जबकि पखावज के स्वर ओजपूर्ण और लाउड (Loud)। औरंगज़ेब इसे बख़ूबी समझता था। ऐसे में मौलाना शिबली नोमानी लिखते हैं, "दरबारशाही के बिल्कुल ख़िलाफ़ है, आलमगीर ने उसे बन्द कर दिया।" ऐसे में चौधरी फ़ख़रुद्दीन और के.एल. दलियाराम का यह लिखना भी मनगढ़न्त प्रतीत होता है, "आलमगीर ख़ुद गाने-बजाने में बड़ा माहिर था, मगर नाच-रंग की महफ़िलें और संगीत के जलसों को बक़लम बन्द कर दिया था। जिस क़दर गवैये दरबार में मुलाज़िम थे, सबको मौक़ूफ़ कर दिया।" यह कथन परस्पर-विरोधी और हक़ीक़त से परे है। औरंगज़ेब को संगीत-विरोधी बताने में जो दलीलें दी गयी हैं, सभी दुराग्रहपूर्ण, मिथ्या, तथ्य से परे और झूठ का पुलिन्दा हैं।

दरबार में गाना-बजाना ज़रूर बन्द कर दिया गया, पर 'दरबारी गवैयों, सबको मौक़ूफ़ कर दिया' यह सही नहीं है। उन्हें बाक़ायदा वेतनादि सारी सुविधाएँ मिलती रहीं और दरबार में आकर बादशाह के प्रति सम्मान प्रदर्शित करने की

इजाज़त भी थी।

दरबार में राजकाज सम्बन्धी अहम फ़ैसले लिये जाते थे, इसलिए किसी प्रकार का व्यवधान न उत्पन्न हो, औरंगज़ेब ने इसे गम्भीरता से लिया और सोच-विचार करके तख़्त पर आसीन होने के ग्यारह साल बाद दरबार को सांगीतिक गतिविधियों के लिए उपयुक्त स्थान नहीं मानते हुए वहाँ संगीत-प्रदर्शन निषेध कर दिया। *'द स्टेट ऑफ़ रिलीजन इन मुग़ल इण्डिया'* (*The State of Religion in Mughal India*) में डॉ. आर.सी. रायचौधरी लिखते हैं, "औरंगज़ेब ने दरबार में संगीत पर रोक लगा दी थी।" जहाँ तक औरंगज़ेब को संगीत-विरोधी बताने का सवाल है तो इस सन्दर्भ में जितने भी लिखित दृष्टान्त मिलते हैं, उनमें केवल यही होता है कि 'औरंगज़ेब ने दरबार में गाना-बजाना बन्द करवा दिया।' इससे यह कहाँ साबित होता है कि वह संगीत-विरोधी था और संगीत से उसका कोई सरोकार नहीं था। दरबार के अलावा और भी तो जगहें थीं, जहाँ औरंगज़ेब अपनी संगीत-पिपासा बुझाया करता था।

मौलाना शिबली नोमानी का नकारा कथन कोई मायने नहीं रखता, क्योंकि वह परस्परविरोधी और मनगढ़न्त है। वास्तविकता यह है कि अपने आपको मुल्ला-मौलवियों की नज़र में कट्टर धार्मिक आदर्श मुसलमान दिखाने के लिए औरंगज़ेब कूटनीति का सहारा लेकर अपने संगीतरसिक मिज़ाज के विपरीत भी कभी-कभार आदेश दे बैठता था, लेकिन ऐसे आदेशों के पालन के प्रति वह सजग और गम्भीर नहीं रहता था, यह मार्के की बात है।

वीणा बजाने में औरंगज़ेब सुदक्ष था, और अगर दरबार में वीणा बजाकर दरबारियों से वाहवाही लूटता रहता तो भी उसे ख़राब बादशाह ही कहा जाता और ऐसा नहीं कर बाहरी तत्त्वों द्वारा दरबार में नाचने-गाने पर रोक लगायी गयी तो भी हम उसे क्रूर संगीत-विरोधी कहें, न्यायोचित नहीं लगता। (*औरंगज़ेब : एक नयी दृष्टि* डॉ. ओम प्रकाश प्रसाद)

इस्लाम के अनुयायियों में दो वर्ग हैं—शिया और सुन्नी। शिया कट्टर रूढ़िग्रस्त होते हैं—मुल्ला-मौलवी इसी वर्ग के होते हैं। सुन्नी अपेक्षाकृत उतने कट्टर नहीं होते। औरंगज़ेब सुन्नी मुसलमान था। गाने-बजाने को शिया हराम मानते हैं, जबकि क़ुरानशरीफ़ में ऐसा कुछ भी नहीं लिखा है। मुहर्रम के दिनों में शिया भी मातमी गान मर्सिया और सोज़ख़्वानी गाते हैं। इसे परस्पर-विरोधी और विरोधाभास ही कहेंगे। दरअसल हक़ीक़त यह है कि इस्लामिक समाज में अपना वर्चस्व कायम रखने के लिए मुल्ला-मौलवी और इमाम पाखण्ड का लबादा

ओढ़े चलते हैं। गाना-बजाना-रोना-हँसना, यह तो इनसानी फ़ितरत है जो क़ुदरती है। क़ुरानशरीफ़ में ऐशोआराम और विलासिता के लिए मौसीक़ी के व्यवहार की मनाही की, उसे हराम क़रार नहीं दिया। मुसलमानों के धार्मिक और सामाजिक रीति-रिवाजों और संस्कारों-अनुष्ठानों में गाना-बजाना वर्जित नहीं है। मैं ये बातें और विचार मुस्लिम संगीतकारों के साथ उठने-बैठने के कारण जो जानकारी हासिल हुई, उसके आधार पर व्यक्त कर रहा हूँ।

शोधकर्ताओं की निरन्तर खोजबीन से भारतीय इतिहास के कई अनछुए पहलुओं का खुलासा होता रहा है जिसे पहले के इतिहासकारों ने पर्दे में ही रहने दिया। यह एक तरह से समय से, इतिहास से, मानव जाति के कृतित्वों से और हक़ीक़त से घात करना हुआ। पर वास्तविकता कभी-न-कभी खुलकर सामने आ ही जाती है।

मेरे जानकारी के अनुसार मुस्लिम शासकों में सबसे अनूठा और उदात्त व्यक्तित्व औरंगज़ेब का था। उसका व्यक्तित्व नारिकेल (नारियल) की तरह था, जो ऊपर से सख़्त और भीतर से मुलायम होता है। सहृदय और संवेदनशील व्यक्ति का लक्षण और परिचय भी यही है। इसलिए बग़ैर ठोस प्रमाण के ज़बरन औरंगज़ेब को कट्टर, धर्मान्ध, कठोर-क्रूर और संगीत साहित्य-कला से नफ़रत करने वाला नहीं बताया जा सकता है।

शहाना माहौल में जन्म लेकर जीवना-यापन करने वाला राजपुरुष अगर फ़क़ीराना ज़िन्दगी बसर करता है तो यह इस बात को प्रदर्शित करता है कि उसमें मानवोचित गुण कूट-कूटकर भरे थे अन्यथा राजशाही के इतिहास के पन्ने पलटकर देखिए, शायद ही कोई राजपुरुष मिलेगा जिसे सुरा-सुन्दरी का साहचर्य न रहा हो, ऐय्याश न हो और उसे सत्ता का मद न हो। इस सन्दर्भ में औरंगज़ेब को देखने, समझने-परखने और आँकने की ज़रूरत है।

मुग़ल शहंशाहों में सबसे अधिक गुणानुवाद अकबर का किया गया है। आइये अकबर और औरंगज़ेब दोनों के व्यक्तित्व और चरित्र का तुलनात्मक विश्लेषण करके नीर-क्षीर विवेचना की जाये।

जहाँ तक सुरा-सुन्दरी के साहचर्य और उपभोग का प्रश्न है तो अकबर पर लिखी एक पुस्तक (सिन्हा लाइब्रेरी, पटना में उपलब्ध) में ऐसा उल्लेख मुझे मिला, "वह परले दर्जे का विषयी और कामिनियों की चाहत रखने वाला विलासी एवं कामुक शख़्स था। सुरापान छककर करता था।" अशोक और अकबर की तरह औरंगज़ेब रंगीनतबा नहीं था। अकबर के हरम में पन्द्रह सौ ख़ूबसूरत औरतें और

अशोक के अन्तःपुर में पाँच सौ रमणियाँ उनके उपभोग के लिए थीं। हालाँकि औरंगज़ेब ने जवानी में दो-चार सलोनी औरतों में दिलचस्पी रखी। हीराबाई और दाराशिकोह की एक जार्जियन उप-पत्नी को बेग़म बना लिया। दाराशिकोह की पत्नी रानादिल के प्रति उसका झुकाव रहा और उसे अपनाना चाहा। रानादिल सुकण्ठी थी, इस वजह से उसके प्रति औरंगज़ेब आसक्त हुआ था। हीराबाई भी नृत्य-संगीत में निपुण थी। इन दोनों के प्रति उसकी आसक्ति इसलिए थी कि दोनों संगीत में पटु थीं। किन्तु तख़्त पर बैठने के बाद स्त्रियों में उसकी दिलचस्पी घटती गयी। इसका कारण यह था कि अब वह बादशाह की जवाबदेहियों से लैस था। सुरापान वह बिल्कुल नहीं करता था। पीना उसके लिए हराम था। इस तरह वह पाकदिल नैष्ठिक मुसलमान था।

जहाँ तक मज़हब का सवाल है तो अकबर की तरह वह 'दीन-ए-इलाही' का दिखावा नहीं करता था। मेरा मानना है कि अकबर द्वारा प्रतिपादित 'दीन-ए-इलाही' का सिद्धान्त हिन्दू धर्म के प्रभाव को परोक्षरूपेण घटाने के प्रयोजन से था। 'दीन-ए-इलाही' कैंसर की तरह था जिसका असर आहिस्ता-आहिस्ता गहराता है। छद्मरूप से अकबर बहुत कुछ अनैतिक किया करता था। किन्तु औरंगज़ेब की प्रकृति में यह सब प्रतिकूल था। वह कुछ भी छिपाकर करना पसन्द नहीं करता था। उसके व्यक्तित्व में परले दर्जे की पारदर्शिता थी। मज़हब को औरंगज़ेब व्यक्तिपरक मानता था, किसी पर किसी भी तरह प्रचारित करने या थोपने में वह विश्वास नहीं रखता था।

अपने साम्राज्य को सुदृढ़ रखने के लिए अकबर की तरह औरंगज़ेब ने हिन्दुओं, ख़ासकर राजपूतों, से वैवाहिक सम्बन्ध नहीं बनाया। हालाँकि शाहजहाँ की चाहत के चलते उसको राजपूतनी से विवाह करना पड़ा। ऐसा करना उसकी विवशता थी। किन्तु उसने राजपूत सामन्तों-राजाओं को अपने दरबार तथा सेना में उच्च पद और सम्मानित स्थान दिया था। राजपूत सामन्तों से उसके मैत्रीपूर्ण सम्बन्ध थे।

शहंशाह अकबर बड़ा ही कामुक तथा विषयी प्रकृति का था। एक बार उसकी पत्नी रानी जोधाबाई स्नान करने यमुना नदी पर गयी थी। वहाँ उसे एक बच्ची डूबती हुई दिखी जिसे जोधाबाई डूबने से बचाकर अपने साथ राजमहल में ले आयी और उसका लालन-पालन करने लगी। लड़की जब 12-14 साल की किशोरी हो गयी तो जोधाबाई ने देखा कि नित्य वो सज-धजकर महल की छत पर खड़ी हो जाती थी और सन्ध्या में जब ग्वाले गाय चराकर वापस लौटते तो उसे वह बाला निहारती रहती थी। जब जोधाबाई ने उससे पूछा कि वह ऐसा क्यों

करती है तो उक्त बाला ने बताया कि वह वंशीधर घुँघराले बाल वाला यशोदा का लाल है, जो उसका पति है। जोधाबाई को लगा कि पह लड़की ज़रूर पिछले जन्म में भक्तिनी होगी जो भगवान को पति के रूप में मानती होगी।

अकबर ने जब उसका रूपलावण्य देखा तो उस पर आसक्त हो गया और उक्त बाला से विवाह करने पर उतारू हो गया। उसे अपनी भोगलिप्सा तृप्त करने का ज़रिया बनाना चाहा। पर मन में जैसे ही ऐसा विचार आया कि उसके शरीर में जलन पैदा हो गयी। ऐसी जलन और पीड़ा कि वैद्य-हकीमों के उपचार के बावजूद आराम नहीं हुआ।

अन्ततः अकबर ने बीरबल से इसका कारण पूछा। बीरबल तो बादशाह की आदतों से वाक़िफ़ था। उसे पता था कि धर्म की कन्या के साथ बादशाह ने भोगविलास करना चाहा। बीरबल ने कहा, "आप सन्त सूरदास की शरण में जाइये, आपके हृदय में जब परमात्मा के प्रति भक्तिभाव सूरदास के सत्संग से जागेगा तो आपकी पीड़ा ख़त्म हो जायेगी।" इस प्रकार अक़बर को उस असह्य वेदना से मुक्ति मिली। ('ऋषि प्रसाद', अंक 233, वर्ष 2012 में प्रकाशित 'भगवदीय अपराध की सज़ा' से उद्धृत)।

अतहर अली ने हिन्दुओं के सबसे बड़े हिमायती कहे जाने वाले शहंशाह अकबर और सबसे बड़े विरोधी औरंगज़ेब के समय के प्रशासनिक अधिकारियों का लेखा-जोखा अपने शोधग्रन्थ में तत्कालीन स्रोतों के आधार पर पेश करते हुए बताया, "अकबर ने अपने प्रशासन में सबसे अधिक हिन्दुओं को बहाल नहीं किया था। प्रशासनिक पदों पर उसने उतने ही हिन्दुओं को नियुक्त किया, जितने हिन्दू औरंगज़ेब के शासनकाल में प्रशासनिक पदों पर नियुक्त थे।"

आमेर के राजा भारमल की सुपुत्री हरकूबाई से 1552 ई. में अकबर ने विवाह किया। उसे राजपूत विश्वासी लग रहे थे। अपने तूरानी और ईरानी सरदारों पर उसे भरोसा नहीं रह गया था। राजपूतों से वैवाहिक सम्बन्ध गाँठने के पीछे अकबर का उद्देश्य यह नहीं था कि वह हिन्दू और इस्लाम, दोनों धार्मिक मतों और भावनाओं की मिल्लत का पक्षधर था। यदि ऐसा रहता तो हरकूबाई का नाम बदलकर मरियम उज़ ज़मानी नहीं रखता। यह तो हिन्दुओं के धर्म-परिवर्तन का दुष्प्रयास था।

'दीन-ए-इलाही' के सम्बन्ध में ऊपर जो मैं मन्तव्य व्यक्त किया उसकी पुष्टि और प्रमाणस्वरूप यह दृष्टान्त दिया जा सकता है कि हरकूबाई का नाम परिवर्तित कर मरियम उज़ ज़मानी रखा गया। 'दीन-ए-इलाही' के पीछे यदि अकबर का

इरादा सर्वधर्म समभाव और समन्वय का होता तो विवाहोपरान्त राजपूत पत्नी का नाम बदलने की क्या ज़रूरत थी?

औरंगज़ेब सादगीपसन्द मितव्ययी था, जबकि अकबर शानोशौक़त और दिखावे का जीवनयापन करना पसन्द करता था। दरबार में रागरंग और वैभव का प्रदर्शन अकबर को प्रिय था, जबकि औरंगज़ेब दरबार में रागरंग और ऐश्वर्य के प्रदर्शन का विरोधी था। चूँकि राजदरबार में राजकाज सम्बन्धी अहम फ़ैसले लिये जाते हैं, इसलिए उसने दरबार में नाच-गाने पर पाबन्दी लगा दी। रागरंग के लिए दरबार को वह उपयुक्त स्थान नहीं मानता था।

अकबर द्वारा शुरू की गयी जन्मदिन मनाने की परिपाटी औरंगज़ेब ने बन्द करा दी। क्योंकि छोटे सरदारों पर नज़राना आदि देने का अधिक आर्थिक बोझ पड़ता था। (*'हिस्ट्री ऑफ़ औरंगज़ेब'*, यदुनाथ सरकार, पृ. 1030)

जहाँ तक संगीतप्रेम का सम्बन्ध है तो अकबर मात्र संगीतप्रेमी था। संगीत से उसका लगाव शौक़िया था। संगीत की बारीकियों और प्राविधिक विशेषताओं से वह पूर्णतया अनभिज्ञ था, जबकि औरंगज़ेब वीणावादक और ध्रुपद का बन्दिशकार था। मौसीक़ी की बारीकियों और पेचीदगियों की उसे सूक्ष्म परख थी। इस तरह संगीत से उसका आत्मिक और बौद्धिक लगाव था। दूसरे, अकबर के लिए संगीत 'Prestige symbol' था।

औरंगज़ेब न केवल बहुभाषाविद् (अरबी, फ़ारसी, तुर्की, हिन्दवी, संस्कृत, उर्दू और ब्रजभाषा) था, बल्कि ब्रजभाषा में पदों की रचना भी करता था। भारतीय भाषा सीखने और सिखाने के प्रति बादशाह की रुचि इतनी थी कि उसने कोश तैयार करवाया जिससे फ़ारसी जानने वाला हिन्दी आसानी से सीख सके। हिन्दी कविता और उससे सम्बन्धित व्याकरण और नियमों को अमल में लाने के लिए उसने एक विशेष पुस्तक की रचना करवाई (ये पाण्डुलिपियाँ ख़ुदाबक़्श लाइब्रेरी, पटना से संग्रहीत हैं)।

अकबर निरक्षर भट्टाचार्य यानी लिखलोढ़ा पढ़ पत्थर था। यदि कवियों, शायरों, संगीतकारों और विद्वानों की सोहबत अकबर को पसन्द थी तो औरंगज़ेब भी परले दर्जे का विद्याव्यसनी और गुणियों का क़द्रदा था। संगीतज्ञों, कवियों, गुणियों की इज़्ज़त अकबर इसलिए करता था कि उस ज़माने में गुणियों का साथ-संगत सत्संग 'Prestige or status symbol' था। अकबर के लगाव को झूठी शान का प्रदर्शन ही कहेंगे।

जनाब शाज़ी ज़माँ ने अकबर पर एक उपन्यास लिखा है, जिसमें उनके

अनुसार अकबर सामान्य रूप से पढ़ा-लिखा था जबकि औरंगज़ेब बहुभाषाविद् ही नहीं था, अपितु ब्रजभाषा में ध्रुपद की बन्दिशें रचता था।

अशोक की तरह अकबर भी अपने समय के इतिहासकारों से अपनी प्रशस्ति लिखवाता था। इस तरह उसके समय के इतिहासकार प्रतिकूल कुछ भी नहीं लिख सकता था। इस बात का मैं खुलासा कर चुका हूँ कि अपने विषय में औरंगज़ेब ने कुछ भी नहीं लिखवाया। उसके वसीयतनामा से पता चलता है कि उसका व्यक्तित्व कितना निष्कलुष था। वह प्रचारात्मक वृत्ति से दूर रहता था।

इस शोध-प्रबन्ध में मैंने निस्पक्षभाव से दोनों शहंशाहों के विषय में स्पष्ट साक्ष्य प्रस्तुत किया है जिससे पता चलता है कि औरंगज़ेब का चरित्र अनुकरणीय था, जबकि अकबर का निन्दनीय। आचरण की जैसी पवित्रता, शुद्धता और पारदर्शिता औरंगज़ेब के व्यक्तितव में हम पाते हैं, अकबर इन गुणों से सर्वथा वंचित था।

इतिहास का विद्यार्थी होने पर भी शुरू-शुरू में मैं भी लकीर का फ़क़ीर और इस भ्रम में रहा कि औरंगज़ेब मुग़ल बादशाहों में सबसे निकृष्ट था। पर जैसे-जैसे वास्तविक तथ्य प्रकाश में आते गये, वे चौंकाने वाले थे। भ्रान्ति और ग़लत धारणा की धुन्ध जो मेरे दिलोदिमाग़ पर छाया थी, वह छँटने लगा और मेरी आँखें खोलकर रख दीं। खोजी प्रवृत्ति का होने के कारण दिग्भ्रमित होने से मैं बच गया।

वर्षों पूर्व सुविख्यात संगीतशास्त्री आचार्य बृहस्पति का 'धर्मयुग' (साप्ताहिक पत्रिका) में प्रकाशित एक आलेख पढ़ने को मिला, जिसे पढ़कर मैं हैरत में पड़ गया था। सहसा विश्वसनीय नहीं लगा। आलेख का शीर्षक था—'औरंगज़ेब का संगीत प्रेम'। उस दिन से मैं इस उधेड़बुन में रहा कि दुनिया जिसे संगीतद्रोही मानती है, उसे एक संगीतशास्त्री संगीतप्रेमी बता रहा है। यह कैसा विरोधाभास है? फिर क्या था, मैं लग गया इस पड़ताल में तथा तथ्यों-प्रमाणों को तलाशने-जुटाने में कि बृहस्पति के कथन में कितनी सच्चाई है। कहा भी गया है कि 'जिन खोजा तिन पाइयाँ गहरे पानी पैठ'। मोती तभी मिलता है जब सागर की गहराइयों में गोता लगाते हैं। आचार्य बृहस्पति का लेख पढ़कर जो मेरे सामने एक बड़ा-सा प्रश्नचिह्न उभरकर खड़ा हो गया था, उसके समाधान में लगने पर धीरे-धीरे धुन्ध छँटने लगी और तथ्य उजागर होते गये। मार्ग प्रशस्त होते ही विभिन्न स्रोतों से औरंगज़ेब के संगीतानुराग से सम्बद्ध तथ्य ही सामने नहीं आये अपितु यह जानकारी भी मिली कि वह चोटी का बीनकार (वीणावदक) और वाग्गेयकार भी था।

इतिहासकार सतीशचन्द्र ने मध्यकालीन भारतीय इतिहास पर लिखी अपनी पुस्तक में स्पष्ट लिखा है कि औरंगज़ेब को संगीत-विरोधी बताने वाली जितनी

बातों को उजागर किया जाता रहा, मसलन—'मौसीक़ी का जनाज़ा' ले जाने वाला वाक़या : जब औरंगज़ेब ने पूछा कि यह क्या है? तो बताये जाने पर कि मौसीक़ी का जनाज़ा है जिसे दफ़नाने ले जा रहे हैं, तो बादशाह ने हँसते हुए चुटकी ली कि इसे इतना गहरा दफ़नाना कि नामोनिशाँ न रहे। सतीश चन्द्र स्वीकारते हैं कि अगर औरंगज़ेब के इस कथन को व्यंगोक्ति मानकर यह समझा जाये कि उसने उपहास में वैसा कहा तो ठीक होगा। हक़ीक़त यह है कि यह वाक़या मनगढ़न्त और भ्रामक है। सतीशचन्द्र स्वीकारते हैं कि औरंगज़ेब के राज्यकाल में सबसे ज़्यादा संगीत विषयक ग्रन्थ लिखे गये। औरंगज़ेब बीनकार था, इस बात का उल्लेख भी वह करते हैं।

हिन्दुस्तानी संगीत के उन्नयन में शहंशाह औरंगज़ेब का ज़बर्दस्त योगदान रहा। संगीत मूलतः आत्मशुद्धि और उदात्त भावों की अभिव्यक्ति का ज़रिया है, इस बात से वह अवगत था। मार्के की बात है कि ग़ज़ल या ठुमरी जैसी शृंगारिक गेय विधाओं में ही उसका रुझान नहीं था, बल्कि वह न केवल ध्रुपदप्रेमी और बीनकार था अपितु ध्रुपद का बन्दिशकार भी था। काव्य से उसे उतना ही लगाव था, जितना कि संगीत से। तथ्यों के आधार पर मेरा मानना है कि वह सभी मुग़ल शहंशाहों में जहाँ तक संगीत और काव्य का सवाल है, गम्भीर ज्ञाता, अध्येता, रचनाकार और प्रस्तोता था। इस नज़रिये से वह मुग़ल शहंशाहों में सर्वश्रेष्ठ था।

ध्रुपद मन्दिरों-मठों में गाया जाने वाला विशुद्ध हिन्दू संगीत है और वीणा वाग्देवी सरस्वती तथा देवर्षि नारद का प्रिय वाद्य तो इसमें रुझान रखने और वादन करने वाला मुसलमान निस्सन्देह उदारवृत्ति का धर्मनिरपेक्ष होगा, न कि कट्टर, धर्मान्ध और हिन्दू-विरोधी।

दाराशिकोह को मरवाने और पिता को बन्दी बनाने पर औरंगज़ेब को क्रूर, निर्मम, आततायी और ज़ुल्मी बताया गया है, जबकि अशोक ने निन्यानवे भाइयों का वध करके राजसत्ता हथियाई। कलिंग पर अकारण चढ़ाई करके बेरहमी से एक लाख मासूम निरपराधियों को मौत के घाट उतारा और पराजित डेढ़ लाख को बन्दी बनाकर प्रताड़ित किया। उल्लेखनीय है कि चण्डाशोक और कामाशोक से धर्माशोक बनने के बाद भी अशोक की असहिष्णुता, कामुकता और रक्तपिपासा नहीं गयी। उसने बौद्ध धर्म स्वीकारने के पश्चात् बौद्ध धर्म नहीं स्वीकारने वाले असंख्य अन्य धर्मावलम्बियों को क़त्ल करवा दिया। बौद्ध मतावलम्बी होकर अहिंसक बनने का स्वाँग करने वाले सम्राट अशोक ने बौद्ध धर्म-विरोधी पाँच सौ ब्राह्मणों को मृत्युदण्ड दिया। इतना ही नहीं, वह इतना क्रूर और निर्दयी था

कि एक बार अन्तःपुर की स्त्रियों द्वारा उसे क्रूर बताकर उपहास करने पर पाँच सौ स्त्रियों को ज़िन्दा जलवा दिया था। फिर भी उसे न तो क्रूर कहा गया, न धर्मान्ध बल्कि उसकी स्तुति की जाती है।

राजसत्ता के बल पर अशोक ने बौद्ध धर्म प्रचार-प्रसार किया। उसका राजकोष धर्म-प्रचार के लिए खुला रहता था। अपने अधीनस्थ पदाधिकारियों और परिवार के सदस्यों को भी उसने बौद्धधर्म के प्रचार में लगाया। इस तरह देखा जाये तो दूसरे धर्मों के प्रति वह असहिष्णु और अनुदार था। निहित स्वार्थपरता उस पर इतनी हावी रहती थी कि अपने प्रस्तर शिलालेखों और अभिलेखों में 'देवानांप्रिय प्रियदर्शी अशोक' लिखवाने वाले आत्मप्रशंसक और प्रवंचक सम्राट को आदर्श घोषित कर उसका यथेष्ट गुणानुवाद इतिहासकारों ने किया है। इतिहासकारों का यह कैसा पक्षपातपूर्ण रवैया, कैसी दृष्टि और सोच है? दोहरा मापदण्ड (double standard) बरतने की इतिहासकारों को कैसी विवशता और बाध्यता रही, समझ से परे है।

जहाँ तक औरंगज़ेब का तवायफ़ों का साहचर्य और उनसे संगीत सुनने का प्रश्न है तो गौतम बुद्ध तक सुजाता और आम्रपाली सरीखी गणिकाओं के सम्पर्क और साहचर्य में रहे। सुजाता के हाथों खीर खाकर बुद्ध ने अपनी क्षुधा तृप्त की। दोनों गणिकाओं को बुद्ध उत्कृष्ट और सुसंस्कृत रमणी मानते थे। उल्लेखनीय है कि तवायफ़ों की सोहबत औरंगज़ेब अपनी तृष्णा और कामवासना मिटाने के लिए नहीं बल्कि संगीत का आनन्द उठाने के लिए करता था। उसने मद्यपान करने वाली उन वारवनिताओं के हाथों सुरापान कभी नहीं किया। यह उसके संगीतानुराग, आत्मसंयम और उज्ज्वल चरित्र को रेखांकित करता है।

मगध सम्राट अजातशत्रु (429-460 ईसा पूर्व) ने अपने पिता बिम्बसार की हत्या करके राजसत्ता हथियाई तथा पुष्यमित्र शुंग ने मौर्य सम्राट बृहद्रथ का वध करके शुंग साम्राज्य की स्थापना की। अयोध्या में उसने जो अन्तिम अश्वमेध यज्ञ किया था, उस समय उसकी घोषणा यही थी कि अगर कोई एक 'श्रमण' (बौद्ध) का सिर लाकर देगा तो उसे सोने के सौ दीनार पुरस्कारस्वरूप दिये जायेंगे यानी बौद्ध विहीनता को पुष्यमित्र शुंग ने प्रोत्साहित किया और ब्राह्मण धर्म की पुनर्स्थापना की। पर इन रक्त-पिपासुओं, धर्म के नाम पर अनाचार करने वालों को धर्मान्ध, अत्याचारी और आत्मप्रवंचक नहीं कहा गया, जबकि औरंगज़ेब जिसने कभी भी आत्मप्रशंसा में ख़ुतबे नहीं लिखवाए तथा न कभी राजसत्ता और राजकोष का दुरुपयोग कर इस्लाम का प्रचार-प्रसार ही किया, बावजूद इसके उसे धर्मान्ध और क्रूर शासक

बताया गया। औरंगज़ेब धर्मान्ध नहीं, धर्मपरायण था और जो धर्मपरायण होता है वही सही मायने में धर्मनिरपेक्ष भी होता है। सेकुलर (Secular) का अर्थ यह नहीं होता कि दूसरे धर्म का अनादर कर स्वधर्म का प्रचार-प्रचार किया जाये। इस बात का प्रमाण है कि औरंगज़ेब ने कभी भी हिन्दू या अन्य धर्म का अनादर नहीं किया। सभी धर्मों के प्रति उसका नज़रिया समान और सहिष्णु था। यहाँ तक कि राजकोष से अपने व्यक्तिगत ख़र्च और धर्म-प्रचार के लिए एक पाई भी लेना उसने हराम समझा। पर उसे अनाचारी, कट्टर, धर्मान्ध, संगीतद्रोही और इसी तरह न जाने किन-किन अवांछित विशेषणों से मण्डित करके उसके बेदाग़ व्यक्तित्व पर कालिख पोती गयी। इन विशेषणों से तो उन इतिहासकारों को विभूषित किया जाना चाहिए जिन्होंने अकारण दुराग्रहवश औरंगज़ेब का चरित्र हनन करने की कुचेष्टा की और चारण-भाट की तरह अशोक तथा अकबर की प्रशस्ति के पुल बाँधे।

मुग़ल सल्तनत का भारत में संस्थापक तथा औरंगज़ेब का पूर्वज शहंशाह बाबर शराबख़ोरी के सख़्त ख़िलाफ़ था। "In his autobiography 'Babarnama' it is mentioned that he issued a 'Farman' announcing his renunciation of wine. After conveying out this design an 'universal decree' was issued that in the imperial dominions–May God protect them from every danger and calamity–no one shall partake of strong drink or engage in the manufacture, nor sell it, nor buy it or posses it nor convey it or fetch it. "Beware of touching it." "Perchance this will give you prosperity." इसी तर्ज़ पर औरंगज़ेब ने नशाबन्दी पर कड़ी कार्रवाई की।

औरंगज़ेब पक्का नमाज़ी मुसलमान था। इस्लाम में शराबख़ोरी और ऐय्याशी करना मना है जिसका वह शत-प्रतिशत पालन करता था। अपने जीवन के उत्तरार्द्ध में फ़क़ीराना ज़िन्दगी बसर करता था। अपने धर्म के प्रति आस्थावान रहना और कट्टर धर्मान्ध होना दो अलग-अलग मुद्दे हैं। मन्दिरों-मठों को तुड़वाने पर यदि उसे कट्टर मुसलमान और हिन्दू-विरोधी कहा गया तो उसने मस्जिद (गोलकुण्डा की मस्जिद) भी तुड़वाई। इस पर उसे इस्लाम-विरोधी क्यों नहीं कहा गया? यह दोहरा मापदण्ड क्यों? अशोक और पुष्यमित्र शुंग की तरह औरंगज़ेब के जीवन में ऐसा दृष्टान्त नहीं मिलता जिससे पता चलता हो कि धर्मान्धतावश उसने हिन्दू अथवा अन्य धर्मावलम्बियों को इस्लाम क़बूल करने पर मजबूर किया। मज़हब को वह निजी मामला मानता था। उसमें किसी के द्वारा किसी तरह की दख़लअन्दाज़ी उसे बिल्कुल पसन्द नहीं थी। मज़हब की आड़ में उसने न तो रक्तपात किया और न ही किसी तरह का कुकृत्य किया।

औरंगज़ेब मध्यकालीन भारतीय इतिहास का एक ऐसा सशक्त पात्र था जिसके साथ अपने नकारात्मक रवैये के कारण इतिहासकारों ने घोर अन्याय किया। विश्व के इतिहास में औरंगज़ेब जैसा दूसरा दृष्टान्त नहीं मिलता जो सच्चरित्र, दुर्धर्ष योद्धा, कुशल तथा न्यायप्रिय शासक और आला दर्जे का संगीतज्ञ एवं कवि हो। संगीत के व्यावहारिक तथा शास्त्रीय, दोनों पक्षों की गहन जानकारी होने के कारण उसे 'नायक' की प्रतिष्ठा हासिल थी। संगीत में जो प्रस्तोता और वाग्गेयकार होता है, उसे 'नायक' कहा जाता है। ग्वालियर नरेश मानसिंह तोमर (15वीं सदी ई.) ध्रुपद संगीत का प्रतिष्ठाता और उन्नायक था, पर वह न तो प्रस्तोता था और न ही बन्दिशकार। औरंगज़ेब के अलावा मुस्लिम या हिन्दू शासकों में एक भी मिसाल नहीं मिलती जो प्रस्तोता और रचनाकार, दोनों हो। शर्क़ी सुल्तान रागों का निर्माता था, पर प्रस्तोता नहीं था। लोदीवंश का सुल्तान सिकन्दर लोदी परले दर्जे का संगीतप्रेमी और शायर था, पर संगीतकार और बन्दिशकार नहीं था। मुग़ल शहंशाह बहादुरशाह ज़फ़र केवल बन्दिशकार था। मोहम्मद आदिलशाह अदली जिसके पाण्डित्य को तानसेन भी सम्मान देता था, प्रस्तोता नहीं था। हाँ, बहमनी सुल्तान इब्राहिम आदिलशाह द्वितीय को नायक की पदवी हासिल थी, अवध के नवाब वाजिद अलीशाह भी नायक कहलाने का हक़दार था, मुगल शहंशाह मोहम्मद शाह 'रंगीले' चोटी का संगीत रसिक था। पर इन सबों में औरंगज़ेब को संगीत में जैसी महारत हासिल थी, वैसी पटुता किसी में भी नहीं थी। इसलिए तत्कालीन ध्रुपदियों ने अपनी बन्दिशों में उसकी ख़ूब तारीफ़ की है।

औरंगज़ेब ईमान का पक्का, सच्चरित्र और नियमों के पालन में सख़्त था। नियमों का इतना पाबन्द था कि समरभूमि में भी ठीक वक़्त पर नमाज़ अता करने में चूक नहीं करता था। एक सुयोग्य सैनिक कमाण्डर और हुक्मरान के सभी गुण थे उसमें, यही वजह है कि अपनी फ़ौज और प्रजा में उसकी बड़ी इज़्ज़त थी। सत्तासी साल की पकी पर सधी उम्र में भी वह युद्ध के दौरान रणभूमि में डटा रहता था और अपनी उपस्थिति से सैनिकों का मनोबल बढ़ाता था। कर्तव्यपरायणता की ऐसी मिसाल कहाँ मिलेगी?

21 जनवरी, 1647 को औरंगज़ेब बल्ख़ और बदख़्शाँ का सूबेदार तथा सेनापति नियुक्त किया गया। उस प्रदेश का सुल्तान नज़र मोहम्मद ख़ाँ एक अयोग्य एवं कमज़ोर शासक था। इस शासक पर अधिकार जमाने के लिए शहंशाह शाहजहाँ ने सेना भेजी। जब सफलता नहीं मिली तो औरंगज़ेब को भेजा।

काफ़ी धैर्य, दृढ़ता और नियन्त्रण के साथ औरंगज़ेब शक्तिशाली दुश्मन का मुक़ाबला करता रहा। नमाज़ का वक़्त होने पर समर भूमि में ही चादर बिछाकर वह नमाज़ अता करने लगा तो बुख़ारा की सेना यह देखकर दंग रह गयी। वहाँ का शासक अब्दुल अज़ीज़ चिल्ला उठा, "युद्ध बन्द करो, ऐसे इनसान से लड़ना अपने सर्वनाश को बुलावा देना होगा।" (*हिस्ट्री ऑफ़ औरंगज़ेब*, सर यदुनाथ सरकार, पृ. 19-20)

कर्तव्यपरायण वह ऐसा था कि शासन व्यवस्था की देख-रेख के लिए औरंगज़ेब आश्चर्यजनक परिश्रम करता था। कार्यभार अधिक रहने के कारण कभी-कभी वह दिन में दो बार दरबार लगाता था और कार्यों का निपटारा करता था। प्रशासनिक कार्यों में शिथिलता और कोताही उसे बर्दाश्त नहीं था। वफ़ादारी को वह सबसे ज़्यादा तरजीह देता था। इसलिए साज़िश और बग़ावत करने वाला चाहे हिन्दू हो या मुसलमान या परिवार का कोई भी व्यक्ति हो, किसी को भी किसी क़ीमत पर बख़्शता नहीं था।

अंग्रेज़ों के आने से पहले हिन्दुस्तान में हिन्दू-मुस्लिम में भेदभाव नहीं था और न कभी मज़हब या सम्प्रदाय के नाम पर ख़ून-ख़राबा हुआ। औरंगज़ेब यदि धर्मान्ध होता और धर्म के नाम पर हिन्दुओं से घृणा करता तथा हिन्दू-मुसलमान में फूट डालकर लड़ाना चाहता तो उसके राज्यकाल में हिन्दू-मुस्लिम दंगे-फ़साद अवश्य हुए होते। पर ऐसी एक भी घटना का उल्लेख नहीं मिलता। यह अंग्रेज़ों की दुरभिसन्धि, कूटनीति और षड्यन्त्रों का परिणाम है कि हिन्दू-मुस्लिम एक-दूसरे की जान के गाहक बन गये जिसकी भयंकर परिणति है देश का विभाजन। मुसलमानों ने कभी भी इस देश को बाँटने की साज़िश नहीं की। भारत के बँटवारे के वक़्त भी मुसलमानों के दो बड़े नेता मौलाना अबुल क़लाम आज़ाद और ख़ान अब्दुल गफ़्फ़ार ख़ाँ विभाजन के ख़िलाफ़ थे।

देश का विभाजन कराने वाले पण्डित जवाहरलाल नेहरू और उनके राजनीतिक गुरु महात्मा गाँधी थे जिन्हें प्राइम मिनिस्टर की कुर्सी प्यारी थी, चाहे मुल्क दो टुकड़ों में क्यों न बँट जाये। और यह कैसी विडम्बना है कि आज़ाद भारत एक को राष्ट्रनायक और दूसरे को राष्ट्रपिता के रूप में पूजता है। स्वतन्त्र भारत में राष्ट्रमाता का पिता और पति (राष्ट्रपति) भी अदना इनसान को बना दिया गया। मानसिक गिरावट और सोच का दिवालियापन ही इसे कहेंगे।

दोनों क़ौम हिन्दू-मुसलमान को लड़-भिड़ाकर शासन करना अंग्रेज़ों की नीति रही। इसे मद्देनज़र रखते हुए अंग्रेज़ इतिहासकारों और उनकी लीक का अनुसरण करते हुए कुछेक भारतीय इतिहासकारों (चन्द अपवादों को छोड़कर) ने भारत का

इतिहास लिखा। इसलिए तथ्यों का सही प्रमाण के आधार पर आकलन करके भारत के इतिहास का लेखन किंचित ही हो पाया।

अंग्रेज़ों ने ख़ास मक़सद से भारत का इतिहास लिखा और लिखवाया (It was purely motivated, biased and prejudiced)। हिन्दू और मुसलमान में परस्पर वैमनस्य और कटुता बनाये रखने में ही भारत में अंग्रेज़ी हुकूमत महफ़ूज रह सकती थी। इसलिए पक्षपातपूर्ण और विवादास्पद इतिहास लिखा गया। यही वजह है कि ख़ामियों के बावजूद हिन्दू शासकों के कुकृत्यों पर पर्दा डालने की कोशिश रही और औरंगज़ेब सरीखे चरित्रवान और सुयोग्य शासक को कट्टर, धर्मान्ध और हिन्दू-विरोधी बताया गया। केवल अंग्रेज़ और हिन्दू इतिहासकारों ने ही नहीं बल्कि कतिपय मुसलमानों ने भी औरंगज़ेब के विषय में ऐसा लिखा कि लगता है, शहंशाह जमायते इस्लामिया का सदस्य हो।

अन्य मुस्लिम शासकों के रहन-सहन के विपरीत औरंगज़ेब तामझाम और दिखावे का विलासितापूर्ण जीवन व्यतीत नहीं करता था, बल्कि निहायत सादगी पसन्द फ़क़ीराना मिज़ाज की शख़्सीयत था। औरंगज़ेब के चरित्र और व्यक्तित्व को समझने के लिए उसके वसीयतनामा पर ग़ौर करने की ज़रूरत है। उसने अपनी वसीयत में लिखा है कि, टोपियाँ सिलने से जो पैसे मिले, वह एक थैले में नौकरानी बेग़ा के पास रखा है। मेरे मरने पर उसी पैसे से मेरा कफ़न ख़रीदा जाये। *क़ुरानशरीफ़* की नक़ल की बिक्री से जो तीन सौ पचीस रुपये थैले में रखे थे, उससे कफ़न ख़रीदने की मनाही थी। वह टोपियाँ सिलता था और उससे जो आमदनी होती थी, उसी पैसे से उसका निजी ख़र्च चलता था। राजकोष से एक अधेला भी अपने पर ख़र्च नहीं करता था। ऐसे उदात्त और अनुकरणीय चरित्र का शासक भारतीय क्या विश्व के इतिहास में दूसरा नहीं मिलता। दासवंश के एक सुल्तान नसीरुद्दीन को छोड़कर, जिसकी बेग़म का रोटी पकाते हुए हाथ जल गया। अपना व्यक्तिगत कार्य सुल्तान और मलिका बेगम .ख़ुद अपने हाथों करते थे। पर सुल्तान नसीरुद्दीन की काव्य और संगीत रसिकता का उल्लेख नहीं मिलता और न ही प्रखर शासक के रूप में उल्लेख मिलता है।

यदि औरंगज़ेब को संगीत से विरक्ति होती और वह मौसीक़ी तथा फ़नकारों को प्रोत्साहित नहीं करता तो ऐसे में बहुत सम्भव था कि उसके परवर्ती शासक यानी उत्तराधिकारी संगीत में दिलचस्पी नहीं रखते और न ही संगीत-नृत्य के पोषक होते। उसके पुत्र, पौत्र एवं उत्तराधिकारी शहज़ादा मुअज़्ज़म बहादुरशाह (प्रथम), आज़म, मुहम्मद अकबर, कामबक़्श, शाहआलम, जहाँदारशाह, अज़ीमुश्शान एवं

अन्य उत्तराधिकारी, यथा—मोहम्मद शाह 'रंगीले', आलमगीर सानी तथा बहादुरशाह 'ज़फ़र' द्वितीय ने काव्य एवं संगीत के संवर्धन-संरक्षण में जैसी उल्लेखनीय भूमिका निभायी, वह सर्वविदित है। (उल्लेखनीय है कि के.एल. लाल अपनी पुस्तक *मुग़ल हरम* में शाहआलम और जहाँदारशाह को औरंगज़ेब का पुत्र बताते हैं, जबकि केवल शाहआलम पुत्र था और जहाँदारशाह पौत्र)।

वास्तविकता यह है कि किसी भी युग में जनमानस संगीत की धारा से कभी भी कटा-हटा नहीं रहा जिसे औरंगज़ेब सरीखा सूक्ष्म पारखी और दूरदर्शी शासक अच्छी तरह समझता था। संगीत और साहित्य कभी भी राजाश्रय का मोहताज नहीं रहा। यद्यपि मुग़लकाल में उसे प्रचुर प्रोत्साहन प्राप्त हुआ। सामन्तकालीन व्यवस्था में कलाकारों, कवियों और शिल्पियों-वास्तुकारों को प्रश्रय और बढ़ावा मिलता रहा। ये मुस्लिम शासक भली-भाँति जानते थे कि कला, साहित्य और संस्कृति की अवहेलना करके सुदृढ़-सुव्यवस्थित शासन नहीं क़ायम किया और चलाया जा सकता।

शायद आप इस बात से विस्मित होंगे कि शहंशाह औरंगज़ेब मंगलामुखियों यानी कलावन्त तायफ़ों के साथ धूमधाम से होली खेलता था। ये मंगलामुखियाँ कामना करती थीं कि शहंशाह लोमष ऋषि जैसी आयु पाकर उनके साथ धमारी खेलते रहें। यह कपोल कल्पना नहीं बल्कि हक़ीक़त है। वसन्त की मुबारकबादी देती मंगलामुखियों की कामना प्रस्तुत ध्रुपद में द्रष्टव्य है :

राग हिण्डोल—ताल चौताल

"चिरंजीव रहो सुख संचति सम्पति साहि को एक छत्र,
दिलीराज करवर होई दहं पुरजस कीरति अधिकाई।
रोमस (लोमष) कैसी जविल सो फलफल अनलेषन,
लाष (ख) करोर बरस लौ जविल बाढ़ै तिहारी।
और जो मन अंछया होई तुम्हारी अब सोई करता,
करम करे अैसी सुफल होई हमारी।
धनगिन आनन्द वसन्त मुबारष (क) साहिनिसहि औरंगज़ेब,
वसन्त अैसे ही अनगिन बरसलौ हम मंगलामुखीनि संग
खेलौ धमारी।"

कहने की आवश्यकता नहीं है कि औरंगज़ेब काव्यरसिक, संगीतानुरागी और संगीत प्रस्तोताओं का क़द्रदाँ था। कई संगीत ग्रन्थों का प्रणयन उसे समर्पित करने

के लिए किया, गया और उसकी प्रशस्ति में ध्रुपद ओ धमार रचे गये। अपने दरबार में संगीत का (संगीतकारों का नहीं) बहिष्कार उसने राजनीतिक कारणों से तब किया जब उसकी आयु पचास वर्ष से अधिक हो चुकी थी। अपने जीवन के उत्तरार्द्ध में रागरंग से विरक्त संयमी होकर वह अध्यात्म-चिन्तन में अपना समय व्यतीत करने लगा, किन्तु संगीत ख़ासकर ध्रुपद से उसे अपने जीवन के अन्त तक लगाव बना रहा क्योंकि संगीत उसकी घुट्टियों में रचा-बसा था।

दरबार में संगीत-निषेध न केवल राजनीतिक कारणों से किया गया बल्कि आर्थिक कारण भी थे। औरंगज़ेब को तड़क-भड़क, दिखावा पसन्द नहीं था। जैसा कि मैं पहले बता चुका हूँ कि वह राजकोष का उपयोग अपनी निजी ज़रूरतों के लिए भी नहीं करता था। इसलिए उसे पसन्द नहीं था कि दरबार में रागरंग पर फ़िज़ूल ख़र्च किया जाये।

क़ुरानशरीफ़ का हस्तलेखन यानी '.ख़ुशनवीसी' (सुलेखन) कहलाता है जो स्वयं में एक विशिष्ट कला है। यह कला मुस्लिम तहज़ीब (संस्कृति) की महत्त्वपूर्ण देन है। अंग्रेज़ी में इसे 'कैलीग्राफ़ी' (Calligraphy) कहा जाता है। मुग़लकाल में सुलेखन यानी .ख़ुशनवीसी को ख़ास तव्वज़ो मिली और इसे कला का दर्जा हासिल हुआ। .ख़ुशनवीसी में औरंगज़ेब को महारत हासिल थी। मुग़लकाल में .ख़ुशनवीसी उत्कृष्ट कला मानी जाती थी। यहाँ तक कि इस हुनर में शहज़ादी जेबुन्निसा मख़्फ़ी भी पारंगत थी। इस तरह कला से औरंगज़ेब को नफ़रत और परहेज़ नहीं बल्कि कला के विविध आयामों में उसकी गहरी रुचि और पैठ थी।

धमार की धमाचौकड़ी केवल लोकजीवन और वैष्णवों के मन्दिरों-मठों में ही नहीं बल्कि मुग़ल बादशाहों के दरबार और हरम में भी होती थी। इसमें औरंगज़ेब सोल्लास शामिल होता था। अन्तःपुर में वर्षगाँठ मनायी जाती थी और ध्रुपद गायन एवं नृत्य होता था—मंगलामुखियाँ डफ बजाती हुई ध्रुपदगान और नृत्य करती थीं—इन मंगलामुखियों को 'दफ़जन' कहा जाता था।

द्रष्टव्य है, राग खट और चौताल में निबद्ध प्रस्तुत ध्रुपद

''व्यास सो धन दिनगिन ज्यांन नीके सगुन लगुन धारी,
दीनी बरसगाँठि साहि औरंगज़ेब की करत है,
कोटि-कोटि बरसन की अविलधारी।
आये भऐ नए नारिनि के आनन्द जनम जीतन,
सुफल फलीचर चरंजी जौसुभ घड़ी।

नीर पीर आलमगीर की जगत विस्तारी ॥"

ध्रुपद से औरंगज़ेब को इतना लगाव था कि अपनी वर्षगाँठ पर ध्रुपद उसे बेहद पसन्द था। ध्रुपद संगीत में उसे काव्य और, संगीत दोनों का लुत्फ़ मिलता था। इससे ज़ाहिर होता है कि वह 'बहुश्रुत' (good appreciative listener) था।

उसकी वर्षगाँठ पर रचा ध्रुपद द्रष्टव्य है :

राग तोड़ी–ताल धमार

"सोईलारा आयौ औरंगज़ेब बग औ सषी (खी) कैसुधर मंगल चाई।
और अु बाजनि बाजे पंछया पूजी सबनि की बरसगाँठि आनन्द पायौ।"

और जब औरंगज़ेब सम्राट बना, उस समय उसकी आयु इकतालीस (41) वर्ष थी। उसके राज्यारोहण के समय उत्सव मनाये गये। इलियट और डाउसन लिखते हैं, "औरंगज़ेब के सिंहासनारूढ़ होने के समय संगीतकार गायन कर रहे थे और महफ़िल जमी थी।"

अपनी पुस्तक *द हिस्ट्री ऑफ़ औरंगज़ेब* (खण्ड-1) में सुर यदुनाथ सरकार ने लिखा है "ज्योतिषियों द्वारा निर्धारित शुभ मुहूर्त में औरंगज़ेब का राज्याभिषेक हुआ। उस समय काफ़ी मात्रा में तोहफ़े के रूप में मुद्राएँ विद्वानों, कवियों, संगीतकारों आदि को दी गयीं। संगीत-नृत्य और रोशनी उसके राज्याभिषेक उत्सव की रौनक़ बढ़ा रही थी।" यदुनाथ सरकार लिखते हैं, "At once there was a loud burst of joyous notes from imperial band in attendance. The Musicians bagan their songs, the nautch girls began their dances." राज्याभिषेक के अवसर पर जो शाही जुलूस निकला, उसके विषय में सरकार लिखते हैं, "On the 12th May (1658 A.D.), first marched a deafening clamour and trumpets."

सर यदुनाथ सरकार ने अपनी पुस्तक में उक्त अवसर की सांगीतिक प्रस्तुतियों का विविध उल्लेख किया है, यथा–"हरम में दरबार लगाया गया, जहाँ अपने पुत्र-पुत्रियों, बहनों को बतौर तोहफ़ा जवाहरात दिये। उसके पश्चात् दूसरे तरह के तोहफ़े अमीरों, उमरावों, सभासदों, मुसाहिबों, कवियों, शायरों, विद्वानों, फ़नकारों को दिये गये।"

"रात में यमुना को दोनों किनारे से सजाया गया–नौका विहार हुआ जिसमें मौसीक़ी की पेशकशें भी हुईं।"

इस बात का भी उल्लेख है कि गद्दीनशीं होने पर औरंगज़ेब को 'अबुल मुज़फ़्फ़र मुहीउद्दीन मोहम्मद औरंगज़ेब बहादुर आलमगीर पादशाह ग़ाज़ी' के

शाही रुतबा-अलंकरण से विभूषित किया गया और हर्षोल्लासपूर्ण वातावरण में जमकर संगीत, नृत्य हुए।

गद्दीनशीनी के बाद दस वर्षों तक दरबार में सांगीतिक गतिविधियाँ पूर्ववत जारी रहीं। यह स्पष्ट प्रमाण है कि संगीत से औरंगज़ेब का कितना गहरा लगाव

शहंशाह औरंगज़ेब आलमगीर की बेग़म जैनाबादी उर्फ़ हीराबाई

(सौजन्य : पटना म्यज़ियम)

था। लेकिन जब वह तख़्त पर आसीन हुआ तो उस समय स्थिति उसके अनुकूल नहीं थी। भाई-भाई एक-दूसरे के विरोधी थे—प्रजा भी सन्तुष्ट नहीं थी। साज़िशों और दुरभिसन्धियों का माहौल था। इन कारणों ने उसे शक्की और कठोर बना दिया—अपने परिवार के सदस्यों पर भी उसे विश्वास नहीं रहा। ऐसे में उसने दरबार में रागरंग पर प्रतिबन्ध लगा दिया। किन्तु तात्कालिक माहौल और परिस्थिति का पूरी तरह से जायज़ा लेने के पश्चात् ही दरबार में संगीत पर निषेधाज्ञा लगायी। यह उसका बहुत सोचा-विचारा-समझा निर्णय था। पर दरबार में संगीत का बहिष्कार करने के पीछे जो अहम कारण था, उसकी चर्चा आगे की जायेगी।

औरंगज़ेब ने अपने अठारह (18) जन्मोत्सव अन्तःपुर में ही देखे जिसमें हरम की बेगमें और शहज़ादियाँ मदिरा और संगीत के नशे में चूर रहती थीं। हीराबाई नाम की बाँदी (दासी) संगीतकला में बेहद निपुण थी। वह औरंगज़ेब के मौसा मीर ख़लील की अंकशायिनी थी। पर उसकी दिलफ़रेब अदाओं और नृत्य-संगीत पर औरंगज़ेब अपना दिल दे बैठा। वह उस नाज़नीन को दिलोजान से चाहने लगा। अन्ततोगत्वा मौसी ने हीराबाई को औरंगज़ेब के हवाले कर दिया। बाद में उसका निकाह औरंगज़ेब से हो गया और वह ज़ैनाबादी बेगम के नाम से मशहूर हुई, जिसका मक़बरा दक्षिण के औरंगज़ेब में 'बीबी का मक़बरा' के नाम से जाना जाता है। यह मक़बरा ताजमहल की तर्ज़ पर उसकी अनुकृति है। बादशाह ज़ैनाबादी पर इस क़दर फ़िदा रहता था कि अपने हाथों जाम भरकर उसे दिया करता था। इस पर आचार्य बृहस्पति ने व्यंग्य में लिखा है, "भले ही सुरापान वह (औरंगज़ेब) न करता हो पर सुरामत्त रमणी के अधररस का पान तो करता ही था जो सुरा से अधिक नशीला था।" पर अपनी दिलरुबा चहेती को शराब देना और ख़ुद पान नहीं करना, इस बात का प्रमाण है कि वह आत्मसंयमी था और उसे अपने पर असाधारण नियन्त्रण (कण्ट्रोल) था।

एक शहज़ादे के रूप में औरंगज़ेब न केवल जुझारू, बलिष्ठ और दुर्धर्ष योद्धा था अपितु रंगीनतबा आशिक़ भी था। हीराबाई के साथ उसकी प्रणयकथा इसका परिचायक है।

औरंगज़ेब की जवानी का वाक़या है। वह दक्कन का सूबेदार था। बात उन दिनों की है जब वह अपने मौसा मीर ख़लील के पास बुरहानपुर में था। मौसा के आम के बगीचे में नाना प्रकार के पेड़ों पर फल लदे थे—हरे, पीले, गुलाबी व सुर्ख़ (लाल)। औरंगज़ेब बाग़ में घूम-घूमकर अपने पसन्दीदा आमों का मुआयना कर रहा था। आम मुस्लिम सुल्तानों, बादशाहों यहाँ तक कि शायरों तक को

बहुत प्रिय था। मशहूर है कि मिर्ज़ा ग़ालिब को आम बहुत पसन्द था और आम के महीने में फलों के राजा का ज़ायक़ा लेने से वह बाज नहीं आता था।

हठात् औरंगज़ेब की नज़र झुरमुटों की ओर गयी। उसने देखा कि एक अल्हड़ नवयौवना उछल-उछलकर आम तोड़ने की कोशिश कर रही थी। जब आम उसके हाथों में नहीं आता तो खीझकर ऊँची छलाँग लगाती—हसीना की उस जानमारू अदा ने युवा औरंगज़ेब को बरबस अपने मोहपाश में आबद्ध कर लिया। वह उस रूपसी के सामने जाकर खड़ा हो गया और जिस आम पर वह नज़र डालती, उसे तोड़कर उसकी झोली में डालने लगा। गदरायी, उफनायी जवानी के भार से लदी उस युवती का नाम हीराबाई था। औरंगज़ेब उस कंचन कामिनी पर इस क़दर फ़िदा हुआ कि आख़िर मौसा की रखैल को उसने अपना बना लिया। हीराबाई ख़ूबसूरत ही नहीं नृत्य-संगीत में भी असाधारण पटुता रखती थी, गो सोने पर सुहागा-मणिकांचन संयोग था। सुरीली सुकण्ठी रमणियाँ औरंगज़ेब को बेहद लुभाती थी। औरंगज़ेब ने बाद में उसे बेगम बना लिया और

औरंगज़ेब का श्वेत-श्याम चित्र

बेग़म ज़ैनाबादी कहलाने लगी। पर वह अधिक दिनों तक जीवित नहीं रही उसका असामयिक निधन हो गया।

माता-पिता से मिली उपेक्षा का दंश और दाराशिकोह को राजगद्दी का वारिस बनाये जाने के लिए शाही महल में स्वजनों द्वारा अपने विरुद्ध पकती साज़िश की खिचड़ी की वजह से औरंगज़ेब का जीवन बहुत ही कशमकश में रहा। उसे असह्य मानसिक यातना झेलनी पड़ी। एक लम्बे अरसे तक ऊहापोह के भँवर में वह फँसा रहा। इस कारण थोड़ी रूक्षता और प्रतिशोध की भावना के चलते उसका मिज़ाज शंकालु हो गया। आप कह सकते हैं कि वह कैक्टसनुमा किरदार बन गया। पर कैक्टस में भी ख़ूबसूरत लुभावने फूल-खिलते हैं। सो उसके दिल में भी प्यार के गुलशब्बो खिल उठे और वह हीराबाई के इश्क़ में गिरफ़्तार हो गया।

प्यार-मुहब्बत-इश्क़ इनसानी फ़ितरत है। वो इनसान क्या जिसके दिल में प्यार का ज्वारभाटा न उठता हो। चन्द लोग इसे इज़हार करते, चन्द दिल में माला जपते हैं। औरंगज़ेब की कई बीवियाँ हुईं (चार से अधिक नहीं) जिनसे जिस्मानी रिश्ते तो बने, बाल-बच्चे भी हुए। पर जिस्मानी कशिश में फँसे रहने के चलते दिल के तार नहीं जुड़ पाये। मुहब्बत न जाने जात-पाँत, रंग-रूप, उमर, ऊँच-नीच दीन-करम। क्योंकि दिल की सरज़मीं बेहद मुलायम और नाज़ुक होती है, जहाँ इन सब पर विचार नहीं रहता।

औरंगज़ेब के दिल में भी कहीं एक कोने में छुपा प्यार का जज़्बा तो था ही। और यह भी सही है कि दिल का तार किसी एक ही से जुड़ता है, यह जुड़ाव ख़ास होता है, आम नहीं। औरंगज़ेब की ज़िन्दगी में एक ऐसा मोड़ आया, जब दक्कन के रास्ते बुरहानपुर में मौसा की बाँदी हीराबाई से उसकी आँखें चार हुईं। पहले दीदार में ही उसे प्यार-मुहब्बत का मतलब समझ में आ गया। 'कौन कहता है कि मुहब्बत को, ज़ुबाँ होती है, वह तो आँखों-आँखों से बयाँ होती है।' उसे लगा ज़िन्दगी को एक अर्थ—एक सार्थकता मिल गयी। एक बेहद हसीन, ज़हीन, शोख़, चंचल, सलोनी, नमकीं, दिलकश, परीजमाल जिसने चन्द लम्हों के लिए उसकी बेलौस ज़िन्दगी को रूमानी प्यार के उजाले से दीप्त कर दिया—पहली बार उसकी रूह (आत्मा) को जन्नत का सुकून और बहिश्त की चैन का अहसास हुआ।

दक्कन की सूबेदारी के बाद जब राजसत्ता की दौड़ में उसे कामयाबी हासिल हुई तो सहसा हीराबाई की छवि उसकी स्मृति के दरीचे से ताक-झाँक करने लगी। हीराबाई को वह बिसार नहीं पाया था—भुला भी कैसे पाता, जब वह अपने आशिक़ के ज़ेहन में बस चुकी थी। उसकी याद उसे पाने की बेसब्री,

औरंगज़ेब के सच्चे प्यार की द्योतक यों कहिए कि दास्तान है।

हीराबाई पर औरंगज़ेब के आसक्त होने की वजह यह भी थी कि वह परले दर्जे की रूपवती ही नहीं कोकिलकण्ठी, चोटी की कलावन्त भी थी–'नृत्य-संगीत पटीयसी महियषी'। और इससे भी ज़बर्दस्त कारण यह था कि हीराबाई पर दिलोजान से क़ुर्बान औरंगज़ेब को जब प्रेयसी हीरा ने अपने हाथों सुरापान के लिए दुःख़्तरेरज़ का प्याला थमाया तो शराब को हराम समझकर उससे तौबा करने वाला आशिक़ औरंगज़ेब का ईमान डगमगाने लगा–हीराबाई के प्रेमपाश में वह इस क़दर होशोहवाश गँवाकर आबद्ध हो चुका था कि सुरा का प्याला हलक के नीचे उतारने ही जा रहा था कि उसकी माशूक़ा ने झटककर उसके हाथ से जाम लेकर शराब नीचे ज़मीन पर उड़ेल दी। दोनों के रूहानी इश्क़ का कैसा अटूट बन्धन था जिसकी मिसाल क्या हो सकती है? हीराबाई की इस बेहद हसीन हरकत ने औरंगज़ेब को हमेशा-हमेशा के लिए उसका मुरीद बना डाला–और उसकी जीवनसंगिनी बन गयी किसी की बाँदी वह हीरा की कनी, हीराबाई। आलमगीर का अर्थ होता है विश्वविजेता–दुनिया को फ़तह करने वाला आलमगीर उस हसीना का ख़ादिम हमेशा-हमेशा के लिए बन गया।

तो औरंगज़ेब होने के साथ ही संगीतपिपासु के साथ ही सौन्दर्यपिपासु भी था। वह एक दिलदार इनसान था जिसके नारिकेल सदृश शुभ्रतरल मृदु व्यक्तित्व को कट्टरपन्थियों और नासमझों ने ग़लत ढंग से चित्रित करके उसे दाग़दार और धूमिल करने का कुत्सित प्रयास किया है।

युवावस्था में औरंगज़ेब सुरीली गायिकाओं और नृत्यांगनाओं पर फ़िदा हो जाता था। यह तो प्रकृतिजन्य-प्रकृति के नियमों के अनुकूल था (it was but natural)! कौन ऐसा शख़्स होगा जिसे जवानी में रागरंग और युवतियों का साथ-संग पसन्द न रहा होगा? फिर औरंगज़ेब तो शहज़ादा था। मौसीक़ी उसकी कमज़ोरी थी। तख़्त पर बैठते ही उसने दाराशिकोह की एक जॉर्जियन उप-पत्नी को अपना लिया और उसका नाम उदयपुरी महल रखा। जीवन भर वह शराब पीती रही। इस सुन्दरी के वशीभूत होकर वह अपने जीवन के अन्तिम क्षण तक उसके इशारे पर नाचता रहा। हो सकता है, इसके पीछे कोई राज़ हो। उसकी एक काश्मीरी पत्नी का भी नाम उदयपुरी था जिसे वह बेहद चाहता था। युवतियाँ ख़ासकर सुकण्ठियों पर उसकी आसक्ति ऐसी थी कि दाराशिकोह की पत्नी रानादिल (जो न केवल ख़ूबसूरत पर सुरीली भी थी) को अपनाना चाहा पर असफल रहा। रानादिल को जब औरंगज़ेब की नीयत का पता चला तो उसने अपने चेहरे को

खंजर से गोद डाला और ख़ून से सना रूमाल औरंगज़ेब को बतौर तोहफ़ा भेज दिया। औरंगज़ेब ने उसका प्रतिकार नहीं किया। दाराशिकोह से उसने गायिकाओं और नर्तकियों की माँग की थी। यह उसके संगीतप्रेम का ही परिचायक है।

औरंगज़ेब के समय में होने वाली सांगीतिक गतिविधियों, जश्न और रागरंग का विशद वर्णन और जानकारी फ़ारसी अभिलेखों, इतालवी (ख़ासकर निकोलाई मनुश्शी) पर्यटकों के यात्रा-वृत्तान्त तथा मुग़ल शैली की मिनिएचर पेंटिंग्स से मिलती है।

"Persian chronicles and Italian traveler Manucci's writings reveal detailed and picturesque descriptions of the Mughal harem, even in the time of Aurangzeb where there was no restriction on the musical and dancing activities.

In his book the *'Mughal Harem'* K.S. Lal writes that during the reign of Aurangzeb certain restriction were imposed on the activities of harem inmates, but at the same time it clearly found from the detailed and saucy narrative of Aurangzeb's infatuation for Zainabadi in Hamiduddin Khan's *Akham-i-Alamgiri* and Kafi Khan's description of Jahandar Shah's (Aurangzeb's son) passion for Lal Kunwari, nautch girl. Hirabai surname Zainabadi was the darling of Aurangzeb's youth while Udaipuri Mahal was the darling of his old age.

Since great ladies like Jahan Ara and Roshan Ara both sisters of Aurangzeb and host of others dominated not only the Mughal harem but also the Mughal court for almost a century. Their personalities were impressive and their stories exciting. The activities of the harem inmates names their jashna (with singing and dancing) and even romances all become exceedingly absorbing and most excellent treatment at the hands of Persian chroniclers.

Mughal paintings are also sources of giving account of Mughal life opened in varied degree of accessibility of dancing girls. The paintings also give detail of enjoying dance performance. These are paintings of women dancing individually or in groups.

The Harem of prince Shah Alam, the son of the Aurangzeb contained 2,00 women and the seraglio of Jahandar Shah (other son) was one mile long (here by mistake K.S. Lal has written Jahandar Shah as Aurangzeb's son. The fact is that Jahandar Shah was grandson.)

There were no check on the unbridled sex life of the Mughal. Even Aurangzeb was not different. And music had dominant role in sex life.

Although it is said that Aurangzeb buried music and turned not the musicians, but the order was more or less symbolic thy never ceased to be music and musicians, dancing girl and prostitutes were more than compensated under the rule of his successors.

Beautiful slave girls are most sought for and they adored the harem. They were taught to sing and play musical instruments. They were given petty names, like Gulab, Champa, Chameli, Nargis, Yasmin, Anarkali, Saloni, Madhumati etc. All Mughal emperors including the austere Aurangzeb seems to have been very choosy about names.

It was regular practice with the nobles to attend to dance and music sessions at the houses of the dancing girls (Kothas of the tawaifs).

So, it is clearly evident that except the durbar the restrictions on music were not where else. It is therefore wrong notion to say that Aurangzeb hates music and musical activities."

फ़ारसी अभिलेखों, इतालवी यात्री मनुश्शी के यात्रा-वृत्तान्त और मुग़लशैली के चित्रों से मुग़लकालीन हरम में होने वाली सांगीतिक गतिविधियों की जैसी दिलचस्प छवि और विस्तृत लेखा-जोखा मिलता है, उसके आधार पर स्पष्ट है कि दरबार को छोड़कर रागरंग के लिए हरम एवं अन्य जगहें, जैसे—तवायफ़ों के कोठे संगीत पर लगायी गयी निषेधाज्ञा से अछूते थे जहाँ बादशाह, बेग़में, शहज़ादे-शहज़ादियाँ और अमीर एवं सभासद गाने-बजाने का लुत्फ़ उठाते रहे। दरअसल मौसीक़ी और शेरोसुख़न से बादशाहों का लगाव वंशानुगत और संस्कारगत था। औरंगज़ेब उसका अपवाद नहीं था।

मुग़ल ख़ानदान में शहज़ादे-शहज़ादियों को काव्य, कला, संगीत और कोकशास्त्र यानी कामकला की जानकारी दी जाती थी। तहज़ीब और शाइस्तगी सीखने के लिए उन्हें संगीतजीवी तवायफ़ों की सोहबत में रहना पड़ता था। ऐसे माहौल में पला और संस्कारित जिसके दिलोदिमाग़ में काव्य और संगीत रमा हो, भला संगीत का बैरी कैसे हो सकता था।

औरंगज़ेब के व्यक्तित्व में अपने ख़ानदान के बुज़ुर्गों के गुणों का बड़ा ही सुन्दर और सम्यक् समावेश देखने को मिलता है। बाबर का अदम्य साहस, शौर्य-पराक्रम और जुझारूपन तथा रसिक मिज़ाज, हुमायूँ की दयालुता और रसिकता, अकबर की गुणियों की क़द्रदानी, जहाँगीर का ग़ज़ल और ध्रुपद ये लगाव एवं न्यायप्रियता और शाहजहाँ का सौन्दर्यबोध और कलाप्रियता, से सारी विशेषताएँ

इकट्ठी औरंगज़ेब के व्यक्तित्व में दिखती थीं। और जब उसके बहुपक्षीय व्यक्तित्व में संगीतकार जुड़ गया तो फिर उसे विरल संयोग ही कहा जायेगा, जैसे चन्दन का सुवास। यह मणिकांचन दुर्लभ संयोग था, जहाँ पुरखों के समस्त गुण एक में यानी उसमें समाहित हो मुखर हो उठे थे।

औरंगज़ेब के पुरखों में मुग़ल साम्राज्य का संस्थापक बाबर ही एक ऐसा शख़्स था जिसका व्यक्तित्व औरंगज़ेब की तरह बहुआयामी था, मसलन-बाबर न केवल कुशल एवं दुर्धर्ष योद्धा था, बल्कि उसमें विलक्षण नेतृत्व क्षमता थी और रणनीति में माहिर था। योद्धा और सैनिक ऐसा था कि दो बलिष्ठ व्यक्तियों को अपनी दोनों काँखों में दबाकर क़िले की दीवार पर दौड़ जाता था। उसका न केवल शायराना मिज़ाज था अपितु वह आला दर्जे का शायर भी था। फ़ने-मौसीक़ी में उसका गहरी रुझान था। उसमें शानोशौक़त और दिखावा लेशमात्र भी नहीं था। वह सादगी पसन्द, सहृदय और मानवोचित गुणों से भरपूर था। जुझारू और

शहंशाह बाबर

कर्मठ था। धर्मपरायण था।

अपने लकड़दादा (बाबर) की सारी ख़ूबियों का समावेश हम औरंगज़ेब में पाते हैं। मुग़ल शहंशाहों में शायद ही कोई ऐसा हुआ जिसे संगीत से लगाव नहीं रहा। प्रायः सभी ध्रुपद, बीन, ग़ज़ल और ख़यालप्रेमी हुए। संगीत में रुझान औरंगज़ेब के पिता, दादा, परदादा, छड़दादा और लकड़दादा सभी में था।

शहंशाह बाबर अपने सभासदों के साथ

बाबर के दरबार में एक-से-एक बढ़कर सुरीले वादक थे जिनमें बीनकार शेख़ी नाई, क़ुले मुहम्मद ऊदी, ख़्वाजा अब्दुल्लाह मख़ारीद, हुसैन ऊदी, ग़ुलाम शादी, मीर मंजू और शाह क़ुली उल्लेखनीय हैं। बाबर स्वयं एक मँजा हुआ शायर था। वह ग़ज़लें लिखता था और उसकी लिखी ग़ज़लों का 'दिवान' भी था।

समय मिलने पर बाबर मौसीक़ी की मजलिसें लगाया करता था। उसके दरबार का बीनकार शेख़ी नाई ऐसा वादक था जिसने छुटपन से बीन बजाने का अभ्यास किया था। वह अनुपम बीनकार था। बीन के अतिरिक्त वह बरबत और गिटार बजाने में भी सुदक्ष था तथा सांगीतिक रचनाएँ करने में निष्णात् था।

चिन्तन-मनन करने वाले संगीतज्ञों को बाबर प्रोत्साहित किया करता था। उसके आश्रित, क़ुले मुहम्मद ऊदी ने बरबत में तीन तार की अभिवृद्धि की थी जिसके आधार पर 18वीं सदी में खुसरो ख़ाँ (सदारंग का दामाद) ने सितार का आविष्कार किया। उसी के दरबार का एक अन्य मौसीक़ीकार ग़ुलाम शादी नयी धुनें तैयार करने में प्रवीण था। इसलिए वर्तमान में जो लोग कहते हैं कि पहले के संगीतकार चिन्तन-मनन नहीं करते थे और रट्टू थे, बिल्कुल ग़लत है। चिन्तनशील संगीत की प्रक्रिया तो सैकड़ों वर्षों से चली आ रही है—यदि ऐसा नहीं होता तो संगीत की परम्पराएँ थम जातीं और घरानों का आविर्भाव नहीं होता।

बाबर और शेख़ घूरन के एक प्रसंग का उल्लेख करना यहाँ समीचीन लगता है। शेख़ घूरन शहंशाह बाबर के दरबार का प्रतिष्ठित हिन्दुतानी अमीरों में था। बदायूँनी ने उसे अपने युग का अद्वितीय संगीतपारखी बताया है।

शेख़ घूरन एक बार बाबर के साथ जौनपुर में था, जहाँ वह ज्वर से पीड़ित हो गया। बीस दिनों तक उसका ज्वर नहीं उतरा। जौनपुर के सूफ़ी सन्त अदहन की सम्मति से बाबर ने वहाँ मौसीक़ी की महफ़िल सजवायी। इस संगीत-गोष्ठी में गाना-बजाना सुनकर बाबर रोने लगा था। संयोग से घूरन का भी ज्वर उतर गया—भला-चंगा होकर उसने भोजन किया। फिर स्वयं उस महफ़िल में गाया भी।

एक बार बहार के उत्सव में आयोजित मौसीक़ी की महफ़िल में कइयों का गाना-बजाना हुआ, पर बेअसर रहा। ऐसी स्थिति में शेख़ घूरन ने ग़ज़ल गायी। उसकी प्रस्तुति इतनी जानदार थी कि सभी सुनने वाले रोने लगे। शेख़ घूरन समरभूमि में भी बाबर के साथ रहता था। उसके लिए बाबर के दिल में बड़ी इज़्ज़त थी।

बाबर सूफ़ी सन्त ख़्वाजा क़ुतुबुद्दीन बख़्तियार काकी और शेख़ सर्फ़द्दीन अहमद याहूया मनेरी का मुरीद था। याहूया मनेरी की मनेर स्थित दरगाह पर चादरपोशी और सिजदा करने वह आया था।

बाबर में मौसीक़ी की ऐसी दीवानगी थी कि युद्ध में लगे रहने के बावजूद वह संगीत सुने बग़ैर नहीं रह सकता था। भारत में मुग़ल सल्तनत के संस्थापक बाबर सरीखे संगीतानुरागी के ख़ानदान के वारिस औरंगज़ेब में संगीत का संस्कार तो ख़ानदानी और वंशानुगत था।

संगीत की अहम भूमिका मुग़ल शासकों के जीवन में रही। क़मोबेशी तकरीबन सभी मुग़ल बादशाहों का रुझान और लगाव मौसीक़ी में रहा।

हुमायूँ ग़ज़लप्रेमी था। उसके समय का साबिर काक मशहूर ग़ज़लनवीस था। चंग वादक क़ासिम, गिज़कवादक क़ज़क, क़ुबुज़वादक मुख़ालिस, हाफ़िज़ सुल्तान आख़्ता, हाफ़िज़ कमालुद्दीन हुसैन और हाफ़िज़ मुहेरी उसके दरबार की रौनक़ थे।

इसके अलावा उसके दरबार में नैवादक तूफ़ान, क़ानून (सूरमण्डल) वादक मुहम्मदजान, रबाब वादक तूफ़ान, करनावादक व्याज़ीद जैसे माहिर वादक भी थे। उसने तत्कालीन नायक बैजू से ग़ज़लें सुनकर उसे बहुमूल्य तोहफ़ों से नवाज़ा था। अपनी संगीत महफ़िल का नाम शहंशाह हुमायूँ ने 'अहले-मुराद' रखा था।

बादशाह हुमायूँ के समय में नक़्क़ारा बजाने का नियम शाही आदेश से निर्धारित किया गया। प्रातःकालीन नमाज़ के वक़्त का नक़्क़ारा वादन 'नौबते-सआदत' कहलाता था। सूर्योदय के बाद 'नौबते-दौलत' बजता था जिससे सल्तनत का कामकाज प्रारम्भ होता था। सायंकाल का वादन

'नौबते-मुराद' कहलाता था। प्रत्येक माह के प्रथम तथा चौदहवीं तारीख़ को प्रसन्नता के नक़्क़ारे बजाये जाते थे जिसे 'नक़्क़ार-ए-शादीयाना' कहा जाता था। न्याय से सम्बन्धित नक़्क़ारा वादन 'नक़्क़ारा-ए-आदिल' कहलाता था। लगता है, इसी आधार पर शहंशाह जहाँगीर ने 'फ़रियाद की जंज़ीर' लगवायी थी जिसे फ़रियादी न्याय के लिए किसी वक़्त खींचकर बजा सकता था।

कदाचित् इसी आधार पर परवर्ती मुग़ल शहंशाहों ने नौबतख़ाने की प्रणाली स्थापित की। शाही महल के सामने प्रवेशद्वार के ऊपर 'नौबतख़ाना' हुआ करता था जिसमें अनवरत शहनाई-नफ़ीरी-नक़्क़ारा बजा करता था। यह शुभ और मंगलसूचक माना जाता था।

नायक बैजू का प्रभाव न केवल हुमायूँ, जहाँगीर और शाहजहाँ के दरबार पर था, बल्कि औरंगज़ेब आलमगीर का दरबार भी उसके प्रभाव से अछूता नहीं रहा।

अकबर के संगीतप्रेम से सभी परिचित हैं। अतः विस्तार में जाने की आवश्यकता नहीं है। अकबरी दरबार के नौरत्नों में मियाँ तानसेन ऐसा अप्रतिम गायक हुआ जिसके विषय में अबुल फ़ज़ल ने *आईने-अकबरी* में लिखा है, ''उसके जैसा गायक हज़ार वर्षों में नहीं हुआ।'' बाबा रामदास जैसा संगीत नायक और उनके सुपुत्र सूरदास सरीखा गायक और रागनिर्माता जिन्होंने रागरामदासी और सूरदारी मल्हार बनाये, अकबरी दरबार के संगीतज्ञ थे। हिन्दुस्तानी संगीत की सम्पन्नता और वैभव की दृष्टि से शहंशाह अकबर का राज्यकाल स्वर्णकाल कहा जाता है।

शहंशाह हुमायूँ

शहंशाह जहाँगीर ने ग़ज़ल गायक शौक़ी क़व्वाल को 'आनन्द ख़ाँ' की उपाधि से सम्मानित किया। उसके दरबार में तानसेन के कनिष्ठ पुत्र विलास ख़ाँ (राग

विलासख़ानी तोड़ी के निर्माता), छतर ख़ाँ मक्खू, हम्ज़ा आदि अपने समय के नामचीन संगीतज्ञ थे।

जहाँगीर ऐसा रसिक जानकार था कि एक ध्रुपद के अनुसार वह भरत के मत पर विचार करने वाला 'सप्तधा' (संगीत रत्नाकार) से सुपरिचित, संगीत के अंग-प्रत्यंग और मतों में महारत रखने वाला गुणगाहक था।

राग कान्हरा–ताल चौताल

"अंग अंगन सयान भरत मध विनांन करत,
सप्तधा वरन सदां समांन तांन वरन।
ऐक पूरे गीत नाद भेद उतिम जेते,
सुर साधे अराधे कंठ रूप अनूंप वरन।
सुर ग्यांन गुन निधांन पर परमांन।
ग्यांननि सुढांवनि सुढांन जति भयौ,
चित मानो रस सौ उधारन को,
भायौ गुन अमरन।
जैहे विधि विदाई कीनी साहिजहाँगीर,
जाते वौहौरि ब्रीअनि री मन उधारन ॥"

किन्तु ग़ज़ल का जहाँगीर विशेष रूप से शौक़ीन था। उस्ताद मुहम्मद ने 'जहाँगीर' की मुद्रा से अंकित कई ग़ज़लों की रचना की। बादशाह ने ख़ुश होकर उसे मुद्राओं (रुपयों) से तुलवाकर हौदा सहित हाथी बतौर इनाम दिया।

शाहजहाँ का दरबार जगन्नाथ 'कविराय' सरीखे ध्रुपदकार (जिसकी तारीफ़ तानसेन तक किया करता था।) से सुशोभित था। सेनिया लाल ख़ाँ, ख़ुशहाल ख़ाँ, बिसराम ख़ाँ उसके दरबार के प्रमुख कलावन्त फ़नकार थे। लाल ख़ाँ को 'गुनसमन्दर ख़ाँ' का ख़िताब दिया गया था। बाद में यह उपाधि उसके सुपुत्र ख़ुशहाल ख़ाँ को दे दी गयी।

शहंशाह शाहजहाँ के वक़्त में राग भीम का आविष्कार हुआ। किसने इस राग का निर्माण किया, इसका उल्लेख नहीं मिलता। इसके अलावा नायक बक़्शू की ध्रुपद की बन्दिशों को लिपिबद्ध और संग्रहीत किया गया। नायक बक़्शू ने राग बहादुरी तोड़ी का आविष्कार किया।

इस तरह देखा जाये तो औरंगज़ेब के पूर्व पुरुषों के दरबार में चोटी के

शहंशाह शाहजहाँ

संगीतकारों का जमघट लगा रहता था—पाँचों पूर्व शहंशाहों के राज्यकाल में सांगीतिक गतिविधियों की भी ख़ूब चर्चा रही और गायक-वादकों को प्रश्रय तथा मान-सम्मान मिलता रहा।

संगीतज्ञों के क़द्रदाँ तथा संगीत रसिक पूर्वजों का उत्तराधिकारी औरंगज़ेब भला पीछे कैसे रहता—वह न केवल काव्य और संगीत रसिक एवं मर्मज्ञ था, बल्कि स्वयं उद्भट संगीतज्ञ (वीणा वादक) और ध्रुपदों का बन्दिशकार था।

उसकी सुपुत्री शहज़ादी ज़ेबुन्निसा शायरा थी। 'मख़्फ़ी' तख़ल्लुख़ से ग़ज़लें लिखती थी और ग़ज़लसराँ भी थी। ग़ज़ल की महफ़िलें लगवाती थी और ख़ुद प्रस्तोता के रूप में उसमें शिरकत करती थी। उसे चार लाख रुपये सालाना ख़र्च के लिए राजकोष से मिलते थे जिसका अधिकांश वह शायरों और फ़नकारों पर व्यय कर देती थी। (इतिहासकार जॉर्ज एवोल के हवाले से।) ग़ौरतलब है कि अगरचे औरंगज़ेब को काव्य और संगीत में अरुचि रहती तो अपनी बिटिया को

शहंशाह अकबर

शहंशाह अकबर

शहंशाह अकबर

शहंशाह जहाँगीर

शहंशाह जहाँगीर

मियाँ तानसेन (पोर्ट्रेट)

मियाँ तानसेन (वृद्धावस्था)

बीनकार नौबाद ख़ाँ

शायरी के लिए प्रोत्साहित नहीं करता। हालाँकि ऐसा उल्लेख मिलता है कि ज़ेबुन्निसा के विचार अपने पिता के विचारों से नहीं मिलते थे, जिस वजह से उसे सलीमगढ़ के क़िले में बीस वर्षों तक नज़रबन्द रखा गया। इस तरह औरंगज़ेब के व्यक्तित्व में विरोधाभास भी झलकता है।

लेकिन यह भी ज़िक्र मिलता है कि एक बार ईरान के शहज़ादे मिर्ज़ा फ़रूख ने शहंशाह औरंगज़ेब को क़ता के मिसरे की एक पंक्ति भेजते हुए अनुरोध किया कि वह उसे अपने दरबारी शायरों से पूरा करवाकर भेज दें। उक्त मिसरे को पूरा करने मे जब सभी दरबारी शायर नाक़ामयाब रहे तो बादशाह ने उसे ज़ेबुन्निसा को देते हुए अगली पंक्ति सुबह तक लिखकर देने को कहा। इससे स्पष्ट होता है कि औरंगज़ेब अपनी बेटी की काव्यप्रतिभा से पूर्णतया वाक़िफ़ ही नहीं, क़ायल भी था और उसकी क़ाबिलियत पर आश्वस्त भी। इसलिए ज़ेबुन्निसा को नज़रबन्द करने के पीछे ख़ास वजह होगी जिसके चलते मज़बूरन उसे वैसा कठोर निर्णय लेना पड़ा। शायद शहज़ादी को किसी सिपहसालार से मुहब्बत थी, पर बादशाह को यह पसन्द नहीं था, होता भी कैसे—शाही ख़ानदान का रीति-रिवाज, प्रतिष्ठा और उसूल के ख़िलाफ़ बात थी। औरंगज़ेब के सभी पुत्र और पौत्र शहज़ादा अज़ीमुश्शान (जिसने पटना की सूबेदारी के दौरान पटना को अज़ीमाबाद का नाम दिया और उसे दिल्ली की तर्ज़ पर तहज़ीब, शेरोसुख़न और मौसीक़ी का मर्क़ज़ बनाने का सत्प्रयास किया तथा दूसरा पौत्र बेदारबख़्त भी अदब और मौसीक़ी में दिलचस्पी रखता था। औरंगज़ेब का पुत्र शहज़ादा मुअज़्ज़म का बेटा मोईजुद्दीन जहाँदारशाह भी ध्रुपदप्रेमी था।

शहज़ादी ज़ेबुन्निसा मख़्फ़ी

ज़ेबुन्निसा परले दर्जे की ख़ुद्दार (स्वाभिमानी) और स्वतन्त्र विचारों वाली औरत थी। शायद यही वजह है कि अपने पिता का जब-तब कोपभाजन उसे बनना पड़ता था।

ईरान के शाह अब्बास के पुत्र शहज़ादे मिर्ज़ा फ़र्रूख से ज़ेबुन्निसा के निकाह की बात चली थी। शहज़ादे को दावत पर बुलाया गया। ज़ेबुन्निसा ने शहज़ादे को देखने की ख़्वाहिश ज़ाहिर की थी। बातचीत के दौरान मिर्ज़ा फ़र्रूख ने उससे एक ऐसी मिठाई माँगी जिसके मायने बोसा (बोसः) यानी चुम्बन भी होता है। ज़ेबुन्निसा को शहज़ादा की यह माँग नागवार गुज़री। लिहाज़ा उसने मिर्ज़ा से मुआफ़ी माँगते हुए शादी से इनकार कर दिया।

शहज़ादी ज़ेबुन्निसा में प्रचण्ड आत्मविश्वास और अदम्य नैतिक बल था। मानिनि शहज़ादी ने अपनी पूरी ज़िन्दगी अविवाहित एकाकीपन में काट दी।

एक बार क़िले की छत पर वह हवाख़ोरी करती हुई चिन्तन में निमग्न थी कि लाहौर के सूबेदार आदिल ख़ाँ की निग़ाह उस पर पड़ी। शायरा ज़ेबुन्निसा से मुख़ातिब होकर उसने एक शेर अर्ज़ किया, 'सुर्ख़ पोशेबा लबे-बाम नज़र भी आयंदा' (गुलनार वस्त्रों में महल की छत पर एक हसीना नज़र आ रही है।)। बिना एक पल गँवाये ज़ेबुन्निसा ने यह शेर कहते हुए पासा पलट दिया, 'ना बनरी, न बजोरे,

न बहार भी आयंदा' (न सोने की चमक से उसे जीता जा सकता है।) बग़ावत पर आमादा पूरी ज़िन्दगी ज़ेबुन्निसा 'मख़्फ़ी' ग़म के आँसू के घूँट पीती रही।

महत्त्वाकांक्षा, आत्मविश्वास, समझौता नहीं करना और काव्य एवं संगीतानुराग–ये गुण उसे अपने वालिद से ही तो विरासत में मिले थे। पिता से द्रोह औरंगज़ेब ने भी अपनी महत्त्वाकांक्षा की परिपूर्ति के लिए किया था। पुरुष होने के कारण अपनी महत्त्वाकांक्षा को पूरा करने में वह सफल रहा, पर नारी होने की वजह से ज़ेबुन्निसा अपनी महत्त्वाकांक्षा की परिपूर्ति में नाकामयाब रही। इसे विधि की विडम्बना ही कहेंगे।

अठारह वर्षों तक औरंगज़ेब का पालन-पोषण अन्तःपुर में हुआ, जहाँ का माहौल मौसीक़ी के रंग में रँगा और सुवास से भीगा रहता था। भगवती प्रसाद पंसारी लिखते हैं, "अन्तःपुर में अनेक गायिकाएँ थीं और औरंगज़ेब की देख-रेख के लिए एक सुघड़ संगीत प्रशिक्षिका थी। उस काल में मुग़ल शहज़ादी-शहज़ादों को संगीत और काव्य का ज्ञान होना अनिवार्य था। अंतःपुर में वह ध्रुपद संगीत का आनन्द उठाता था, जहाँ मंगलामुखियाँ (कलावन्त तवायफ़ें) ध्रुपदगान करती थीं :

ध्रुपद राग आसावरी-ताल चौताल

"परमज्ञान गुननिधान औरंगज़ेब,
मेरी तो कही हू न मानत!
कैंधों मेरो भागिन हू को दोष,
ऐसी दूती लूती सिखै देत कान।
तिहारी माया तें मोहू कै तौ,
घर आँगन भयो सहस कोष।"

ध्रुपद सुनने का औरंगज़ेब को नशा था और जिसे सुर ओ मौसीक़ी का नशा हो, वह भला मद्यपान क्यों करता और संगीत से नफ़रत कैसे कर सकता था? सुर का नशा सुरा से भी गाढ़ा और तेज़ असरदार होता है।

'द हिस्ट्री ऑफ़ औरंगज़ेब' में सर यदुनाथ सरकार लिखते है', "...उसने दरबार में संगीत बन्द करवा दिया था, पर उसके यहाँ नौबत बजती थी।" ऐसा लिखकर यदुनाथ सरकार ने कुंजी थमायी मेरे जैसे लोगों को जिन्होंने औरंगज़ेब के संगीतप्रेम पर प्रकाश डालने की चेष्टा की है। स्पष्ट है कि यदि उसे संगीत प्रिय नहीं होता तो राजप्रासाद के नौबतख़ाने में शहनाई और नक़्क़ारा यानी नौबत न बजता। राजमहल के नौबतख़ाने में इन वाद्यों का बजना पूर्णतया भारतीय परम्परा

और रिवाज है जिसका निर्वाह औरंगज़ेब के शासनकाल में भी होता था। नौबत बजना भारतीय परम्परा में शुभसूचक यानी मांगलिक माना जाता है। साथ ही यह सल्तनत के वैभव का भी द्योतक है। मुग़लों ने हिन्दू रीति-रिवाजों से परहेज़ नहीं करके उसे अपनाया, जैसे पान ख़ान इत्यादि। यह उनकी उदारता, सहिष्णुता, सुरुचि सम्पन्नता और दूरदर्शिता (हिन्दुस्तान में शासन करना है तो हिन्दुओं के रीति-रिवाजों से परहेज़ कैसा।) का परिचायक है।

औरंगज़ेब के संगीतप्रेम पर इतालवी यात्री निकोलाई मनुश्शी या मनुक्की के यात्रा-वृत्तान्त से भी प्रचुर प्रकाश पड़ता है। मनुश्शी ने मुग़ल हरम में होने वाले रागरंग-आमोद-प्रमोद-रतिरंग का पूरा ब्योरा पेश किया है। उसने अपनी पुस्तक *स्टोरिया द मोगोर* में लिखा है, "औरंगज़ेब अन्तःपुर में बेगमों और मंगलामुखियों के साथ संगीत का लुत्फ़ उठाता था।" मुग़ल हरम में होने वाले रागरंग का बड़ा ही रंगीन और रोचक चित्रण मनुश्शी ने किया है। मुग़ल हरम में उसका जाना-आना था। कुछ अरसे तक वह औरंगज़ेब की सेवा में भी रहा। औरंगज़ेब उससे बहुत प्रभावित था और उसे पसन्द करता था।

औरंगज़ेब ने दरबार में संगीत पर प्रतिबन्ध क्यों लगाया, इस सन्दर्भ में *खुलासतुल-ऐश-आलमशाही* और *मिरात-ए-आफ़ताबनुमा* में एक प्रसंग का उल्लेख किया गया है। नौरोज़ के जश्न के दिन थे—शहंशाह शाहजहाँ संगीतसुधा का पान करने में मशगूल था। इस अवसर पर अमीरुलउमरा अली मर्दान ख़ाँ, दाराशिकोह, औरंगज़ेब के साथ मुर्शीद कुली ख़ाँ दरबार में उपस्थित थे। गायकों में सेनिया लाल ख़ाँ अपने चारों पुत्रों, यथा—ख़ुशहाल ख़ाँ, बिसराम ख़ाँ, रंग ख़ाँ और किसन ख़ाँ के साथ दरबार में विराजमान थे—जगन्नाथ कविराय मृदंग लिये बैठे थे शाहजहाँ ने लाल ख़ाँ की ओर संकेत किया और जगन्नाथ कविराय ने मृदंग पर थाप लगायी।

सामन्तों में मुर्शीद क़ुली ख़ाँ का रुतबा उस समय ऐसा था कि वह जिस शहज़ादे का साथ देता, वही बादशाह बनता। शाहजहाँ अपने ज्येष्ठ पुत्र शहज़ादा दाराशिकोह को गद्दी का वारिस बनाना चाहता था। बादशाह की दिली ख़्वाहिश थी कि दारा मुर्शीद क़ुली ख़ाँ के साथ रहे। इधर वजीरेआला ख़ाँ की चाहत थी कि मुर्शीद क़ुली ख़ाँ और दाराशिकोह में गठबन्धन न होने पावे। वह चाहता था कि मुर्शीद क़ुली ख़ाँ मौजूदा राजनीतिक परिदृष्य से हटकर औरंगज़ेब के साथ दक्कन चला जाये। पर यह चाहत पूरी कैसे हो?

शाहजहाँ के चार बेटों में शहज़ादा शुज़ा और मुराद मद्यप तथा विलासी

थे। जहाँ तक दाराशिकोह और औरंगज़ेब का सवाल है तो दारा निःसन्देह चारों भाइयों में सबसे अधिक आलिम फ़ाजिल, फ़ारसी और संस्कृत का उद्भट विद्वान था। वह अध्ययनशील और विद्वानों की सोहबत में रहता था। उसने रामायण और उपनिषदों का फ़ारसी में तर्जुमा करवाया। वह संगीतप्रेमी भी था। हमेशा विद्वत्मण्डली के सत्संग में ही उसका समय कटता था।

पर राजपाट चलाने की योग्यता दाराशिकोह की तुलना में औरंगज़ेब को अधिक थी। अपने भाइयों में औरंगज़ेब सबसे अधिक कुशाग्र बुद्धिवाला, चतुर, कर्मठ, योद्धा, राजनीतिक सूझबूझ रखने वाला राजकाज चलाने के मामले में अत्यन्त ही पटु, साथ ही विद्याव्यसनी और उत्कृष्ट संगीतप्रेमी ही नहीं अपितु कुशल बीनकार भी था। इन समस्त गुणों के बावजूद शाहजहाँ उसे पसन्द नहीं करता था। शहंशाह अपने चारों पुत्रों में सबसे अधिक दाराशिकोह को ही चाहता था—उसे ही वह तख़्त का वारिस बनाना चाहता था। इस बात से औरंगज़ेब पूरी तरह वाक़िफ़ था। इसलिए उसकी मौजूदगी में दारा को अपना उत्तराधिकार सौंपना शाहजहाँ के लिए मुमकिन नहीं था।

औरंगज़ेब को किनारे लगाने के लिए साज़िश रची जाने लगी। यह काम अली मर्दान ख़ाँ ने बख़ूबी किया। उसकी ख़्वाहिश थी कि दारा यदि तख़्त का वारिस बनता है तो मुर्शीद क़ुली ख़ाँ उसके साथ न रहे। इसे ध्यान में रखकर षड्यन्त्र की योजना बनी जिसे अंज़ाम देने के लिए ख़ुशहाल ख़ाँ और बिसराम ख़ाँ को मोहरा बनाया गया। दोनों गायकों ने एक-एक लाख रुपये की माँग की। सौदा पक्का हुआ और दस्तावेज़ (हुक्मनामा) तैयार किया गया। इस हुक्मनामा के मुताबिक़ मुर्शीद क़ुली ख़ाँ (जिसे अली मर्दान ख़ाँ अपने लिए ख़तरनाक समझता था) को औरंगज़ेब के साथ दक्कन जाना तय किया गया, जबकि बादशाह का इरादा था कि मुर्शीद क़ुली ख़ाँ दारा के साथ रहे।

लाल ख़ाँ ने मियाँ की तोड़ी में अपने बेटों की संगति में गायन प्रारम्भ किया—ध्रुपद के अस्थाई के बोल थे, "आज नौरोज नयो रोज कर दिखाओ, इन्द्रनरलोक बनाओ।" तोड़ी शाहजहाँ का सबसे पसन्दीदा राग था जिसे सुनकर वह अपनी सुध-बुध खो बैठता था। ऐसे में शाहजहाँ से किसी बात पर हाँ कराया जाना आसान था।

इस बोल को ख़ुशहाल ख़ाँ और बिसराम ख़ाँ ले उड़े। दोनों भाइयों ने तोड़ी की ऐसी दिलकश पेशकश की कि बादशाह होश गवाँ बैठा। ऐसी नीमबेहोशी की हालत में अली मर्दान ख़ाँ ने मौक़े का फ़ायदा उठाते हुए ख़ास मक़सद से तैयार

शहज़ादा दाराशिकोह

शहज़ादा दाराशिकोह

शहज़ादा दाराशिकोह अपनी बेगम रानादिल के साथ

किया गया हुक्मनामा दस्तख़त के लिए शहंशाह के सम्मुख रख दिया। अमीरुल उमरा की साज़िश रंग लायी, पेश किये हुक्मनामा के दस्तावेज़ पर आत्मविस्मृति की हालत में शाहजहाँ ने दस्तख़त कर दिये। इस तरह सूबेदार के रूप में औरंगज़ेब के साथ मुर्शीद क़ुली ख़ाँ को दक्षिण कूच करना पड़ा। दाराशिकोह की बादशाहत पक्की हो गयी। संगीत की सम्मोहिनी विस्मयकारी शक्ति का प्रभाव औरंगज़ेब ने ख़ुद अपनी आँखों से देखा। इसलिए वह सतर्क हो गया।

चारों पुत्रों में शाहजहाँ अपनी तीसरी सन्तान औरंगज़ेब को नापसन्द करता था। यहाँ तक कि अपने कनिष्ठ पुत्र शहज़ादा मुराद को पत्र लिखकर बादशाह ने कहा कि अगर औरंगज़ेब को वह मौत के घाट उतार देता है तो उसे बादशाह बना दिया जायेगा। ऐसे में औरंगज़ेब अपने पिता के प्रति स्नेह भाव कैसे रखता। पते की बात है कि दाराशिकोह को छोड़कर शाहजहाँ के दोनों बेटे शुज़ा और मुराद ने भी बाप के ख़िलाफ़ औरंगज़ेब का साथ दिया।

औरंगज़ेब अगरचे चाहता तो शाहजहाँ को फाँसी पर लटकवा सकता था, पर अजातशत्रु की तरह वह पितृहन्ता नहीं बना बल्कि पिता को नज़रबन्द करके उसने हर तरह की सुविधा कारावास में मुहैया करायी। इतना ही नहीं, दाराशिकोह को छोड़कर अपने दोनों भाइयों—शुज़ा और मुराद को भी नहीं मरवाया। दारा के बारे में उसने अपने वज़ीरों से राय ली। बर्नियर के आश्रयदाता दानिशमन्द ख़ाँ ने दारा की प्राणरक्षा की सिफ़ारिश की। लेकिन शाइस्ता ख़ाँ मोहम्मद अमीन ख़ाँ और औरंगज़ेब की छोटी बहन रोशनआरा ने दारा को सज़ा-ए-मौत देने की सिफ़ारिश की। सभी इस्लामी गुरुओं ने दारा को मृत्युदण्ड देने का समर्थन किया। शाही गद्दी हथियाने के लिए किये गये असफल प्रयास बतौर सजा उस समय का क़ानून मृत्युदण्ड देता था। इस तरह दाराशिकोह को दिया गया मृत्युदण्ड केवल औरंगज़ेब के प्रतिशोध की भावना नहीं कही जा सकती न ही, उसे दुराग्रहपूर्ण कहा जा सकता है। यह दीगर बात है कि अपनी राह का काँटा दारा को हटाने में उसकी दिलचस्पी तो थी, पर उसे मृत्युदण्ड देने के मामले में निर्णय लेने में उसने हावी होकर ज़ोर-ज़बरदस्ती नहीं की। राजनीति में उसकी सूझबूझ और पटुता तथा समझदारी का यह परिचायक है—यह स्पष्ट प्रमाण है कि वह निरंकुश शासक नहीं था।

बाद में जब औरंगज़ेब को दक्कन भेजने वाली साज़िश का राज़ खुला तो गायकों को दण्ड मिला। किन्तु औरंगज़ेब ने गद्दी पर बैठते ही ख़ुशहाल ख़ाँ का विशेष ख़याल रखना शुरू कर दिया। औरंगज़ेब उसकी बड़ी क़द्र करता था।

उसके संगीतप्रेम की यह भी एक मिसाल है कि ख़ुशहाल ख़ाँ सरीखे कलावन्त की वह इज़्ज़त करता रहा।

सन् 1658 ई. में वह राजगद्दी पर बैठा। दरबार में संगीत का असर कितना ख़तरनाक हो सकता है, यह वह देख चुका था। लिहाज़ा उसने 1669 ई. में यानी गद्दीनशीं होने के ग्यारह साल बाद आदेश दिया कि संगीतकार दरबार में बादशाह को सलाम करने आ सकते हैं पर गा-बजा नहीं सकते। इस तरह दरबार में गाने-बजाने पर प्रतिबन्ध लग गया।

'मआसिरे आलमगीरी' में लिखा है, "औरंगज़ेब ने दरबार के प्रमुख गायक ख़ुशहाल ख़ाँ, बिसराम ख़ाँ, और रसबैन ख़ाँ को दरबार में आने की इजाज़त तो दी पर उन्हें वहाँ गाने से मना कर दिया। लेकिन ख़ुशहाल ख़ाँ और अन्य गायकों को तीन हज़ार रुपये, चालीस जोड़े ख़िलयत के दिये जाते रहेंगे?" ऐसा आदेश उसने निर्गत किया।

अन्तःपुर के जिस सांगीतिक माहौल में औरंगज़ेब का लालन-पालन हुआ, वह उसके संस्कार में रच-बस गया था। संगीतरसिक औरंगज़ेब और राजनीतिक महत्त्वाकांक्षी औरंगज़ेब में द्वन्द्व चलता रहता था जिसके फलस्वरूप दरबार तो संगीतविहीन हो गया किन्तु अन्तःपुर की सांगीतिक गतिविधियों और रागरंग पर उसने रोक नहीं लगायी। इसके पीछे स्त्रीशक्ति का हाथ था जिसके समक्ष वह बेबस रहता था–नवाब बेग़म के चलते हरम में संगीत-प्रदर्शन पर रोक नहीं लगा सका। अन्तःपुर में अपनी संगीतपिपासा वह बुझाता रहा।

हुक्मनामा पर शाहजहाँ का दस्तख़त और शाही मुहर लग जाने पर औरंगज़ेब के साथ मुर्शीद क़ुली ख़ाँ को दक्कन जाना पड़ा (It was a boon in disguise)। दक्कन के रास्ते धौलपुर की सरहद में औरंगज़ेब की फ़ौज का प्रवेश हो चुका था। चम्बल के किनारे शाही छावनी का पड़ाव था–उस बियाबान जंगल में मंगल होने लगा–छावनी के बाहर नफ़ीरी और नक़्क़ारा बज रहे थे। शाम की सुहानी फ़िज़ा में राग 'पूरिया धनाश्री' के मन्द मन्थर मनभावन स्वर गूँज रहे थे। इससे सिद्ध होता है कि औरंगज़ेब किस क़दर संगीत में डूब जाता और रस लेता था।

नक़्क़ारे के सम पर जब-तब औरंगज़ेब की गरदन हिल उठती थी। सहसा उसे ज़ैनाबादी (हीराबाई) की याद आ गयी। धुँधली यादों के कुहासे से हीराबाई यानी ज़ैनाबादी की तस्वीर आहिस्ता-आहिस्ता उसकी आँखों के सामने उभरकर छाने लगी–हीराबाई को वह भुला नहीं पाया था–हीराबाई के नृत्य-संगीत और उसकी शोख़ अदाओं पर वह क़ुर्बान हो जाता था। जब भी संगीत के स्वर उसके

कानों में पड़ते, हीराबाई की छवि दिलोदिलाग़ में उभरकर जीवन्त हो उठती थी। सहसा उसकी पलकों के सामने उस सब्ज़बाग़ जिसमें हीराबाई के साथ बिताये रंगीन लम्हों की तस्वीर खिंच जाती और उसे निर्निमेष देखते हुए वह खो जाता।

औरंगज़ेबनामा के अनुसार राज्याभिषेक के उत्सव में औरंगज़ेब ने शायरों और फ़नकारों को खुलकर इनाम-इक़राम दिया था। नौरोज़ के दिनों में महफ़िलें जमती थीं। *मआसिरे आलमगीरी* के मुताबिक़ एक बार मशहूर संगीतज्ञ मिर्ज़ा मुक़रर्म सफ़वी से बादशाह ने कहा, "मैं बग़ैर मज़ामीर (बाँसुरी) के गाना नहीं सुन सकता, ख़ासतौर से जब पखावज बज रहा हो।" इससे विदित होता है कि औरंगज़ेब संगीत की बारीक़ियों से पूरी तरह वाक़िफ़ था।

औरंगज़ेब ब्रजभाषा में पदों की रचना करता था—उसकी मुद्रा से अंकित ध्रुपद की दो बन्दिशें मुझे मिली हैं जो उद्धृत की जा रही हैं। दोनों नायिका-प्रसंग से जुड़ी हैं जिससे पता चलता है वह नायिका-भेद से पूर्णतया अवगत था—वह कितना रसिक मिज़ाज था, यह भी इन बन्दिशों से ज़ाहिर होता है। दोनों बन्दिशें मेरे संग्रह में उपलब्ध हैं।

प्रस्तुत ध्रुपद राग मालश्री (यह राग तीन और चार स्वरों का मिलता है, और दोनों ही प्रकार प्रचलित है।) और ताल उसूलेफ़ाख़्ता (सूल ताल) में निबद्ध है। राग और ताल, दोनों ही जटिल और क्लिष्ट हैं जिसमें बन्दिश रचना दर्शाता है कि औरंगज़ेब की कितनी गहरी पैठ और पकड़ रागों और तालों में थी। औरंगज़ेब द्वारा रचित ध्रुपद की बन्दिशों और अन्य बन्दिशें जो इस शोध-प्रबन्ध में उद्धृत की गयी हैं, वे सारी बन्दिशें संगीत के विद्धानों (Musicologists) द्वारा प्रामाणिक मानी जा चुकी हैं।

ध्रुपद राग मालश्री—ताल उसूलेफ़ाख़्ता (सूल ताल)

"अब घरी आवत है लाल माई री अवधि को दिन आज।
वेग प्रफुल्लित सुगन्ध मिली मंजन करि करि,
आभूषण वसन बनाय, पैहरैं प्यारी,
जबहि अरगजा भेटत लगाए,
तब होवे मन भावतो काज ॥
यह देखो आई गये मनमोहन बलमा,
अन्तरजामी स्वामी कवन वरन कारन,
विरहिनी तेरे अनगन,

मानो पतितन के दीनों सुख समाज ॥
साहि औरंगज़ेब लीनी गरै ही लगाय प्रेम पगाई,
कीनी निहाल तोहै नाल,
दीनो डिढ सुहाग भाग आनन्द राज ॥"

दूसरी बन्दिश है :

ध्रुपद राग केदार–ताल चौताल

"तैं तो आपुही मै बनाई अनुपम चौपरि ऐ।
रूपजोवन गुण वनिक विसाति माघ वसीकरण
घर कीनौ फुनि दीनौ त्रविधि कटाछि पाँसे करि।
तौ सुभ दाँव पतनु तोही कौ फुरेरी औरनि के,
चौक चाक बाँछि चतुर बतियाँ कीनी जाहिते पूजी सार।
सौतिनि सों बाजू पीअ प्रीति लीनी,
साहि औरंगज़ेब रीझि रुचि सौ कंठ लगाई भुजभर ॥"

औरंगज़ेब द्वारा रचित ध्रुपद की दोनों बन्दिशें रीतिकालीन काव्य-सौष्ठव और सांगीतिक रचना की उत्कृष्टता की दृष्टि से ध्रुपद संगीत की बहुमूल्य थाती है। इन बन्दिशों में काव्य-सौन्दर्य और संगीत की बारीकियों का निदर्शन बख़ूबी हुआ है। दोनों बन्दिशें इस बात की साक्षी हैं कि औरंगज़ेब उच्च कोटि का बन्दिशकार, वाग्येकार और संगीतशास्त्र का ज्ञाता था।

क़रीम नामक एक संगीतकार की बन्दिश 'राग आसावरी धीमा तिताले' में मिलती है जिसमें 'दरबार मौनदीन' का उल्लेख मिलता है। मुझे लगता है कि मौनदीन मुद्दीउद्दीन का अपभ्रंश है–मुद्दीउद्दीन, मोहम्मद औरंगज़ेब हो सकता है, बादशाह औरंगज़ेब के गुणानुवाद में 'दरबार मौनदीन' का उल्लेख बन्दिशकार ने किया है :

ध्रुपद राग आसावरी–ताल धीमा तिताला

"देखिए दरबार मौनदीन को,
दीनन नियामत ही भए,
जो तो ही ध्यावत ते फल पावत,
ऐसो रहम क़रम तुमो 'क़रीम' ही करेगा।"

आलमगीर न केवल ध्रुपदों का बन्दिशकार था, अपितु कुशल वैणिक यानी

बीनकार भी था। ऐसा मुझे समकालीन कई ध्रुपदिए, बीनकारों, जैसे—रहीम फ़हीमुद्दीन डागर, ज़िया मोहिउद्दीन डागर, ज़िया फ़रीदुद्दीन डागर तथा असद अली ख़ाँ ने बताया। आचार्य बृहस्पति भी इस बात की पुष्टि करते थे कि औरंगज़ेब वीणावादक था।

अपनी पुस्तक *द हिस्ट्री ऑफ़ मेडिवल इण्डिया* में सतीशचन्द्र लिखते हैं, "औरंगज़ेब कुशल वीणावादक था। दरबार में संगीत पर प्रतिबन्ध तो उसने लगाया था, पर शाही हरम में बेगमों द्वारा सांगीतिक गातिविधियाँ जारी रहीं। इन गतिविधियों में वह शरीक़ होता और संगीत का आनन्द उठाता था।"

मेरी एक साध्वी (Spiritual lady) से मुलाक़ात हुई। उन्होंने इस बात का रहस्योद्घाटन किया कि उनके ध्यान में तीन मुस्लिम आत्माएँ आयी थीं—हज़रत मुहम्मद साहब, शहंशाह अकबर और औरंगज़ेब। औरंगज़ेब की आत्मा से साध्वी जी को इस बात की जानकारी मिली कि वह बीनकार और संगीत का ज्ञाता था। हालाँकि इस साक्ष्य का तार्किक आधार नहीं है। किन्तु आत्मा-परमात्मा, योनि और पुनर्जन्म में यदि विश्वास हम करते हैं तो इस तरह की जानकारी का भी आधार बनता है। आत्मा-परमात्मा और योनि का अस्तित्व वैज्ञानिक रूप से भी स्वीकारा जा चुका है। इसलिए साध्वी की बातों को एकदम से नकारा नहीं जा सकता है।

अन्य मुग़ल शहंशाहों की भाँति औरंगज़ेब के दरबार में भी कलावन्तों को उच्च स्थान प्राप्त था। ध्रुपदकारों और बीनकारों की वह क़द्र करता था। मुग़ल बादशाहों में मौसीक़ी से लगाव अमूमन सभी रखते थे, पर औरंगज़ेब संगीत से लगाव ही नहीं रखता था, बल्कि वह ख़ुद फ़नकार था।

औरंगज़ेब के राज्यकाल में संगीत, ललितकलाएँ, काव्य, शेरोशायरी, हिन्दू दर्शन आदि विषयों पर अनेक मानक ग्रन्थ लिख गये। इस बात की पुष्टि इतिहासकार सतीशचन्द्र करते हैं। मिर्ज़ा मुहम्मद इब्ने फ़ख़रुद्दीन मुहम्मद द्वारा 'तुहफ़त-अल-हिन्द' लिखा गया। इस फ़ारसी कृति में विविध विषयों पर कई अध्याय हैं जिनमें संगीत, श्रृंगार रस, काव्य, पिंगलशास्त्र एवं कोकशास्त्र (कामशास्त्र) पर अलग से एक-एक परिच्छेद है। मिर्ज़ा मुहम्मद इब्ने फ़ख़रुद्दीन मुहम्मद बादशाह औरंगज़ेब का दरबारी था। ज़ाहिर है, अगरचे बादशाह संगीत काव्य आदि विषयों में दिलचस्पी नहीं रखता तो ऐसा बृहद ग्रन्थ लिखने की इजाज़त ही नहीं देता। बग़ैर शाही इजाज़त के एक दरबारी का इस तरह से लिखने का साहस करना सम्भव नहीं था। शहंशाह औरंगज़ेब के शासनकाल में कुकल्तश ख़ाँ की सलाह से मिर्ज़ा मुहम्मद ने यह ग्रन्थ शहज़ादा मुहम्मद मोईजुद्दीन

जहाँदारशाह के लिए लिखा।

औरंगज़ेबकालीन इस महत्त्वपूर्ण ग्रन्थ की महत्ता पर सबसे पहले प्रकाश डालने वाले सर विलियम जोन्स थे। पर विद्धानों ने सर जोन्स के प्रयास पर ध्यान नहीं दिया। ख़ुदाबक़्श ओरियण्टल लाइब्रेरी, पटना में उपलब्ध इस महत्त्वपूर्ण फ़ारसी ग्रन्थ का मुआयना मैंने ख़ुद किया है। मेरा मानना है कि संगीत और उससे सम्बद्ध विषयों में ऐसे मानक ग्रन्थ का औरंगज़ेब के शासनकाल में लिखा जाना यह दर्शाता है कि संगीत, काव्य, रस और सौन्दर्यबोधपरक विषयों में शहंशाह की कितना गहरा रुझान था।

औरंगज़ेबकालीन *तुहफ़त-अल-हिन्द* का अध्याय 4 शृंगार यानी रसराज पर विस्तार से लिखा गया है। अध्याय 5 में संगीत विषयक शास्त्रीय पक्ष की विशद विवेचना है और अध्याय 6 कामशास्त्र पर आधारित है। इसके अतिरिक्ति एक अध्याय काव्य और पिंगलशास्त्र पर है। ज़ाहिर है, ये सभी विषय संगीत से सम्बद्ध और परस्पर जुड़े हैं। औरंगज़ेब आलमगीर का मौसीक़ी में रुझानात का इससे बढ़कर लिखित प्रमाण क्या हो सकता है। संगीत से नफ़रत और उस पर प्रतिबन्ध लगाने का सवाल कहाँ उठता है? राजनीतिक कारणों से केवल दरबार में नाच-गाना बन्द करवाया गया। जिस मुद्दे पर विस्तार से चर्चा की जा चुकी है। आगे की चर्चा जारी रहेगी।

प्रमाणों के आधार पर इस तथ्य का खुलासा होता है कि औरंगज़ेब हिन्दुओं के प्रति अनुदार और असहिष्णु नहीं था, जबकि मराठी के उपन्यासकार नागनाथ ईनामदार ने औरंगज़ेब के जीवन पर आधारित अपने उपन्यास 'शहंशाह' में शहंशाह को कट्टर धर्मान्ध के रूप में ही चित्रित किया है। पर उपन्यास, उपन्यास होता है, हक़ीक़त नहीं। कभी-कभार मुल्ला-मौलवियों (जो उन दिनों मुस्लिम समाज का सशक्त वर्ग था) के प्रभाव में औरंगज़ेब हिन्दुओं के प्रति अनुदार होने का स्वाँग करता था पर औरंगज़ेब का हिन्दुओं के प्रति असहिष्णुता होने के सन्दर्भ में आप जिजिया कर लगाने का दृष्टान्त दे सकते हैं। इस सम्बन्ध में निराकरण स्वरूप आगे खुलासा किया जायेगा।

धर्म में राजनीति के मिश्रण का वह घोर विरोधी था। बर्नियर लिखता है, "औरंगज़ेब ने अपने शिक्षक (Tutor) को इस बात के लिए लताड़ा था कि वह संकीर्ण दृष्टि और विचार रखता था।" बर्नियर के यात्रा-वृत्तान्त और कथन का हवाला विस्तार से हम पिछले पृष्ठों पर दे चुके हैं।

पटना स्थित ख़ुदाबक़्श ओरिण्टल लाइब्रेरी द्वारा प्रकाशित बी.एन. पाण्डे

की पुस्तक *इस्लाम एण्ड कल्चर* में औरंगज़ेब के अनेक फ़रमानों का ज़िक्र है जिनमें प्रमाणित होता है कि वह कट्टरपन्थी नहीं था। *'भारत में अंग्रेज़ी राज'* नामक पुस्तक में सुन्दर लाल ने औरंगज़ेब के कई दानपत्रों का उल्लेख किया है जो मन्दिरों-मठों के पुजारियों और महन्तों को दिये गये थे।

औरंगज़ेब धर्मान्ध नहीं, धर्मपरायण था। यह ठीक है कि उसने मन्दिर-मठ तुड़वाये। पर यह आज भी सत्य है कि मन्दिरों-मठों को दान भी दिये। इतना ही नहीं, मन्दिरों का निर्माण भी करवाया। उदाहरणार्थ, जामा मस्जिद, दिल्ली के निकट गौरीशंकर मन्दिर जिसे औरंगज़ेब ने अपने प्रिय सिपहसालार अप्पा गंगाधर पर प्रसन्न होकर इष्टदेव के लिए बनवाया और चित्रकूट स्थित बालाजी का मन्दिर।

अप्पा गंगाधर ने न केवल सेनापति की हैसियत से मुग़ल सेना को विजयी बनाया बल्कि रणनीति के निर्माण में वह बादशाह का प्रमुख सलाहकार हुआ करता था। औरंगज़ेब का वह अत्यन्त वफ़ादार और प्रियपात्र था। अपने प्रिय सिपहसालार की भावना की क़द्र करते हुए बादशाह ने उसके लिए गौरीशंकर मन्दिर का निर्माण करवाया था। ऐसा करना हिन्दुओं के प्रति उदारता, सहिष्णुता और सम्मानभाव प्रदर्शित करने का परिचायक है (एयर इण्डिया की पत्रिका 'स्वागत', दिसम्बर अंक, 2007 में प्रकाशित फ़िरोज़ बख़्त का आलेख 'Culture Cocoon' से साभार)। चित्रकूट में बादशाह द्वारा बनवाये गये बालाजी मन्दिर का विवरण आगे प्रस्तुत किया जायेगा।

गया के विष्णुपद मन्दिर के महन्त के पास शहंशाह औरंगज़ेब द्वारा प्रदत्त दानपत्र की प्रति देखी जा सकती है। वास्तव में औरंगज़ेब एक भावुक हृदय संवेदनशील प्राणी था। पर उसकी राजनीतिक महत्त्वाकांक्षा अपार थी जिसके चलते कट्टरपनता का चोग़ा उसे जब-तब धारण करना पड़ता था। दरबार में संगीत का बहिष्कार तथा कुछेक मन्दिरों को तुड़वाना इसी का परिणाम था। पर यह भी हक़ीक़त है कि उसने मस्जिद भी तुड़वायी। गोलकुण्डा की ध्वस्त की गयी मस्जिद इसका प्रमाण है। दरअसल वह परले दर्जे का शक्की था। यहाँ तक कि अपने पुत्र, पुत्रियों और परिवार के अन्य सदस्यों पर भी विश्वास नहीं करता था। जब भी उसे सूचना मिलती थी कि फलाँ मन्दिर, मठ या मस्जिद या शख़्स उसके ख़िलाफ़ षड्यन्त्र रच रहे हैं तो फ़ौरन उसे ख़त्म करने या कारावास में डाल देने का हुक्म दे डालता था।

सन् 1934 के इलाहाबाद उच्च न्यायालय के मुक़दमे के काग़जात से पता चलता है कि शहंशाह औरंगज़ेब मुसलमानों द्वारा किये गये अधिकृत क़ब्ज़े का घोर विरोधी था। गौहाटी स्थित उमानाथ मन्दिर के पुजारी सुदामा ब्राह्मण को

अन्तःपुर में औरंगज़ेब–बग़ल में उसकी बीन (वीणा) रखी है (1660 ई.)
साभार : मैडम ऑड्रे ट्रस्के की पुस्तक 'औरंगज़ेब : द मैन एंड द मिथ' से)

उसने काफ़ी ज़मीन और जंगल से प्राप्त आय का एक हिस्सा दान में दिया था।

उज्जैन स्थित महाकालेश्वर मन्दिर में चौबीस घण्टे घी का दीप जलाया जाता था। कुछ मुसलमान अधिकारियों द्वारा उस पर रोक लगाये जाने से मन्दिर के पुजारी की फ़रियाद पर बादशाह ने तुरन्त राहत पहुँचायी और चबूतरा कोतवाल के तहसीलदार को हुक्म दिया कि उस मन्दिर में दीप जलाने के लिए घी की व्यवस्था की जाये।

उज्जैन के महाकालेश्वर मन्दिर में प्रज्वलित 'अखण्ड दीप ज्योति' के बन्द हो जाने पर मिर्ज़ा राजा जयसिंह ने बादशाह का ध्यान आकृष्ट किया तो बादशाह ने कहा, "इसमें आदेश की क्या आवश्यकता है। हम बुतपरस्ती के ख़िलाफ़ हैं, मिर्ज़ा जी! ईश्वर-ख़ुदा के नहीं। आख़िर महाकालेश्वर मन्दिर भी तो इबादतख़ाना है।" और महाकालेश्वर मन्दिर की अखण्ड ज्योति के लिए चार गाँवों की जागीर मन्दिर के पुजारी को दी गयी। इस तरह कई उदाहरण हैं जिससे साबित होता है कि औरंगज़ेब सहृदय, सहिष्णु, ईमान का पक्का और धर्मपरायण मुसलमान शासक था।

सतारा के क़िले पर धावा बोलने पर तेरह व्यक्ति गिरफ़्तार किये गये जिनमें हिन्दू और मुसलमान दोनों ही शामिल थे। दरबारी क़ाज़ी अक़रम ने शहंशाह को सलाह दी कि दोषी हिन्दुओं को मुसलमान बना लिया जाये और दोषी मुसलमानों को तीन साल की क़ैद की सज़ा दी जाये। औरंगज़ेब ने यह कहकर मशविरे को ठुकरा दिया कि "सांसारिक मामलों में मज़हब का कोई स्थान नहीं होता है।"

एक मुसलमान अधिकारी मीर हसन ने दक्षिण भारत स्थित ब्रह्मपुरी क़स्बे को इस्लामपुरी कहकर सम्बोधित किया तो औरंगज़ेब ने उसे कड़ी फटकार लगायी। बादशाह ने जो भी धार्मिक क़दम उठाये, उन सबका एक ही मक़सद था अपनी गद्दी और सत्ता को मज़बूत करना। किन्तु इसमें वह नैतिक अनुशासन रखता था।

उस ज़माने में मन्दिर-मस्जिद राजनीतिक गतिविधियों का गढ़ होता था। वहाँ राजनीतिक साज़िश भी रची जाती थी। इसे मद्देनज़र रखते हुए औरंगज़ेब ने ऐसे मन्दिरों-मस्जिदों को तत्काल ध्वस्त करवा दिया। उसने उन्हीं मन्दिरों-मस्जिदों को तुड़वाया, जहाँ शाही सत्ता के विरुद्ध गतिविधियाँ चलती थीं। इस काम में वह हिन्दू-मुस्लिम का भेदभाव नहीं रखता था। इस तरह धर्म के मामले में उसकी approch पूर्णतया rational और secular था।

औरंगज़ेब पर ग़लत इल्ज़ाम लगाकर कतिपय इतिहासकारों ने उसके व्यक्तित्व और चरित्र का हनन करते हुए भ्रामक चित्रण किया है। यदि औरंगज़ेब को एक मुसलमान हुक्मरान के रूप में नहीं देखकर एक मुल्क के शासक के रूप

में देखा जाये तो बादशाह ने भारत के साम्राज्य को विशालतम बनाने का सपना देखा और उस दिशा में लक्ष्य की परिपूर्ति के लिए प्रयास किया। औरंगज़ेब की शाही सत्ता भारत को एकजुट रखना चाहती थी जबकि राजपूत, जाट, सिख और मराठा देश को अलग-अलग दरबों में बाँटकर देखते थे।

मराठों का यह हाल था कि जिस छत्रपति शिवाजी और शम्भा जी का इतना गुणगान किया जाता है, उनके विषय में यदुनाथ सरकार अपनी पुस्तक *The history of Aurangzeb* के पृष्ठ 310 पर लिखते हैं, "1703 ई. के बाद शिवाजी और शम्भाजी व्यापारियों और गाँवों को बिना हिन्दू-मुसलमान का भेदभाव किये लूटा करते और मुग़ल सेना के आते ही छुप जाते थे। दरअसल क्षेत्रीय क़बीले और शासक अपने निहित स्वार्थ की परिपूर्ति के लिए कुछ भी कर सकते थे।" मराठा, राजपूत, जाट, सिख—ये अलग-अलग क्षेत्रों में सिमटे एक भारत-एक देश और उसकी सम्प्रभुता की बात ही नहीं सोच सकते थे। वहीं औरंगज़ेब एक विशाल भारतीय साम्राज्य का सपना साकार करने में लगा था।

वस्तुतः औरंगज़ेब ने अशोक और अकबर से भी बड़े भारतीय साम्राज्य का मानचित्र और साम्राज्य दिया। अशोक का साम्राज्य तो एक ख़ास धर्म की लीक पर चलता था। औरंगज़ेब की अखिल भारतीय साम्राज्य को गठित करने की नीति को 'फूट डालो और राज करो' की कुटिल नीति पर चलने वाले अंग्रेज़ भला कैसे बर्दाश्त करते। इसलिए अंग्रेज़ों ने साज़िश के तहत औरंगज़ेब के रूप में एक ऐसे कट्टर मुसलमान बादशाह का चित्रण किया जिसमें उसे हिन्दू-विरोधी दिखलाकर उसके विरुद्ध हिन्दुओं की भावना को उभारने-उकसाने का कुत्सित प्रयास किया। ऐसा करने के पीछे अंग्रेज़ों का एकमात्र मक़सद था कि हिन्दू भावना को ठेस पहुँचे और वे उससे घृणा करने लगें। ऐसा करके अंग्रेज़ों ने हिन्दू-मुस्लिम मिल्लत में बाधा पहुँचायी और इस साज़िश में उन्हें सफलता भी मिली।

हिन्दुओं के प्रति औरंगज़ेब कितना उदार था, उसका प्रमाण प्रस्तुत दृष्टान्त से मिलता है। दक्षिण भारत के एक गाँव में किसी ब्राह्मण के घर से शिवलिंग चोरी हो गया। शैव होने के कारण ब्राह्मण ने बग़ैर शिवलिंग के पूजा और दर्शन किये अन्न-जल ग्रहण करना त्याग दिया। इस कारण ब्राह्मण मरणासन्न हो गया। उसकी पत्नी ने बादशाह से फ़रियाद की। बादशाह ने तुरन्त आदेश दिया कि चौबीस घण्टे के अन्दर अगर शिवलिंग बरामद नहीं किया गया तो गाँव के सभी लोगों और उस इलाक़े से सम्बद्ध पदाधिकारियों पर सख़्त कार्रवाई की जायेगी। परिणति, शिवलिंग ब्राह्मण को मिल गया।

ऐसे कई दृष्टान्त हैं जिससे बादशाह के औदार्य और प्रजावत्सलता के प्रमाण मिलते हैं।

अपने शासनकाल के 27 साल औरंगज़ेब ने दक्षिण भारत में गुज़ारे। ग़ौरतलब है कि इस समयावधि में एक भी हिन्दू मन्दिर विनष्ट नहीं किया गया। उसने कई मन्दिरों-मठों को जागीर और दान दिये जिनमें उल्लेखनीय है, इलाहाबाद का सोमेश्वरनाथ महादेव मन्दिर, बनारस स्थित काशी विश्वनाथ मन्दिर, गुवाहाटी का उमानाथ मन्दिर (जिसका उल्लेख पहले किया जा चुका है।), शत्रुजयी स्थित जैन मन्दिर, देव (औरंगज़ेब बिहार) स्थित सूर्य मन्दिर तथा उत्तर और पूर्वी भारत के अन्य कई मन्दिर और गुरुद्वारे जिनमें गया का विष्णुपद मन्दिर भी है, जिसका उल्लेख पहले किया जा चुका है।

वरिष्ठ पत्रकार भारत डोगरा अपने आलेख 'जब मुसलमानों ने मन्दिर, हिन्दुओं ने मस्जिद बनवायी' में लिखते हैं, ''एक मुसलमान शासक ने चित्रकूट में बालाजी के मन्दिर के लिए 330 बीघे की करमुक्त ज़मीन की व्यवस्था की जिसका दस्तावेज़ अब तक मन्दिर में मौजूद है। इसी तरह के दस्तावेज़ प्रयाग, गुवाहाटी, उज्जैन, वाराणसी और गया के मन्दिरों में भी मिलते हैं। यह मुस्लिम शासक और कोई नहीं, औरंगज़ेब आलमगीर था।

हिन्दू कट्टरपन्थी संगठन यह शिकायत करते हैं कि मुस्लिम शासक हिन्दू धर्म और संस्कृति से दूर रहे। क्या इन्होंने काश्मीर के राजा ज़ैन-उल-आबेदीन या बुड शाह का नाम नहीं सुना जो सार्वजनिक तौर पर हिन्दू त्योहारों में शामिल होते थे और जिन्होंने मन्दिर बनवाये? क्या इन्होंने दक्कन में बीजापुर के सुल्तान इब्राहिम आदिलशाह द्वितीय का नाम नहीं सुना जिन्होंने अपने गीतों में कई बार सरस्वती की वन्दना की है?''

इस तरह औरंगज़ेब और कई अन्य मुसलमान शासकों ने मज़हब को राजनीतिक महत्त्वाकांक्षा की परिपूर्ति में आधार नहीं बनाया।

मन्दिरों-मठों को विनष्ट करने में हिन्दू राजाओं की भूमिका कम दुखदायी नहीं है। शुंग सम्राट पुष्यमित्र शुंग ने बौद्ध मठों को तुड़वाया। पुष्यमित्र शुंग ने न केवल मौर्य सम्राट बृहद्रथ का वध किया बल्कि ब्राह्मण धर्म की उन्नति के लिए अयोध्या में किये गये अश्वमेध यज्ञ पर घोषणा की कि जो कोई उसे एक श्रमण (बौद्ध भिक्षु) का कटा सिर लाकर देगा, उसे सौ दीनार पुरस्कारस्वरूप दिये जायेंगे।

मन्दिरों को ध्वस्त करने और लूटने का काम मुसलमानों से अधिक हिन्दू

शासकों ने किया। काश्मीर के राजा श्री हर्ष ने हिन्दू मन्दिरों को ध्वस्त करवाया। किसी भी मुसलमान सुल्तान या बादशाह द्वारा मन्दिरों को लूटने वाला विभाग नहीं बनाया गया जबकि 12वीं सदी में काश्मीर के राजा श्री हर्ष ने एक 'मन्दिर लूटो विभाग' ही बना रखा था जिसका काम मन्दिरों को लूटने में जितना धन प्राप्त होता, उसका आधा वह लूटने वालों में बाँट देता था।

इसी तरह परमार शासक सुभटवर्मन (1195-1230 ई.) ने गुजरात पर हमला करके डभोई और खम्भात के अनेक जैन मन्दिरों को लूटा और ध्वस्त किया। किन्तु इन हिन्दू शासकों को इतिहासकारों ने बौद्ध, जैन और हिन्दू-विरोधी नहीं कहा। हैरानी की बात है कि पुष्यमित्र शुंग को न बौद्ध धर्म-विरोधी और न ही क्रूर कहा गया। इसी तरह काश्मीर के राजा श्री हर्ष और परमार राजा सुभटवर्मन को भी हिन्दू-विरोधी और लूटेरा नहीं कहा गया। इतिहासकारों का यह कैसा दोहरा मापदण्ड है कि सारे दोष मुग़ल शहंशाह औरंगज़ेब के मत्थे ही उन्होंने मढ़ा, जबकि औरंगज़ेब ने धर्म के नाम पर न तो किसी मन्दिर को तुड़वाया न लूटा और न भेदभाव बरता और न ही धार्मिक राजनीति की। जबकि अकबर का 'दीन-ए-इलाही' धार्मिक राजनीति का परिणाम था।

औरंगज़ेब ने नियम बनाया कि कोई पुराना मन्दिर ध्वस्त नहीं किया जायेगा। कुछेक मन्दिरों को छोड़कर नये मन्दिरों के निर्माण पर रोक तो लगायी, किन्तु पुराने मन्दिरों की मरम्मत की अनुमति भी दी और धन भी दिया। उल्लेखनीय है कि मस्जिद बनवाने का उसे शौक़ नहीं था। उसके समय में अधिकांश मस्जिदों की मरम्मत हुई। लाल क़िला के भीतर उसने अपने लिए एक मस्जिद (मोती मस्जिद) के सिवा और मस्जिद नहीं बनवायी। ऐसा उसने अपनी व्यक्तिगत सुरक्षा की दृष्टि से किया।

धार्मिक स्थलों की पवित्रता और शान्त वातावरण बनाये रखने के लिए औरंगज़ेब ने मन्दिरों की तरह मस्जिदों पर भी कड़ी निगरानी रखी।

शहंशाह औरंगज़ेब ने धर्म के नाम पर न तो किसी मन्दिर को तुड़वाया और न भेदभाव बरता और न ही धार्मिक राजनीति की। राजसत्ता के संचालन में हिन्दू-मुसलमान का भेदभाव नहीं रखता था—प्रशासन में पूरी पारदर्शिता क़ायम रखने में वह सचेत रहता था। जबकि राजपूत, मराठा, जाट और सिख भारत को विभाजित करके छिन्न-भिन्न करने पर तुले थे। उस ज़माने में जहाँ क्षेत्रीय राजनीति का बोलबाला था और एक राष्ट्र की सम्प्रभुता की कल्पना नहीं की जा सकती थी, वहाँ औरंगज़ेब ने एक बृहत्तर भारत का सपना देखा—एक भारत,

एक सत्ता की सोच बड़ी और अनहोनी बात थी जो औरंगज़ेब रखता था। उसकी छवि सही मायने में एक धर्मनिरपेक्ष शासक की थी जो अखण्ड और विशाल भारतीय साम्राज्य का ख़्वाब देखता था। अपने इस सपने को बहुत हद तक उसने साकार भी किया।

आज 21वीं सदी में भी जब क्षेत्रीयता, आंचलिकता, जातीयता, साम्प्रदायिकता के आधार पर देश की राजनीति चल रही है, वहाँ औरंगज़ेब की सोच, उसकी नीति और कार्य-प्रणाली (work culture) अत्यन्त ही प्रासंगिक लगती है। राष्ट्र की भावात्मक एकता के नाम पर वर्तमान प्रजातान्त्रिक सत्ताधारी भारत का विघटन करने पर आमादा है। इसके चलते आये दिन नये-नये प्रान्तों (राज्यों) में विघटित होकर भारत की सार्वभौम एकजुटता और अखण्डता पर ख़तरा उत्पन्न हो गया है।

लगभग सम्पूर्ण भारतवर्ष पर औरंगज़ेब का आधिपत्य था। बावजूद इसके हिन्दू धर्म ने अपना अस्तित्व बनाये रखा। वह निश्चितरूपेण जानता था कि धर्म के नाम पर हिन्दू प्रजा को ठेस पहुँचाकर वह सल्तनत को सुदृढ़ नहीं रख सकता। इसलिए उसने हिन्दुओं को नाराज़ करने का प्रयास नहीं किया। उसके शासनकाल में अधिकांश मन्दिरों की पवित्रता बनी रही। उल्लेखनीय है कि कर्नाटक विजय के पश्चात् तिरुपति के प्रसिद्ध मन्दिर के प्रति उसने विशेष सहानुभूति दिखायी थी।

औरंगज़ेब ने समाज-सुधार और आवाम के हित में क़दम उठाये। सती प्रथा पर रोक लगायी, हिन्दुओं पर जिजिया टैक्स लगाया (जिजिया देने वाले को राजसत्ता का पूरा संरक्षण प्राप्त होता था। हरिहर क्षेत्र, सोनपुर मेला, 2001 स्मारिका में प्रकाशित पंचम लाल का आलेख 'बादशाह औरंगज़ेब फ़रिश्ता या शैतान' के हवाले से)। जिजिया लगाने से हिन्दुओं में आक्रोश हुआ। इतिहासकार सतीशचन्द्र के अनुसार, ''औरंगज़ेब का यह निर्णय 'शरीयत' की लड़ाई से पालन करने की भावना का परिणाम नहीं था। यह तो तत्कालीन गहराते राजनीतिक संकट के फलस्वरूप लिया गया निर्णय था। बादशाह की सोच के मुताबिक़ यह संकट एक तो राजपूतों के प्रभावशाली वर्ग की ग़ैर-वफ़ादारी की वजह से उत्पन्न हुआ था। दूसरा कारण, मराठों का दक्कन की राजनीति पर बढ़ता प्रभाव था। औरंगज़ेब चाहता था कि इस ख़तरे के लिए मुस्लिम जनमत उसका साथ दे, इसलिए उसने जिजिया फिर से चलाया। तीसरे, धर्म को जीविका बनाने वाले वर्ग (मुल्ला-मौलवियों) में भारी बेरोज़गारी फैली हुई थी। इस वर्ग पर अंकुश लगाये रखने में जब-तब औरंगज़ेब अशक्त हो जाता था। तत्कालीन परिस्थिति और व्यावहारिक दृष्टिकोण से भी यह अत्यन्त ही दुष्कर कार्य था।

सतीशचन्द्र के अनुसार अन्ततः औरंगज़ेब को 1704 ई. में यह दक्कन से भी उठा लेना पड़ा। यह घटना दर्शाती है कि औरंगज़ेब ने अपनी धार्मिक नीति की असफलता को स्वीकार करके उसे त्याग दिया जिसकी घोषणा उसने सन् 1679 ई. में बड़ी शानोशौक़त से की थी। और जगहों पर तो उसने पहले से ही जिजिया उठा लिया था। यह दृष्टान्त भी दर्शाता है कि वह धर्मान्ध नहीं था—उसके अन्दर Flexibility थी, इस तरह उसमें कट्टरता नहीं थी।

शराब के निर्माण और शराबख़ोरी पर प्रतिबन्ध लगाया। उसका विचार था कि जब सिक्के (मुद्रायें) हिन्दू और मुसलमान, दोनों व्यवहार करते हैं तो सिक्कों का स्वरूप सामान्य होना चाहिए—इसलिए 1659 ई. में सिक्कों पर क़लमा ख़ुदवाना बन्द करवा दिया। इन तथ्यों से पता चलता है कि एक शासक के रूप में न केवल वह धार्मिक सन्तुलन और सद्भाव का पक्षपाती था अपितु सामाजिक और धार्मिक सुधार करने में भी दिलचस्पी रखता था। कभी-कभार जो ग़लतियाँ वह कर बैठता था, उसके पीछे मुल्ला-मौलवियों का हाथ होता था। तत्कालीन समाज में यह वर्ग सबसे ताक़तवर और प्रभावशाली पर भ्रष्ट और अनियन्त्रित था।

औरंगज़ेब के शासनकाल में फ़क़ीरुल्लाह ने सन् 1665 ई. में 'मानकुतूहल' का फ़ारसी अनुवाद 'रागदर्पण' नाम से किया जिसे उसने बादशाह को नज़्र किया। फ़क़ीरुल्लाह ने अपने समय के पचास से भी अधिक संगीतकारों का ज़िक्र किया है। उनमें से दो अमीर खुसरो के उसूले-मक़ाम से परिचित थे, जिनमें एक थे अहोबल। 'रागदर्पण' में औरंगज़ेबकालीन संगीतकारों में 'मलायम' नामक वाद्ययन्त्र के वादक स्वालेह रब्बानी ढारी, सारंगीवादक अल्लाहदाद, पखावजी फ़िरोज़ ख़ाँ ढारी का ज़िक्र किया गया है। फ़क़ीरुल्लाह ने सवाद ख़ाँ का भी ज़िक्र किया है जिसकी दिल्ली में बड़ी प्रतिष्ठा थी। रसबीन ख़ाँ शहंशाह शाहजहाँ का आश्रित था। सम्भवतः वह ख़ुशहाल ख़ाँ का भाई था। औरंगज़ेब का भी वह आश्रित रहा। 1669 में जब औरंगज़ेब ने दरबार में गाना-बजाना बन्द करवा दिया तो उस समय रसबीन ख़ाँ दरबारी गायक था।

नायक पूरन ने ध्रुपद की अपनी एक बन्दिश में शहंशाह औरंगज़ेब की प्रशंसा की है :

राग तोड़ी—ताल चौताल

"छत्र छिव छाजै विराजे हुमायूँ तख़्त,
बैठो चारों चक जीत आयौ दिल्लीवर।

ऐसो हठीले नर नरेन्द्र नरेश धावत,
शतकोष काहू पै न रोको जाये तक़्वर ॥
राखलई इमर तिमिरलंग बाबर की,
वृद्ध किरान साहब नयन बादशाह ताहि दिया अलहवर।
नायक पूरन करत बखान तेरो बाबर सुत,
ताँ को सुत हुमायूँ अकबर सबल नर।
अकबर सुत जहाँगीर ताँको शाहजहाँ,
ताँको औरंगज़ेब भयौ है भुवपर ॥''

औरंगज़ेब के शासनकाल में तानसेन का प्रपौत्र और सोहिलसेन का पुत्र सुधीन सेन सन् 1662 ई. में जीवित था। वह अच्छी बन्दिशें रचता था जो फ़िलहाल अप्राप्त हैं। सुधीन सेन द्वारा रचित ध्रुपद की बन्दिशों से औरंगज़ेब के ध्रुपद और संगीतप्रेम का साक्ष्य मिल सकता है। इसलिए उसकी रची बन्दिशों की तलाश की जानी चाहिए।

औरंगज़ेब का संगीतानुराग इससे भी ज़ाहिर होता है कि किसी ध्रुपदकार ने उसके लिए मंगलकामना करते हुए नीचे उद्धृत ध्रुपद में कहा है :

राग ईमन-कल्याण–ताल चौताल

''गुर गनेस्वर सरसुती नरहर
और ब्रह्म पर ब्रह्म प्रसन्न भए,
अराधै तब ऐसो साहिब मैं पायौ।
साहिब किराने सानी साहिब जहाँनन्दन जगवन्दन सुलितानि।
औरंगज़ेब चतुर दिसि विद्र्यानिधान क्रयान,
जिहाँन में नर जाते रीझि जसु गायौ।''

'ऐसो साहिब मैं पायौ' कहकर ध्रुपदकार अपने को गौरवान्वित महसूस करता है। एक संगीतज्ञ का संगीतप्रेमी बादशाह औरंगज़ेब के प्रति इस तरह श्रद्धावान होना और सम्मान प्रदर्शित करना दर्शाता है कि औरंगज़ेब किस कोटि का संगीतानुरागी और संगीतकारों का आश्रयदाता-पोषक था। संगीत में रुझान रखने वाले बादशाह की ऐसी ही प्रशस्ति गायी जा सकता है। मेरा अनुमान है और बहुत सम्भव है कि ऊपर उल्लिखित ध्रुपद की बन्दिश सुधीन सेन की हो सकती है।

1666 ई. में मिर्ज़ा रोशन ज़मीर ने अहोबलकृत *संगीत पारिजात* का फ़ारसी अनुवाद किया। औरंगज़ेब के शासनकाल में ही इबाद मुहम्मद कामिल

ख़ाँ ने 1667 ई. में 'असामी सुर, रिसाला-ए-अमले बीन ओ ठाठ रागिनी' की रचना की। ये सांगीतिक रचनाएँ इस बात का सबूत पेश करती हैं कि औरंगज़ेब की ओर से संगीत पर किसी तरह की पाबन्दी नहीं थी।

औरंगज़ेबकालीन ग्रन्थकार श्री निवास ने चौबीस श्रुतियों वाले सिद्धान्त की बात यों कही है, 'चतुर्मस्तौ सरी प्रकतौ गनी दाम्या मधा युक्ति श्रुति-विनिर्णयः व्यवस्थितौ।' अर्थात् षड्ज और ऋषभ चार-चार श्रुतियों से व्यवस्थित हैं।

इसी समयावधि के एक और संगीत विषयक ग्रन्थकार अहोबल ने 'संगीत पारिजात' की रचना की। अहोबल ने भी श्रुति-मूर्च्छना भेद पर लिखा है। इस तरह हम देखते हैं कि औरंगज़ेब के समय में न तो सांगीतिक प्रस्तुतियों पर रोक थी और न संगीत के शास्त्र की चर्चा तथा लेखन पर ही प्रतिबन्ध था। संगीत के व्यावहारिक और शास्त्रीय, दोनों पक्ष औरंगज़ेब के समय में उत्कर्ष पर थे। ऐसी स्थिति किसी भी कालखण्ड में देखने को नहीं मिलती।

कुछ लोगों का मानना है कि औरंगज़ेब का मौसीक़ी में रुझाना तब था, जब वह शहज़ादा था। गद्दीनशीं होने पर वह संगीत से परहेज़ करने लगा। ज़रा सोचिए, अपने जीवन में छुटपन से अधेड़ावस्था तक जो संगीत में रमा रहता हो और जिसे मौसीक़ी में महारत हासिल हो, वह अपने जीवन के तीसरे और चौथेपन में संगीत और सांगीतिक गतिविधियों से अकारण मुँह मोड़ ले, यह बात हज़म नहीं होती। संस्कारगत बात तो छोड़ दीजिए, अभ्यासजनित लत या व्यसन भी नहीं छूटता है। औरंगज़ेब एक आदर्श मुसलमान था, साथ ही संगीतरसिक ही नहीं स्वयं संगीतकार भी था। इससे ज़ाहिर होता है कि इस्लाम में संगीत भोग-विलास की वस्तु नहीं बल्कि संगीत का चरम लक्ष्य है, परमानन्द की प्राप्ति और आत्मशुद्धि। मौसीक़ी के बारे में इस्लाम के प्रवर्तक हज़रत मुहम्मद साहब का भी ऐसा कहना और मानना था कि संगीत एक पाक कला और इल्म है जिसका रिश्ता रूह से है, यह रूहानी ग़िज़ा और ख़ुशबू है। मौसीक़ी, फ़कीर, दरवेश, ऋषि, मुनियों की अमानत है, रूहे-हैवानी। इस तथ्य से औरंगज़ेब पूरी तरह वाक़िफ़ था।

हिन्दुस्तानी संगीत की अभिवृद्धि में मुसलमानों का अथक और महत्त्वपूर्ण योगदान रहा है जिसे न तो झुठलाया जा सकता और न नकारा ही जा सकता है। संगीत के संरक्षण-संवर्धन में बादशाहों, सुल्तानों और नवाबों की महती भूमिका रही। इतिहास साक्षी है कि छह सौ वर्षों के मुस्लिम शासनकाल में हिन्दुस्तानी संगीत का अभूतपूर्व विकास हुआ। इससे ज़ाहिर है कि इस्लाम में संगीत हराम नहीं माना गया है। ऐसा कहने और प्रचारित करने वाले इस्लाम के कट्टरपन्थी दक़ियानूस मतावलम्बी हैं।

औरंगज़ेब के राज्यकाल में संगीत पर प्रतिबन्ध नहीं था। यह इससे भी प्रमाणित होता है कि शाह जी के दरबारी पण्डित वेद संगीत-चिन्तन में लगे थे। औरंगज़ेब के समकालीन पण्डित वेद और अहोबल, दोनों ही अमीर खुसरो के उसूले-मक़ाम से परिचित थे।

संगीतानुरागी सूफ़ी सन्त शेख़ मुहिउद्दीन याह्या मदनी चिश्ती का औरंगज़ेब मुरीद था। बतौर नज़राना शहंशाह उन्हें प्रतिमाह हज़ार रुपये भेजा करता था। सूफ़ी सन्त का आदर करना इस बात का परिचायक है कि बादशाह उदारवृत्ति का संगीतानुरागी था।

रागमाला के अनुसार 23 जुलाई, 1658 ई. को जब औरंगज़ेब सिंहासनारूढ़ हुआ, तो तख़्त पर आसीन होने से पूर्व शुभ मुहूर्त निकलवाया जिसमें उसकी अटूट आस्था थी। *रागमाला* के मुताबिक़ उस दिन दरबार में गाये गये ध्रुपद जिसमें इस बात का बखान था कि ब्रह्मा, विष्णु, महेश, गणेश और व्यास की कृपा से औरंगज़ेब को सम्राट का पद मिला। यह ध्रुपद उसे बहुत अच्छा लगा और काफ़िरों के देवताओं के नाम पर उस दिन उसे आपत्ति नहीं हुई। उसने प्रसन्न होकर गायकों को ख़ूब इनाम-इकराम दिये। ध्रुपद यों है :

राग आसावरी–ताल चौताल

"उतिम लगुन एव सगुन गुनि गाइनि,
ब्रह्मा, विष्णु, महेश, गणेश, व्यास,
कीनी साहि औरंगज़ेब जसन तख़्त बैठे आनन्दन।
नगपचित धाम विस्तति वरगति मधम्हा गावत
तिनके साह रीझि हस्त दुष (ख) दन्दन।
ऐकै निर्ततल्सस तंड ऐकै ब्रम्हान्वत कविवन्दी
करि पण्डित काविकरत है दन्दन
कनिक धर लगाये साहि आलमगीर जगतपीर
है लोक के लोकनि तोर जे फदेई रहत दुष (ख) द्रलिद्र के फन्दन ॥"

बादशाह को हिन्दू देवी-देवताओं के नाम पर आपत्ति नहीं हुई। यह इस बात को दर्शाता है कि दिल से उसमें धार्मिक कट्टरता नहीं थी। जो भी कट्टरपना अगरचे उसमें कभी-कभार दिखता था, उसके पीछे उसकी राजनीतिक महत्त्वाकांक्षा और मुल्ला-मौलवियों का हाथ रहता था। 'रागमाला' में संग्रहीत ध्रुपद औरंगज़ेब के संगीतप्रेम के साक्षी हैं। इतिहासकार इलियट और डाउसन के विवरणों के

अनुसार औरंगज़ेब की ताजपोशी होने के अनन्तर तख़्त के नीचे रागरंग तथा आनन्द-विनोद-प्रमोद का माहौल छाया था—मधुर गायक और निपुण वादकगण सांगीतिक प्रस्तुतियों में संलग्न गद्दीनशीं होने के पश्चात् शहंशाह औरंगज़ेब की शान-ओ-शोभा का वर्णन प्रस्तुत ध्रुपद में ध्रुपदकार ने अत्यन्त सुन्दर ढंग से किया है :

राग दरबारी कानड़ा–ताल चौताल

"सुभ मुहरति सुभ घरी सगुननिमिति कैदई देग जोग कै वर।
वनिक डंड चमर दुरत मानों चन्द्रविरनि निछावरि
कीनी मुकता सीस सेहरौ आयंक आलिफुनि
मसलानि कै उदोत सब भुअ पर।
आराइसी नव बनाई जे गनई न जाई फुनि प्रात सवासी
छाँडी मानो प्रथम उदौकर रश्म (रश्मि) प्रसारि हो दिनकर
कोटि जुगनि चरंजिवि रहौ साहि औरंगज़ेब
याजेव सौ सदा अनमन गीतनाद निते करत है
सब नारि नर ॥"

पायन्द बेग (संगी बेग का पुत्र) ने दरबार में रहते हुए 'औरंगज़ेब विलास' की रचना की। इस ग्रन्थ में आलमगीरी दरबार के दस कवि-संगीतकारों के नाम गिनाये गये हैं, यथा—ख़ुशहाल ख़ाँ, चाँद ख़ाँ, पूरनचन्द्र मिश्र, मीर अब्दुल ज़लील, मिर्ज़ा रोशन ज़मीर, विद्यावर, सुजान अली ख़ाँ, सैय्यद निज़ामुद्दीन, हयात सरस नैन और हिम्मत ख़ाँ मीर ईसा।

शहंशाह औरंगज़ेब की मुद्रा से अंकित जो ध्रुपद मिलते हैं, उनमें से कुछेक सम्भवतः ख़ुशहाल ख़ाँ की रचनाएँ भी हो सकती हैं जिनकी रचना औरंगज़ेब के आश्रय पर की गयी होगी, ऐसा कतिपय विद्वानों की धारणा है। 'रागदर्पणकार' शैफ़ ख़ाँ फ़क़ीरुल्लाह के अनुसार 1660 ई. में ख़ुशहाल ख़ाँ कलावन्तों में अनुपम था और उसने बादशाह को 'औलिया' तथा 'ज़िन्दापीर' तक कहा है :

राग केदार–ताल चौताल

"आयौ आयौ रे महाबली आलमगीर
जाकी धाक देख कोई धरै न धीर

अपबली तपबली आली जंगजोरै तेऊ आलमगीर
दच्छिन दलमले विकट गढ़ हलहले
जाकी तौ दुहाई फिरै दरिया तीर
चकतावंस सुलितान औरंगज़ेब
साहिनि के साहि औलिया ज़िन्दापीर ॥''

चाँद ख़ाँ बादशाह का दरबारी गायक था। शहंशाह की प्रशस्ति में रचे गया उसका ध्रुपद द्रष्टव्य है :

राग कल्याण–ताल चौताल

''गौरा गनेस सरस्वती असुर संहारिनि सिंहवाहिनी,
प्रसन्न भई सब दुख गये, ऐसा साहिब मैं पायौ।
साहिब किरानेसानी शाहजहाँनि को नन्दन जगवन्दन,
सुल्तान औरंगज़ेब चतुर्दस विधा गुन निधान
कृपालन के जहाँ में नर 'चाँद' जीत जस गायौ।''

मीर ज़लील शहंशाह का कृपापात्र था। संगीत में उसकी गहरी पैठ थी। औरंगज़ेब से लेकर मोहम्मदशाह 'रंगीले' तक सात मुग़ल बादशाहों की सेवा में वह रहा। औरंगज़ेब ने उसे ईरान के शाह के पास अपना दूत बनाकर भेजा था। *मसनवी फ़र्रूख़सीयर* में उसने अनेक रागों की चर्चा की है।

मिर्ज़ा रोशन ज़मीर ईरान में जन्मा था। भारत आने पर औरंगज़ेब ने उसे शाही मनसबदार नियुक्त किया। औरंगज़ेब का कृपापात्र बनने पर मिर्ज़ा की प्रतिमा और भी मुखरित हो उठी। संगीत में उसका ऐसा दख़ल था कि बड़ा-से-बड़ा कलावन्त भी उसके समक्ष तुच्छ लगता था। शेर ख़ाँ लोदीकृत *मीरातुल ख़याल* के अनुसार चौदह हज़ार रागों पर मिर्ज़ा का अधिकार था। उसने अहोबल रचित *रचित परिजात* का अनुवाद फ़ारसी में किया। अपनी रचनाओं में वह लिखता है, ''औरंगज़ेब साह सहजै चढ़त प्रताप तेरे, सोच-सोच लोग त्रिय लोक में डरत है।''

औरंगज़ेब के दरबार में आने से पूर्व विद्यावर राजकोट के राजा वीरभद्र के आश्रय में था। ज़ाहिर है, यदि औरंगज़ेब संगीत-द्रोही होता तो राजा वीरभद्र का संरक्षण छोड़कर विद्यावर शहंशाह औरंगज़ेब के दरबार में क्यों आता। राग धनाश्री-चौताल में आबद्ध ध्रुपद की उसकी एक बन्दिश द्रष्टव्य है :

''तुम गुन रवि उदै कीनी
याही ते कहत तुमको बाई उदैपुरी।

अनगिनत गुन गायन के अलाप विस्तार सुर
जोत दीपक तोलों विद्या है पुरी।
जब-जब गावत तब-तब रस समुद्र लहरें उपजावत
ऐसी सरस्वती कौन को फुरी
जानन मनजान साह औरंगज़ेब रीझ रहे
याहीं ते कहत तुमको विद्यारूप चातुरी ॥"

औरंगज़ेब की प्रशस्ति में विद्यावर का एक और ध्रुपद देखिए :

राग आसावरी–ताल चौताल

"तेरो ही सुर भरन अलाव करत धरत
पुनिजानत मान गान गुननिधान औरंगज़ेब नर।
सुगायन गावत बजावत गीतछन्द धुरपद
पियसन रिझावत को, अबतोही तुही अंग-अंग सुन्दर
पुनिसंग वर विद्या पाइयत लीनौरी भाव 'विद्यावर' ॥"

सैय्यद निज़ामुद्दीन 'मधनायक' शहंशाह का प्रिय दरबारी था जिसका उल्लेख उसने स्वयं अपनी रचना *मधनायक श्रृंगार* में इस प्रकार किया है : "सबस बसो वह देस जहाँ हरि भजन नित रोजत प्रेम नरेस, सुचित दया धर्मात्मा।" यहाँ 'हरिभजन' से तात्पर्य 'क़ुरान पाठ' से है और 'प्रेमनरेस' का संकेत औरंगज़ेब से है। *मधनायक श्रृंगार* में सैय्यद निज़ामुद्दीन ने अपने आश्रयदाता शहंशाह औरंगज़ेब का कई दोहों में उल्लेख किया है। संगीत विषयक उसकी दूसरी पुस्तक है, *नाद चन्द्रिका*। वह मेध राग गाने में प्रवीण था। राग 'मधमाद सारंग' का वह आविष्कर्ता था। राग आसावरी-चौताल में निबद्ध उसका ध्रुपद द्रष्टव्य है :

"अतिवुध करीगर रचपच केसुनखत-बखत
वसीकरण लखत अनुपम बनाये।
जहाँ लगे रतन जड़ित गुन सब गुन के पुनि चिन्तामणि
कामधेनु को ऐसे नमन को का पैजाध मोल गनाय
सो गावत बजावत निरत करत लगे जहाँ-तहाँ हीर
चीर अरायश और नगनजड़ित खम्भ व मील
ज़रवक़्त री बनावत बनाये बनाये।
शुभ घरी साध बन बैठो मघनायक दिल्ली पत को

जेवदा औरंगज़ेब पातसाही सवनअसीस दई सब गुनीन
को दुखदारिद्र हमारा।"

मधनायक द्वारा रचित ध्रुपद की एक शृंगारिक बन्दिश देखिए :

"कारे री कारे कुंजनि कारे दन्दनिदारै कामरिकारी,
कालिन्दी तट टरैं धैनि कारी।
कट छुद्र घंटाकारिझ बंसी हितकारी,
कारी कर पल्लवनि अंगलता कारी।
गोपी ग्वाल हँस कारी नाचै,
नटे निर्तकारी संग सुन्दरि राधिकारी,
जिमि दामिनी चमकत घटा कारी ॥"

शहंशाह औरंगज़ेब के समकालीन मियाँ ढालू ढारी द्वारा रचित नीचे उद्धृत ध्रुपद की बन्दिश में दिल्ली के बादशाह के लिए मंगलकामना की गयी है :

"साहै उत्तम गढ़ और रंगमहल बनाये तिनहूँ में सुन्दरनारन
अतिही रही और पवन की छवि ऐसी लागत है,
मानो पहिरे हरी सारी फुलवारी आनन पर बन रही धरन।
और जे छूटत है फुहरि मानो अलस बनाये नोछावर करत तन-मन धन
'ढारू' भाग जागे दिल्ली के श्रव जन को सुख दिये शाहपति,
पातसा चिरंजीव रहो करोर बरस नरन ॥"

शहंशाह औरंगज़ेब ने हयात सरस नैन ख़ान सरीखे संगीतकार पर विशेष अनुग्रह की वर्षा करते हुए उसे 'गुननिधान' की उपाधि से विभूषित किया। किरपा पखावली को बादशाह ने 'मृदांगराय' के अलंकरण से नवाज़ा।

हयात सरस नैन 'गुननिधान' द्वारा रचित एक ध्रुपद ग़ौरतलब है :

राग श्री-ताल चौताल

"जेहि जेहि अंगबूझिए तेई-तेई सरस नैन ख़ान 'गुननिधान',
तालाध्याय, सुराध्याय, रागाध्याय के भेद जानि।
सरस्वती सनमुख सो दियो हिरदे ज्ञान,
लाग डाट उरप तिरप नेम वृक्ष,
अतिक खातक स्वरान्तक के ब्योरे पहचान।
सप्तसुर तीन ग्राम इकईस मूर्च्छना बाइस सुरत,
तीवरतरतीवर कोमल अतिकोमल,

ग्रह अंश भास जे संगीत प्रमान ॥"

स्पष्ट है कि शहंशाह संगीतकारों-विद्वानों को सम्मान और प्रश्रय, दोनों से नवाज़ता था। तभी तो ऊपर उद्धृत ध्रुपद में हयात सरस नैन ख़ान संगीत के शास्त्रीय और प्राविधिक पक्षों का बखान करता है जिसे सुनकर औरंगज़ेब ने उसे 'गुननिधान' का ख़िताब अता किया। ज़ाहिर है बादशाह संगीत की तकनीकी विशेषताओं की जानकारी और परख रखता था।

अमीर नामक कवि-संगीतकार की राग पूर्वी में तिलवाड़े का ख़याल मिलता है जिसमें 'मौनदीन साहेब' का उल्लेख है। हो सकता है इससे मुहिउद्दीन औरंगज़ेब आलमगीर से तात्पर्य हो :

"दिलिया नगर रस गाऊँ कैसे
हर पाऊँ दछना सीमा पाऊँ।
साहेब आज मौनदीन साहेब
क़ुतुबुद्दीन मिल बैठे 'अमीर' रहे संगे।"

यदि अमीर औरंगज़ेबकालीन था तो ख़याल की उसकी बन्दिश से इस बात का भी पूर्वाभास मिलता है कि ख़याल का गायन किसी-न-किसी रूप में औरंगज़ेब के वक़्त में प्रचलित था। क्योंकि औरंगज़ेब से पहले ख़याल के प्रचलन का प्रश्न ही नहीं उठता। हालाँकि कुछ विद्वान तेरहवीं सदी से ही ख़याल की शुरुआत मानते हैं किन्तु इस धारणा के पीछे ठोस प्रमाण नहीं है।

'मीरन' एक प्रतिभासम्पन्न कवि और संगीतकार था। शहंशाह औरंगज़ेब की संगीतप्रियता ने उसके गुणों को निखारा और पग-पग पर उसे प्रोत्साहित किया। अपने शासन के 19वें वर्ष में औरंगज़ेब ने उसे इलाहाबाद का सूबेदार बहाल किया था।

'मीरन' फ़ारसी और हिन्दवी, दोनों में काव्य रचने में पटु था। भैरवी तिताले में बँधी उसकी एक बन्दिश द्रष्टव्य है :

"ऐ करतार ऐ काज तिहारौ,
याही पल में निस्तारौ,
कहते हैं 'मीरन' सबजग देखा,
हर-हर में हर है हर न्यारे ॥"

यह भी ख़याल की बन्दिश है। इसलिए हम कह सकते हैं कि ख़याल औरंगज़ेब के समय में प्रचलित था, क्योंकि 'मीरन' औरंगज़ेबकालीन सूबेदार था।

फ़क़ीरुल्लाहकृत *रागदर्पण* के अनुसार सुजान अली ख़ाँ शहंशाह का दरबारी

गायक था। सम्भवतः वह ग्वालियर निवासी और ध्रुपद गायक था। औरंगज़ेब की प्रशस्ति में रचा हुआ उसका ध्रुपद द्रष्टव्य है :

"जाको कहे सरस्वती सो कोऊ देऊरी बताय
जे गुन सुन उन धुन अतिमानी गुन कैसे के समय
कबहू ने आवे सो गावत है यथा चाय,
एक रसना अस्तुति क्यों कर जाय।
जानन मन जानसाह (औरंगज़ेब) साहब बेगम 'सुजान'
धन-धन बानी रस लराय ॥"

औरंगज़ेब के पराक्रम और नायिका प्रसंग से सम्बद्ध ध्रुपद की बन्दिशें द्रष्टव्य हैं :

राग मेघ मलार–ताल चौताल

"चकता चमक जूँ चारौ भेद लनि मलय आयौ दिल्ली नरेस।
उत्तर दखिन पूरब पछिम अकर करेरी बैठो सिंघ नरेस।
तिहारे चढ़ै दलवा लउनि आये सप्तदीप नवषंड तिहारी पैर।
साहिजहाँ जू को साहि औरंगज़ेब धौंसा की पुकार पताल को पैर ॥"

नायिका प्रसंग

राग सूहो–ताल चौताल

"जोवन मदमादी राती राती ही अन्धी आलजाई।
देषों (खौ) चाहत साहि कौ दरस नेह नजरि ललचाई।
गैंगत जम्हात और प्रगट चिन्न भौंहें चढ़ाई।
रस के रसीले लाल साहि औरंगज़ेब अपने मन काम को गवाई।"

बन्दिशकार बादशाह को 'रस के रसीले लाल' कहता है जो औरंगज़ेब की रसिकता को ही दर्शाता है।

ज़ाहिर है, संगीत और काव्यप्रेमी ही रसिक हो सकता है। काव्य एवं संगीत में रसार्द्रता होती है। रस को हिन्दू (भारतीय) कलानुभव का केन्द्र बिन्दु माना गया है। इस बात से औरंगज़ेब पूर्णतया अवगत था। इसलिए काव्यरसिकता और सौन्दर्यबोध उसमें कूट-कूटकर भरे थे।

आबे-कौसर के मुताबिक़ औरंगज़ेब संगीतमर्मज्ञ था। औरंगज़ेब के कृपापात्र

संगीतज्ञों में रबाबिया सुखीसेन कलावन्त तथा ध्रुपदिया किसन सेन कलावन्त थे। बादशाह का समकालीन मिसरी सिंह ढारी एक अन्य उत्तम कलाकार था जिसे उसके भाई शुज़ा ने शाहजहाँ से माँग लिया था। सम्भवतः मिसरी सिंह ढारी बीनकार और ध्रुपदिया था।

संगीतरसिक औरंगज़ेब क्रूर बिल्कुल नहीं था। रसिक क्रूर कतई नहीं हो सकता। जैसा कि उल्लेख मिलता है कि शाहजहाँ को नज़रबन्द करने के पश्चात् उसके दिलबहलाव के लिए बन्दीगृह में कलाकारों को वह भेजा करता था। कारावास में गिरफ़्त अपने वालिद की सारी सुख-सुविधाओं का औरंगज़ेब पूरा ख़याल रखता था, तभी तो शाहजहाँ से पूछा गया था कि उसे भोजन के लिए क्या चाहिए तो शाहजहाँ ने कहा—'चना'। चना एक ऐसा खाद्य पदार्थ है जिससे नाना प्रकार की मिठाइयाँ और नमकीन व्यंजन तैयार किये जाते हैं। क़ैद में रहने के बावजूद शाहजहाँ में हुक्मरान की प्रवृत्ति यानी आदेश देने की आदत छूटी नहीं थी। इसलिए उसने पढ़ाने के लिए कुछ बच्चों की माँग की। औरंगज़ेब ने अपने वालिद की सभी ख़्वाहिशों को पूरा किया। इससे कहाँ साबित होता है कि वह क्रूर, निर्मम और ज़ुल्मी था?

औरंगज़ेब के बहुआयमी व्यक्तित्व को जानने-समझने के लिए निम्नलिखित तथ्यों पर ग़ौर करना चाहेंगे।

इतिहास साक्षी है कि शाहजहाँ औरंगज़ेब को सत्ता से अनभिज्ञ और दूर रखने के लिए मुल्क के विभिन्न भूभागों में सूबेदार बनाकर भेजता रहा। पर एक सूबेदार के रूप में वह अत्यन्त ही सफल रहा। गुजरात, बल्ख़, बदख़्शाँ, मुलतान, सिन्ध और अन्ततोगत्वा उसे दक्कन (दक्षिण) की सूबेदारी दी गयी। पर इन स्थानों पर विपरीत परिस्थितियों से जूझते और युद्ध करते हुए औरंगज़ेब भट्ठी में तपकर और पिघलकर जैसे सोना कुन्दन बन जाता है, उसी तरह वह भी कुन्दन बन गया था—विभिन्न जगहों की सूबेदारी एक तरह से उसके लिए 'Boon in disguise' थी।

उसे युद्ध, राजनीतिक दाव-पेंच, शासन चलाने की कार्यकुशलता का पर्याप्त अनुभव ही नहीं हुआ बल्कि रियाया से उसका सीधा सम्पर्क रहा—प्रजावत्सलता, प्रजा के दुख-सुख को जानने-समझने का प्रचुर अवसर मिला जिससे औरंगज़ेब ने कालान्तर में पचास वर्षों से भी अधिक के अपने शासनकाल में मुग़ल साम्राज्य की सीमाओं को अन्तिम हद तक पहुँचने में सफलता हासिल की। ग़ज़नी से लेकर चटगाँव और काश्मीर से कर्नाटक तक भारतीय उपमहाद्वीप एक ही शासक औरंगज़ेब के अधीन रहा।

प्राचीनकाल से लेकर ब्रिटिशराज की स्थापना होने तक भारत में ऐसे विशाल

साम्राज्य की स्थापना कभी नहीं हुई थी। इस विशेषता के चलते अशोक, समुद्रगुप्त, हर्षवर्धन और अकबर के साम्राज्य से कहीं अधिक विस्तृत तथा परिपूर्ण औरंगज़ेब का भारतीय साम्राज्य था। यह उसकी योग्यता तथा विशाल जनता के समर्थन का परिचायक था–ऐसा उसी स्थिति में सम्भव था जब यहाँ की सभी जातियों, वर्गों को समानाधिकार, साधन और सुविधाएँ प्राप्त हों।

उसके व्यक्तित्व को जानने के लिए उसकी वसीयत की जानकारी भी आवश्यक है। मरते समय इनसानी आवाज़ से केवल सच्चाई झलकती है–दुनिया की नज़र में वह बादशाह था, लेकिन उसके कथन पर ग़ौर फ़रमाएँ कि 'परिवार का मालिक सबसे बड़ा नौकर होता है।' विशाल साम्राज्य के कोषागार का वह अधिपति था, किन्तु अपने निजी ख़र्च के लिए वह आजीवन टोपियाँ सिलता और क़ुरानशरीफ़ की नक़ल उतारता रहा और इसे बेचकर जो आय होती थी उसी से वह अपने व्यक्तिगत ज़रूरियाता की परिपूर्ति करता था।

सत्तासी साल की पकी पर सधी उम्र में वह अपनी फ़ौज की अगुआई लड़ाई के मैदान में करता रहा, पर वक़्त पर नमाज़ अता करना कभी नहीं भूला। ऐश्वर्य और भोग-विलास के वातावरण में रहते हुए भी वह निर्लिप्त-भाव से संयमित फ़क़ीराना ज़िन्दगी जीता रहा। सब कुछ रहते हुए वह अपनी कच्ची मिट्टी की क़ब्र को मात्र हरी दूब (घास) से सजाये रखने की इच्छा रखता था। उसका हृदय कितना निष्कलुष था, इससे ज़ाहिर होता है।

कुल पाँच साल के अपने शासनकाल में सूर वंश के अफ़गान शासक शेरशाह सूरी ने प्रजा के हित में प्रशासकीय एवं अर्थव्यवस्था सम्बन्धी इतने पुख़्ता काम किये कि परवर्ती मुग़ल शहंशाह अकबर को उससे बहुत फ़ायदा पहुँचा जिसके आधार पर उसने सल्तनत को सुदृढ़ किया। दूसरी ओर शाहजहाँ के राज्यकाल में भव्य आकर्षक भवनों के निर्माण और शानोशौक़त के प्रदर्शन में फ़िज़ूलखर्ची की बदौलत मुग़ल सल्तनत की अर्थव्यवस्था डगमगाने लगी, जिस वजह से प्रजा के हित के लिए उल्लेखनीय कार्य नहीं हुआ।

ऐसे में औरंगज़ेब को विपरीत परिस्थिति का सामना करना पड़ा। राजप्रासाद से लेकर बाहर तक माहौल षड्यन्त्रों से परिपूर्ण तथा तनाव भरा था। ऐसी विपरीत परिस्थिति में औरंगज़ेब ने जिस आत्मदृढ़ता और संयम का परिचय दिया वो क़ाबिलेतारीफ़ है।

बेटा और वारिस शहज़ादा मुअज़्ज़म बहादुरशाह को दी गयी औरंगज़ेब की नसीहत ग़ौरतलब है :

शहंशाह औरंगज़ेब की क़ब्र (स्थान : पुराना हमालवाड़ी, सुल्दाबाद, महाराष्ट्र)

''प्रत्येक शासक को मृदुता और कठोरता के बीच में स्थित रहना चाहिए। यदि दोनों में असन्तुलन रहता है तो सिंहासन के विनाश का कारण बन जाता है। मृदुता का आधिक्य हो जाने पर लोग धृष्टता का प्रदर्शन करने लगते हैं और कठोरता में वृद्धि होने पर लोग डरकर दूर भागते हैं। इसके लिए वह अपने चाचा उलूग बेग का उदाहरण देता है कि वह बड़े शिष्ट और गुणों से सम्पन्न थे। किन्तु रक्तपात करने में आगे रहते और छोटे अपराध के लिए भी मृत्युदण्ड दे दिया करते थे। फलस्वरूप उनके बेटे अब्दुल लतीफ़ ने उन्हें नज़रबन्द कर दिया। भाई से उलूग बेग ने पूछा कि उसके विनाश की क्या वजह है तो जवाब मिला, तुम्हारा ख़ून बहाना जिससे लोग तुमसे दूर भागते रहे।''

आगे औरंगज़ेब ने शहज़ादा मुअज़्ज़म से कहा, ''सम्राट और पानी, दोनों के लिए एक जगह पर रुके रहना बुरा होता है। पानी सड़ जाता है और शासक की सत्ता उसके हाथ से चली जाती है। भ्रमणशील रहने से शासक का सम्मान, आराम और प्रताप बना रहता है। विलासिता और ऐश्वर्य-भोग की चाहत शासक को अविश्वसनीय बना देती है।

''आवश्यकता और विवशता के चलते मैंने तुम्हें कुछ वर्षों तक नज़रबन्द

रखा तथा तुम्हारे सर्वनाशकारी आचरण के लिए दण्डित किया। लेकिन तुम्हारा इससे भविष्य में शहंशाह बनना निश्चित समझो। अपनी जवानी में ही मैंने तुम्हें स्वर्गतुल्य हिन्दुस्तान की सूबेदारी दी है।"

ठीक इसी से मिलती-जुलती नसीहत भारत में मुग़ल सल्तनत के संस्थापक शहंशाह बाबर ने हुमायूँ को दी थी जो ग़ौरतलब है, "हिन्दुस्तान में अनेक मज़हबों को मानने वाले लोग रहते हैं। अल्लाह का शुक्र मनाओ कि तुम्हें ऐसे मुल्क का बादशाह उसने बनाया है। तुम तअस्सुब से काम न लेना—निष्पक्ष होकर न्याय करना और सभी धर्मावलम्बियों की भावना का ख़याल रखना। गाय को हिन्दू पवित्र मानते हैं, अतएव जहाँ तक हो सके गोहत्या नहीं करवाना और किसी सम्प्रदाय की पूजा के स्थान को नष्ट नहीं करना।"

ज़ाहिर है कि मुग़ल बादशाह हिन्दू-विरोधी नहीं थे, अन्यथा हिन्दुस्तान पर इतने लम्बे समय तक अपनी हुकूमत क़ायम नहीं रख सकते थे।

मुग़ल भारत में अंग्रेज़ों की तरह तिजारत करने नहीं आये थे। वे यहाँ बसने आये थे और जब यहाँ स्थायी रूप में बस गये तो इस मुल्क को अपना मानकर हिन्दुओं के रीति-रिवाजों, पहनावा-ओढ़ावा, खान-पान-आचार-विचार-व्यवहार को अपना लिया।

बादशाह होने की वजह से औरंगज़ेब को राजसी शानोशौक़त में रहना पड़ता था, तथापि उसने सादगी और मितव्यतापूर्ण ज़िन्दगी को जिया और दोनों यानी शासक और इनसान में एक अनूठा, आदर्श एवं अनुकरणीय सन्तुलन प्रदर्शित किया। यह गुण कमोबेश बाबर में भी था, जो विरासत में औरंगज़ेब ने हासिल किया और उसे सँजोया।

इन बातों से पता चलता है कि औरंगज़ेब में इनसानियत कूट-कूट कर भरी थी—वह दूरदर्शी तथा एक कुशल सहृदय शासक था। निर्मम और क्रूर कतई नहीं था, जैसा कि उस पर इल्ज़ाम लगाया जाता रहा है।

औरंगज़ेब का विद्याव्यसन, कलाकारों-कवियों-सूफ़ी सन्तों के प्रति आदर भाव तथा सहिष्णुता एवं उसके फ़नकार व्यक्तित्व पर चर्चा करने से पहले यह जानना आवश्यक है कि वह व्यक्ति और शासक कैसा था।

आइये, पुनः हम चलें औरंगज़ेब के समय के कलाकारों की दुनिया में। उसके समय के मशहूर क़व्वाल थे कबीर, रोरा और मीर ख़ालिद देहलवी। क़व्वाली सूफ़ियों में प्रचलित भक्तिपरक गेय विधा थी। जैसा कि औरंगज़ेब सूफ़ियों की क़द्र करता था, इसलिए ज़ाहिर है कि क़व्वाली सुनना भी उसे पसन्द था।

अपनी पुस्तक *मुग़ल राजमहलों का जीवन* में भगवती प्रसाद पंसारी लिखते हैं, "कालिदास त्रिवेदी, चिन्तामणि, वृन्द, अब्दुल ज़लील बिलग्रामी, किशन कवि, इन्द्रजीत, ईश्वर, काशीराम तथा सामन्त सरीखे कविगण आलमगीरी दरबार की शोभा थे।"

औरंगज़ेब की रसिकता इससे भी प्रमाणित होती है कि रीतिकालीन महाकवि बिहारी का वह आश्रयदाता था। महाकवि बिहारी मुग़ल दरबार के कवि थे—उन्होंने दीर्घ आयु पायी थी। अकबर से लेकर औरंगज़ेब तक वह मुग़ल दरबार की शोभा बढ़ाते रहे। अपने जीवन के अन्तिम आठ वर्ष उन्होंने शहंशाह औरंगज़ेब की छत्रछाया में व्यतीत किये। (*बिहारी भाष्य का अभिनव मूल्यांकन*, डॉ. किशोर लाल)। महाकवि बिहारी का आश्रयदाता और कविवर से सोहबत करने वाला औरंगज़ेब काव्य एवं संगीतरसिक कैसे नहीं होता।

अपने संगीतकारों का औरंगज़ेब कितना ख़याल रखता था, इस बात की पुष्टि प्रस्तुत वाक़ये से होती है कि 1672 ई. में सेनिया लाल ख़ाँ के पुत्र ख़ुशहाल ख़ाँ के सहोदर बिसराम ख़ाँ के पुत्र भूपत ख़ाँ (लाल ख़ाँ का पौत्र) को मातमी ख़िलअत देकर प्रशंसा प्राप्त की। ख़ुशहाल ख़ाँ कलावन्त और सुखी सेन कलावन्त उसके सबसे प्यारे चहेते ध्रुपदिया थे।

इतने संगीतज्ञों और कवियों के आश्रयदाता तथा संरक्षक होने पर यह कैसे कहा जा सकता है कि औरंगज़ेब संगीतकला का शत्रु था। ऐसी धारणा रखने वाला अवश्य ही सिरफिरा होगा। न तो वह रूखा-सूखा-फीका था न ही संगीत से उसे बैर था। इस तरह मौलाना शिबली नोमानी का औरंगज़ेब के विषय में फ़तवा जिसका पहले उल्लेख किया जा चुका है कि 'बादशाह रूखा-फीका और नाच-गाना उसे पसन्द नहीं था' मिथ्या प्रलाप, मनगढन्त और भ्रामक प्रतीत होता है।

बेशक, औरंगज़ेब ने केवल दरबार में राजनीतिक कारणों से संगीत पर निषेधाज्ञा लगायी थी, परन्तु अन्तःपुर और अन्य आमोद-प्रमोद के स्थान इस प्रतिबन्ध से अछूते थे, जहाँ सांगीतिक गतिविधियाँ उसी तरह चलती रहीं, जैसे उसके पूर्वजों के समय में होती थीं। इसकी पुष्टि *स्टोरिया ड मोगोर* में इटालियन यात्री और बादशाह के प्रियपात्र निकोलाई मनुश्शी ने की है। औरंगज़ेब के समय में हरम में किस तरह से रागरंग और रतिरंग का वातावरण रहता था, उसका विस्तृत रोचक एवं रमणीक वर्णन मनुश्शी ने अपने यात्रा-वृत्तान्त में किया है।

औरंगज़ेबकालीन उत्तर भारत में बरबा और पहाड़ी की धुनों में ठुमरी गाये जाने का प्रचलन था। आज भी इन धुनों में विशेष रूप से ठुमरी और ठुमरी शैली

के गीत गाये जाते हैं। अतः कहा जा सकता है कि यह परम्परा औरंगज़ेब के समय में भी थी। इस तथ्य की पुष्टि फ़क़ीरुल्लाह के *रागदर्पण* तथा मिर्ज़ा ख़ान मुहम्मद इब्ने फ़ख़रुद्दीन मुहम्मद के *तुहफ़त-अल-हिन्द* से होती है।

ख़याल, टप्पा और ठुमरी का प्रचलन 17वीं सदी ई. यानी औरंगज़ेब के समय में था, ऐसा रागदर्पणकार और 'तुहफ़त-अल-हिन्द' के लेखक मानते है।

दरअसल ख़याल गायकी की ईजाद शहंशाह मोहम्मद शाह 'रंगीले' के दरबारी संगीतकार नियामत ख़ाँ 'सदारंग' द्वारा की गयी है।

मोहम्मद शाह की विलासिता एवं रागरंगप्रियता के चलते उसका नाम ही 'रंगीला बादशाह' पड़ गया था। He was the greatest pleasure and sex loving Mughal emperor. उत्तमबाई नामक एक रक़्क़ासा से उसने निक़ाह कर लिया था जो क़ुदसिया बेगम कहलाने लगी।

मिर्ज़ा हैरात देहलवी के अनुसार 300 नंगी रक़्क़ासाएँ उसके आमोद-प्रमोद में रहती थीं। प्राण नेवैल लिखते हैं, "Ad Begum was most unusual dancing girl who delighted in dancing nude. She had adopted an extraordinary way of painting her body with beautiful '*Naqqashi*' (नक़्क़ाशी), an ingenious device which gave the impression that she was clothed."

'रंगीले बादशाह' के वक़्त की सबसे ख़ूबसूरत और नमकीं तावयफ़ थी, नूर

शहंशाह मोहम्मद शाह 'रंगीला'

शहंशाह जहाँदार शाह 'रंगीले'

बाई–According to Dargah Quli Khan, she with her princely life style held a predominant position in Delhi. Kamla Bai, Panna Bai, Chamini, Chakmak, Dahini, all of them well known for their dancing and singing abilities.

इस तरह औरंगज़ेब के परवर्ती बादशाहों का अतिशय विलास और भोग-विलास में लिप्त रहना मुग़ल सल्तनत के पतन का कारण बना। हालाँकि संगीत की धारा प्रवहमान रही, पर इस काल विशेष में ध्रुपद का महत्त्व घटने लगा और सांगीतिक प्रस्तुतियों में वीभत्स श्रृंगार बढ़ गया।

लालकुँवरि

औरंगज़ेब के परवर्ती मुग़ल शासकों में विलासिता बढ़ जाने के कारण तवायफ़ों के सम्पर्क और प्रभाव से शासकों की रुचि वैशिक संगीत के प्रति बढ़ गयी। जहाँदार शाह तो लालकुँवरि नामक एक रक़्क़ासा वेश्या को सब कुछ दे बैठा था। यहाँ तक कि तख़्त और राजपाट पर भी उसी तवायफ़ का क़ब्ज़ा था। लालकुँवरि कोई ऐसी-वैसी तवायफ़ नहीं थी। कहते हैं कि वह तानसेन की वंशज थी। वह कलावन्तों के ख़ानदान से आती थी। उसके रूप-लावण्य, संगीतकला में पैठ तथा उसकी वाक्पटुता का ज़िक्र प्रस्तुत फ़ारसी शेर में मिलता है कि "ब ख़ूबी लालकुँवरि नाम-ए-बुद, शक्कर-गुफ़्तार सिम-अंदम-ए-बुद" (Lalkunwari, her very name was appropriate, sweet in speech. Her body was white as silver)। चाँदी जैसे बदन और शक्कर-सी मीठी बोली के कारण उसका नाम लालकुँवरि बिल्कुल सटीक था। अपने इन्हीं गुणों की वजह से वह शहंशाह जहाँदार शाह की सबसे चहेती रखैल थी। जब जहाँदार शाह तख़्त हथियाने में कामयाब हुआ तो लालकुँवरि को उसने बेगम बना लिया और उसे 'इम्तियाज महल' का रुतबा अता किया। शहंशाह ने उसके निजी ख़र्च के लिए शाही ख़ज़ाने से दो करोड़ रुपये निर्धारित किये। कहने का आशय है कि शहंशाह जहाँदार शाह उस रूपसुन्दरी के इशारे पर कुछ भी करने के लिए तत्पर रहता था। दोनों का परस्पर सम्बन्ध ऐसा था कि लालकुँवरि रणभूमि में भी साथ होती थी। मुग़ल सल्तनत के अन्तर्गत यह सिलसिला औरंगज़ेब के अन्तिम काल से शुरू हो चुका था। स्वयं औरंगज़ेब मंगलामुखियाँ के प्रति आकर्षित रहता था। यद्यपि उसका रुझान केवल ध्रुपद गायन में थी जिसे वह मंगलामुखियों से सुना करता था। मंगलामुखियाँ केवल ध्रुपद ही गाती थीं। यह कहना समीचीन होगा कि अकबर से लेकर औरंगज़ेब तक की कालावधि ध्रुपद संगीत के फैलाव और उत्कर्ष की थी। परवर्ती मुग़ल बादशाहों में ध्रुपद के प्रति लगाव कम होता गया और उनका रुझान मुख्यतया ख़याल, ठुमरी जैसी शृंगारिक गेय विधाओं में रहा। तथ्यों के आलोक में यह कहना अनुचित नहीं होगा कि कई मायने में औरंगज़ेब का समय संगीत के बहुमुखी विकास का था। इस समय ध्रुपद, बीन, पखावज पूरे शबाब पर थे तो ख़याल, टप्पा, ठुमरी भी प्रचलित हो चुकी थी। संगीत के प्रस्तोता, शास्त्रकार और बन्दिशकार-वाग्येयकार आला दर्जे के थे। इस तरह औरंगज़ेब का राज्यकाल संगीत प्रस्तुति और शास्त्र-रचना

शहंशाह मुईज़ुद्दीन जहाँदार शाह

तथा चर्चा की दृष्टि से महत्त्वपूर्ण और उल्लेखनीय था।

यद्यपि शहज़ादा (बाद में बादशाह) मुईज़ुद्दीन जहाँदार शाह विलासी और सुरा-सुन्दरी में आकण्ठ डूबा रहता था, पर ध्रुपद उसे भी प्रिय था। उसे काव्य और संगीत से इतना लगाव था कि तत्कालीन ध्रुपदकारों ने उसकी प्रशंसा, उसके प्रताप और पराक्रम, विजय, आखेट-प्रेम और पसन्दगी से सम्बद्ध ध्रुपद की बन्दिशें रची। इनमें से कुछेक की बानगी देखिए–

रागसूहा–ताल चौताल

"ऐक रची साहि मौज़दीन कौ ताके कारन दीनौ पयानौ।
दौरी दौरी आवे कहा लग जावै कस्तूरी संग सुदीनौ पयादौ ॥"

राग ईमन–जलद तिताला

"आयौ आयौ छत्रपती नरेस नर देस देस
पलबल हलहल चलत दलजामि के
पति रावत, तूअ डरनि।
सकल षांन सुलितान बान क्रपान तूअ करि कमान
औसांन जात गुमान
भुजत और जिते तित और घर घानि।
अति प्रचंड बलिवंड भुजनि वर वौहौ।
षंडषंड अति अंडड डंड दीनै बौहौतजू अरि
निकरि हारे थानि।
सुभट सुर सामंत कौ आनन्दजसु गावत
साहि मौज़दीन जू चरंजीव कुलि वरन ॥"

आख़िर दादा (औरंगज़ेब) और पूर्वजों का संस्कार तो किसी-न-किसी मात्रा में उसका रक्त-शिराओं में था ही। इसलिए ध्रुपद सुनना मुईज़ुद्दीन जहाँदार शाह को पसन्द था।

शहंशाह जहाँदार शाह (शहज़ादा मुअज़्ज़म का बेटा और शहंशाह औरंगज़ेब का पौत्र) का काव्य और संगीत में ऐसा रुझान था कि जब वह शहज़ादा था तो औरंगज़ेब के सभासद मिर्ज़ा इब्ने फ़ख़रुद्दीन मुहम्मद ने ककूल्तश ख़ाँ के सुझाव पर शहज़ादा को नज़्र करने के लिए 'तुहफ़त-अल-हिन्द' जैसा संगीत, काव्य एवं ललित कलाओं पर मानक ग्रन्थ रच डाला।

मुग़ल शहंशाह जहाँदार शाह के दरबार में रक्क़ासा लालकुँवरि नृत्य करती हुई

मुईजुद्दीन जहाँदार शाह को केवल काव्य और संगीत-नृत्य से ही लगाव नहीं था बल्कि उसे आखेट (शिकार) का भी बेहद शौक़ था—उसके आखेट-प्रेम से सम्बद्ध उसकी मुद्रा में अंकित ध्रुपद की बानगी देखिए :

रागतोड़ी—ताल चौताल

''गढ़पति दलपति देसपति अतिभावते गरब अंग धीर लीऐ,
सिंह बैठे और है कलंगजिनि की षेले (खेले) शिकार मारि मारि जीति लाऐ।
तूअ प्रचंड दल सकल गातबेनकर गातजानौ प्रचंड के देषि (देखी) मगदाता
अकन सकल परी षलमली (खलमली) तब वे आये पग पंख पसारि,
अकन सकल परी अजमठ उनको भरैग ॥
तांवर बरछी कुही बनाइ कुलहि म्यांन पीर दस्तगीर जो दई,
दिसाई जो लगी माई भुअ गिराई कै मारै जिनिके चकई चकवा प्रान भऐ,
साहि मौज़दीन महाबली शिकार कीनी कंपौ थर थर सुरेस फुनेस
सुर लंके सुर द्रगपाल तजि भजि भऐ।''

वीणा और मृदंग को छोड़कर जितने भी वाद्ययन्त्र वर्तमान में प्रचलित हैं,

शहंशाह जहाँदार शाह

यथा—सारंगी, सुरसिंगार, सुरबहार, सितार, सरोद, इसराज, दिलरुबा, शहनाई, नक़्क़ारा, नफ़ीरी, तबला ये सभी मुग़लकालीन हैं। यदि औरंगज़ेब के समय में सांगीतिक गतिविधियाँ प्रतिबन्धित होतीं और वाद्ययन्त्रों तथा संगीत ग्रन्थों को विनष्ट कर दिया गया होता तो न तो ये वाद्ययन्त्र बन पाते और न प्रचलित ही होते। बहुत सारी गेय विधाएँ, जैसे—सादरा, ख़याल, टप्पा, ठुमरी का आविर्भाव और प्रचलन भी नहीं हो पाता। नयी गेय विधाओं और नये साज़ों का अन्वेषण तभी सम्भव है जब संगीत की गतिविधियाँ और चिन्तनधारा सक्रिय हो और अबाधित चलती रहे। औरंगज़ेब के समय में संगीत और साहित्य के क्षेत्र में लेखन और चिन्तन की प्रक्रिया गतिशील थी। उसके राज्यकाल में रचे गये संगीत विषयक ग्रन्थों की बहुलता इस बात का प्रमाण और ज्वलन्त उदाहरण है। इस बात की पुष्टि इतिहासकार सतीशचन्द्र अपने मध्यकालीन भारतीय इतिहास में करते हैं।

इतने सारे तथ्यों के आलोक में यह कहना सरासर बेबुनियाद प्रतीत होता है कि औरंगज़ेब को संगीत, काव्य और कलाओं से परहेज़ था और वह 'रूखा फीका' इनसान था। पुरखों से प्राप्त संस्कार, जो उसकी धमनियों में दौड़ा करता था और जिस सांगीतिक माहौल में उसका लालन-पालन हुआ तथा छुटपन बीता, कतई इस बात की इजाज़त नहीं दे सकता था कि वह मौसीक़ी से नफ़रत करता। उसका वीणावादक और ध्रुपदों का बन्दिशकार होना ही पर्याप्त प्रमाण है कि वह संगीत और काव्य-रसिक था।

अंग्रेज़ तथा उसकी लीक पर चलने वाले अधिकांश भारतीय इतिहासकारों ने भारतीय इतिहास को सन्दिग्ध बना डाला। इसलिए सही तथ्यों के आधार पर भारतीय इतिहास के लेखन की नितान्त आवश्यकता है।

बाबर से लेकर अन्तिम मुग़ल शहंशाह बहादुरशाह 'ज़फ़र' द्वितीय तक सभी कमोबेश काव्य एवं संगीतरसिक ही नहीं हुए बल्कि उनमें से कई प्रस्तोता और बन्दिशकार भी हुए। इनमें औरंगज़ेब का स्थान सर्वोपरि है। मुग़लिया सल्तनत के संस्थापक बाबर से लेकर आख़िरी मुग़ल शहंशाह 'ज़फ़र' तक काव्य शेरोसुख़न और इल्मेमौसीक़ी की परम्परा अविछिन्न अबाधित चलती रही। इतना ही नहीं, विकसित और समृद्ध भी हुई। भारतीय इतिहास में मुग़लों का शासनकाल कला, साहित्य, संगीत, वास्तुकला के विकास की कहानी कहता है। मुग़लों के अतिरिक्त किसी अन्य शाही ख़ानदान के सभी शासकों का लगाव संगीत, काव्य और चित्रकला में नहीं रहा। इस दृष्टि से मुग़लों के राज्यकाल को हम भारत के निर्माण तथा सांस्कृतिक सम्पन्नता का कह सकते हैं। इसे बौद्धिक पुनर्जागरण

का काल कह सकते हैं।

इतिहासकारों (कतिपय अपवादों को छोड़कर) ने अज्ञानता या आग्रहवश जो भी कारण हो, संगीतकला, संगीतकारों तथा उनके संरक्षकों-संवर्धकों पर प्रकाश डालने की चेष्टा नहीं की। स्थापत्य तथा चित्रकलाओं पर तो रोशनी डाली पर संगीतकला अछूता रह गयी। ऐसा शायद इसलिए हुआ कि संगीत अत्यन्त ही सूक्ष्म कला है।

औरंगज़ेब की सुन्दरियों के प्रति आसक्ति कामवासना की तृप्ति के लिए नहीं अपितु उनके गाने-बजाने के चलते थी। इस पर इतिहासकारों की दृष्टि अत्यल्प गयी और यदि गयी भी तो उसे ग़लत ढंग से व्यक्त किया।

मुझे तो इस बात से हैरानी होती है कि इस्लाम में संगीत को हराम बताने का भ्रामक प्रचार किया जाता रहा है। कट्टरपन्थियों जिन्होंने क़ुरानशरीफ़ या तो ठीक से पढ़ा नहीं या निहित स्वार्थपरतावश और अपना वर्चस्व बनाये रखने के लिए वे इस तरह का ग़लत ढंग से प्रचारित करते चलते हैं। मिश्र, ईरान, अरब, तुर्कीस्तान, उज़बेकिस्तान, कज़ाक़िस्तान, अफ़ग़ानिस्तान, इण्डोनेशिया, बांग्लादेश, पाकिस्तान, हिन्दुस्तान एवं मुस्लिम बहुल अन्य जगहों में अधिकांश गाने-बजाने वाले मुसलमान हैं। यदि इस्लाम में संगीत करने की मनाही रहती तो इतनी जगहों के मुसलमान सांगीतिक गतिविधियों में संलग्न नहीं रहते। उस्ताद विलायत हुसैन ख़ाँ आगरे वाले बताते थे कि इस्लामी मज़हब में संगीत को हराम नहीं बताया गया है। यह धर्मान्ध, कट्टर, रूढ़िग्रस्त मुल्ला-मौलवियों का मनगढ़न्त फ़तवा है। यदि मौसीक़ी को हराम क़रार दिया गया होता तो मस्जिद में दी जाने वाली 'अज़ान' सुरीले अन्दाज़ और स्वरों में नहीं दी जाती। संगीत तो सम्पूर्ण ब्रह्माण्ड में प्रकृति के चप्पे-चप्पे में व्याप्त है। इससे विलग होकर पशु-पक्षी-वनस्पति तक नहीं रह सकते तो भला इनसान कैसे रह सकता है?

क़ुरानशरीफ़ में मौसीक़ी को पाक इल्म माना गया है। मौसीक़ी को ऐय्याशी और भोग-विलास का ज़रिया नहीं मानता इस्लाम। इसका प्रत्यक्ष प्रमाण है सूफ़ियों का संगीत से दिली लगाव। क़ौल, क़लवना, क़व्वाली, गुल, नक़्श, रंग—ये छह सूफ़ी गेय विधाएँ भक्तिमूलक हैं। सोज़ख़्वानी और मर्सिया भी भक्तिमूलक इबादत की गेय विधाएँ हैं। इस्लाम भी संगीत को इबादत का ज़रिया मानता है। क्योंकि इसका सम्बन्ध रूह से है, इसलिए इसे रूहानी ग़िज़ा कहा गया है।

छह सौ वर्षों के मुस्लिम शासनकाल में ऐसा एक भी सुल्तान या बादशाह नहीं हुआ जिसका संगीत में रुझान न रहा हो। औरंगज़ेब को मज़हब के नाम पर संगीत द्रोही बताना उसके व्यक्तित्व को धूमिल तथा कलंकित करना ही नहीं

अपितु इस्लाम की अवमानना होगी।

यह औरंगज़ेब के संगीत में रुझान का ही परिणाम था कि उसके शासनकाल के उत्तरार्द्ध में लगातार युद्ध तथा अन्तर्कलह में संलिप्त रहने के बावजूद सभी शहज़ादे और सामन्त किसी-न-किसी रूप में गायकों-वादकों, शायरों, कवियों को आश्रय देते रहे। उन परिस्थितियों में भी ध्रुपद और बीन (वीणा) की परम्परा विच्छिन्न नहीं हुई बल्कि अक्षुण्ण रही। तभी तो उसके परवर्ती काल में निमत ख़ाँ 'सदारंग' सरीखे युग-प्रवर्तक संगीतकार, बन्दिशकार और बीनकार हुए जो न केवल उच्चकोटि के बीनकार और ध्रुपदकार थे बल्कि ख़याल के जन्मदाता भी थे जो आने वाली पीढ़ियों के लिए संगीत का प्रकाश स्तम्भ बने रहे। रीतिकालीन कवियों में देव, मतिराम और घनानन्द तथा सितार के निर्माता खुसरो ख़ाँ (सदारंग के भ्रातृपुत्र तथा फ़िरोज़ ख़ाँ 'अदारंग' के पुत्र) और तबला के आविष्कारक सिद्धार ख़ाँ हुए।

शहंशाह मोहम्मद शाह 'रंगीले' के दरबारी बीनकार नियामत ख़ाँ 'सदारंग'

शहंशाह औरंगज़ेब के राज्यकाल में ही नियामत ख़ाँ 'सदारंग' का जन्म हुआ। हिन्दुस्तान में 'मुसलमान हुक्मरानों के अहद तमद्दुनी जलवे' के अनुसार औरंगज़ेब के समय में परमोल ख़ाँ के घर में 'सदारंग' का जन्म हुआ—इसका उल्लेख चन्द्रशेखर एवं शमामिश्र चेनोई द्वारा *मुरक़्क़ए देहलवी* के अंग्रेज़ी अनुवाद में पृष्ठ 76 पर मिलता है। डॉ. शैलेन्द्र कुमार

गोस्वामी भी अपनी पुस्तक *हिन्दुस्तानी संगीत के महान रचनाकार सदारंग-अदारंग* में लिखते हैं, "औरंगज़ेब के शासनकाल में सदारंग का जन्म हुआ और औरंगज़ेब के पुत्र बहादुरशाह प्रथम के शासनकाल में उनकी शिक्षा हुई। बादशाह मोहम्मद शाह रंगीले के समय में तो सदारंग को उच्चकोटि के संगीतकारों में रखा गया।"

पण्डित विष्णु नारायण भातखण्डे द्वारा रचित द्वारा *क्रमिक पुस्तक माला* भाग-4 के पृष्ठ 218 पर रागशंकरा और विलम्बित एकताल में निबद्ध नियामत ख़ाँ 'सदारंग' की एक बन्दिश शहंशाह औरंगज़ेब की प्रशंसा में है—रचना नीचे उद्धृत है :

"अस्थाई-कीनो के करतार महाबली औरंगज़ेब
भयो तोसे पुरो परताप।
अन्तरा-अपबली तपबली नोखंड महाबली।
'सदारंग' छाँड़ो परताप।"

इस तरह 'सदारंग' की बन्दिश भी इस बात की गवाह है कि औरंगज़ेब मौसीक़ी में रुझान रखता था। यदि वह संगीतद्रोही होता तो सदारंग कभी भी उसकी प्रशस्ति में बन्दिश नहीं रचता।

औरंगज़ेब के शासनकाल में संगीत, काव्य, शेरोशायरी आदि के लिए ऐसा माहौल था कि परवर्ती मुग़ल शहंशाह 'रंगीले' के दरबारी तथा ध्रुपद और ख़याल के रचनाकार 'सदारंग' तक को शहंशाह औरंगज़ेब की प्रशस्ति में ख़याल की बन्दिश रचनी पड़ी। औरंगज़ेब की संगीतप्रियता का प्रभाव मुग़ल साम्राज्य के अन्त तक रहा।

औरंगज़ेब के परवर्ती शासक शहंशाह मोहम्मद शाह 'रंगीले' के समय में बंगाल के जगतसेठ की उपाधि फ़तेहचन्द के गुणों से आकृष्ट होकर बादशाह ने उन्हें प्रदान की। जगत सेठों में महताब राय (फ़तेहचन्द के पौत्र) इतने प्रभावशाली हुए कि मुग़ल शहंशाह ने उन्हें ख़िलअत और ख़िताब से नवाज़ा। महताबराय संगीतप्रेमी थे जिनके आश्रय में यशोदानन्द शुक्ल उर्फ़ 'कविदास' ने *रागमाला* नामक संगीतग्रन्थ की रचना की। महताब राय के लिए इस ग्रन्थ की रचना की गयी। श्री शुक्ल ने इस ग्रन्थ में अत्यन्त ही सरल व सुबोध भाषा में संगीतशास्त्र के जटिल पक्षों, यथा स्वर, राग, ग्राम, श्रुति-मूर्च्छना एवं तालादि का संक्षेप में सूक्ष्मातिसूक्ष्म भेद सहित वर्णन किया है। 'कविदास' ने नाद्समुद्र से अपनी बुद्धि और विवेक के अनुसार मणियों की माला के समान अपने ग्रन्थ *रागमाला* की रचना की। इससे ज्ञात होता है कि शहंशाह औरंगज़ेब के समय की संगीत परम्परा की धारा परवर्ती मुग़लकालीन शासकों के समय में भी अविरल प्रवाहित रही। मुग़ल

शहंशाहों में मौसीक़ी और शेरोसुख़न का जुनून ऐसा कि सल्तनत का आखिरी वारिस शहंशाह बहादुरशाह द्वितीय 'जफर' भी आला दर्जे का मौसीक़ीकार-बन्दिशकार और शायर हुआ जिसका दरबार 'ज़ौक़' (ज़फर के उस्ताद), 'ग़ालिब', 'सौदा', 'मोमिन', 'दाग़', 'मीर' सरीखे शायरी के शलाका शायरों, तानरस ख़ाँ ख़यालिया तथा हिम्मत ख़ाँ ध्रुपदिया-बीनकार-सितारिया से हरदम रोशन रहता था। हिम्मत ख़ाँ के विषय में सर सैयद अहमद ख़ाँ लिखते हैं, "No body could come close to him in *Dhrupad*." He further writes, "If Tansen were still alive he whould have humbly become a disciple."

Rulers and nobles from all corners pleaded with him to join their service and offered him lots of money and riches, but he refused to budge from Delhi out of that self containment and well contentment that in the particular preserve of Men of Art. Any singer who arrived in Shahjahanabd claiming distinction in the art would forget their sur and taal (note and beat) after having only one bar of his music and would accept the dust of his feet as the decoration of their eye... This inner pain and the joy of holy wisdom suffered the singing of this extraordinary and notably self effacing genius."

शहंशाह बहादुरशाह 'ज़फ़र' (युवावस्था)

क़ुतुब बक़्श ख़ाँ जिसकी ख़याल की तानें ऐसी रसभरी होती थीं कि बादशाह 'ज़फ़र' ने सुनते ही उसे 'तानरस ख़ाँ' का ख़िताब अता किया। तब से दिल्ली घराने का शाही गवैया क़ुतुब बक़्श ख़ाँ 'तानरस ख़ाँ' के नाम से मशहूर हो गया। (पुरानी दिल्ली में जामा मस्जिद के पास सुईवाला गली की बग़ल वाली गली 'तानरस ख़ाँ की गली' कहलाती है जो उस महान ख़यालिए की याद तरोताजा कर देती है।)

मुग़ल शहंशाहों में मानवोचित उदात्त भाव और संवेदना कूट-कूटकर भरी थी। यही वजह है कि उन्हें शायरी, मौसीक़ी और कलाओं से गहरा लगाव ही नहीं था बल्कि

उनमें से कई चोटी के शायर, बन्दिशकार और फ़नकार भी हुए।

अन्तिम मुग़ल शहंशाह बहादुर शाह 'ज़फ़र' द्वितीय को मुल्क के बाहर रंगून में नज़रबन्द करके अंग्रेज़ हुक्मरानों ने रखा था, जहाँ उन्हें असह्य यातनाओं का सामना करना पड़ा। अभावों से जूझते हुए देखकर किसी ख़ैरख़्वाह ने उनसे पूछा, "आप इतनी तकलीफ़ कैसे झेल लेते हैं? आपने तो शाही महल में अपार सुख-सुविधा का उपभोग किया है, ऐसे में अधिकारियों से आप विरोध क्यों नहीं जताते?"

शहंशाह ने सहज भाव से जवाब दिया, "मैंने जो गुनाह किया है, उसकी सज़ा भुगतनी ही चाहिए—यह दण्ड यदि और भी कड़ा हो तो उसे भी बग़ैर प्रतिकार किये भोगूँगा।"

"क्या अपराध किया है आपने?" उक्त व्यक्ति ने पूछा तो प्रत्युत्तर में 'ज़फ़र' ने कहा, "देश का पहरेदार होकर मैं गहरी नींद में सोया रहा—समय रहते दुश्मन को मैंने ललकारा नहीं। क्या इससे भी बड़ा कोई गुनाह हो सकता है?"

यह जो कर्तव्यहीनता पर आत्मग्लानि और पश्चात्ताप के आँसू का घूँट पीना, जिसे शहंशाह 'ज़फ़र' व्यक्त कर रहे थे, उन्हें विरासत में अपने पुरखों से मिला था। शहंशाह औरंगज़ेब भी जब-तब अपनी ग़लतियों पर पश्चात्ताप के आँसू बहाता था।

शहंशाह बहादुरशाह 'ज़फ़र' के दरबारी गायक क़ुतुबबख़्श ख़ाँ उर्फ़ उस्ताद तानरस ख़ाँ

विभिन्न स्रोतों से औरंगज़ेब के व्यक्तित्व के विभिन्न पहलुओं और उसके संगीतप्रेम पर ज्यों-ज्यों मुझे तथ्य और प्रमाण मिलते गये, उस मुग़ल शासक के प्रति मेरे मन में जो शंकाएँ थीं, वे निर्मूल साबित होकर खण्डित होती गयीं बल्कि यों कहिए कि औरंगज़ेब के प्रति मेरे दिलोदिमाग़ में जो नफ़रत की भावना थी, वह सम्मान और श्रद्धा में तब्दील होती गयी।

पराक्रमी, धर्मपरायण, उदार, सहिष्णु, काव्य तथा संगीतकला में ज़बर्दस्त रुझान और पैठ वाला मध्यकालीन भारतीय इतिहास का एक सदाचारी शासक किस

तरह दुराग्रही और लापरवाह इतिहासकारों के अप्रामाणिक लेखन का शिकार हो गया, यह विचारणीय गम्भीर मुद्दा है। औरंगज़ेब के चरित्र, उसकी मनोवृत्ति और रुचियों-पसन्दगी-नापसन्दगी पर सम्यक् रूप से तटस्थ होकर गहन अध्ययन, शोध और छानबीन वांछनीय है। और खोजबीन किये गये तथ्यों के आलोक में औरंगज़ेब तथा औरंगज़ेबकालीन भारतीय इतिहास का पुनर्लेखन अत्यावश्यक है।

संक्षेप में यह रेखांकित करना आवश्यक हो जाता है कि औरंगज़ेब ने संगीत पर क्यों, कहाँ और कब प्रतिबन्ध लगाया? सवाल उठाता है कि यदि औरंगज़ेब को संगीत से नफ़रत थी तो गद्दीनशीं होने के दस-ग्यारह साल बाद प्रतिबन्ध क्यों लगाया? उसे तो तुरन्त प्रतिबन्ध लगाना चाहिए था। केवल दरबार में संगीत की प्रस्तुति पर प्रतिबन्ध क्यों लगाया? यह निषेधाज्ञा बिल्कुल राजनीतिक कारणों से बहुत सोचा-समझा-विचारा हुआ था और ऐसा तत्कालीन परिस्थिति का जायज़ा लेकर ही किया गया था। औरंगज़ेब के जीवन में काव्य एवं संगीत का महत्त्वपूर्ण स्थान था जिस पर विस्तार से पिछले पृष्ठों पर चर्चा की गयी।

दरबार में सांगीतिक गतिविधियो पर प्रतिबन्ध लगाना एक महत्त्वपूर्ण घटना थी, किन्तु उसके उठाये गये इस सख़्त क़दम से मुग़ल सल्तनत पर आँच आयी और साम्राज्य के पतन का कारण बना, ऐसा कहना सही नहीं होगा। मुग़ल साम्राज्य के पतन के अन्य कारण थे जिनमें मुख्य कारण था औरंगज़ेब के उत्तराधिकारियों और परवर्ती मुग़ल शासकों का अतिशय विलासितापूर्ण जीवन, सुरा और हरदम सुन्दरियों के गिरफ़्त में रहने वाले शहज़ादे राजपाट सँभालने में निकम्मे और अयोग्य साबित हुए। मेरे विचार से ख़ानख़ाना अब्दुर्रहीम की यह उक्ति ऐसी हालत में चरितार्थ होती है कि जो अति उच्च पद पावे ताको पतन निदान। यह तो नियति का नियम है।

शहशाह बहादुरशाह 'जफ़र'

कई इतिहासकारों ने जो औरंगज़ेब के ऊपर यह इल्ज़ाम लगाते हैं कि, The oppressive measures of Aurangzeb led to wide spread repressive if many Indian religion and cultural expression, music was one of them, and all this precipitated a series of rebellion against his rule. ऐसा कहना सरासर बेबुनियाद है। कारण, किसी भी ऐसे विरोध का उल्लेख नहीं मिलता जो धार्मिक या सांस्कृतिक मामलों में अनावश्यक हस्तक्षेप से हुआ हो। क्योंकि न तो किसी धर्म पर औरंगज़ेब ने प्रहार किया और न सांस्कृतिक गतिविधियों में ही हस्तक्षेप किया। औरंगज़ेब ने कभी भी इस्लाम का प्रचार-प्रसार ज़ोर-ज़बर्दस्ती से नहीं किया। धर्म को वह व्यक्तिपरक मानता था और उसमें दख़ल देना उसे पसन्द नहीं था। दरबार में संगीत पर प्रतिबन्ध लगाने पर कोई आन्दोलन हुआ हो ऐसा उल्लेख नहीं मिलता।

पहले ही बता चुका हूँ कि हिन्दुओं के प्रति औरंगज़ेब अनुदार नहीं था। उसकी धार्मिक सहिष्णुता और उदारता का प्रमाण फ्रांसिस बुकनन के संस्मरण (1811 ई.) से प्राप्त होता है। बुकनन इस बात की चर्चा करता है, "शहंशाह औरंगज़ेब ने पटना सिटी यानी अज़ीमाबाद स्थित पटनदेवी मन्दिर के पुजारी को एक फ़रमान जारी करके ज़मीन दी थी, ज़हाँ पाठशाला चलाने का आदेश था। इससे यह ज़ाहिर होता है कि शिक्षा के प्रसार में उसकी गहरी दिलचस्पी थी।"

अन्तिम मुग़ल शहंशाह बहादुरशाह 'जफ़र' द्वितीय के समकालीन अद्वितीय बीनकार उस्ताद हिम्मद ख़ाँ

स्त्री-शिक्षा का भी वह प्रबल समर्थक था। उसकी दृढ़ धारणा थी कि स्त्रियों को शिक्षित किये बिना समाज का विकास मुमकिन नहीं है, इस दिशा में उसके किये गये प्रयास प्रशंसनीय हैं।

औरंगजेब पर ख़्वामख़ाह आरोप लगाया जाता है कि उसने काशी विश्वनाथ मन्दिर को तुड़वा दिया। किन्तु पी. सी. सीताराम नाथ और

डॉ. बी.एन. पाण्डेय के बयानात के मुताबिक़ हक़ीक़त यह है—

"कच्छ के शासक की आठ रानियाँ विश्वनाथ मन्दिर के दर्शनार्थ गयी थीं। उनमें से एक रूपवती रानी का मन्दिर के पुजारियों ने सामूहिक बलात्कार करके हत्या कर दी। बाक़ी रानियाँ वापिस लौट आयीं। जब कच्छ के राजा को इस बात की जानकारी मिली तो उसने बादशाह को बताया और फ़रियाद की कि समुचित कार्रवाई करें। इस पर बादशाह ने इसे हिन्दुओं का मामला कहकर टाल दिया। पर कच्छ के राजा के बहुत गिड़गिड़ाने पर बादशाह ने पहले हिन्दू अफ़सरों और सैनिकों को तहक़ीक़ात के लिए भेजा। लेकिन पुजारियों ने उन हिन्दू अफ़सरों और उनके सैनिकों को डाँट-फटकारकर भगा दिया। इस पर औरंगज़ेब ने बहादुर मुसलमान और हिन्दू अफ़सरों के साथ अधिक सैनिकों को भेजा। मन्दिर के पुजारियों ने उसका डटकर सामना किया। मन्दिर के भीतर हुई मुठभेड़ की हालत में मन्दिर क्षतिग्रस्त हुआ। ऐसा होना स्वाभाविक था। मन्दिर में प्रवेश करने के बाद उन सैनिकों को कच्छ की रानी की लाश बरामद हुई। साथ ही अनेक औरतों की नंगी लाशें और कंकाल भी मिले। इससे मन्दिर के महन्त और पुजारियों की काली करतूत का पर्दाफ़ाश हुआ। अब इसे औरंगज़ेब द्वारा मन्दिर तुड़वाने की घटना जो लोग कहते है, वे असलियत को दबाकर सत्य पर लीपापोती करने का दुष्प्रयास करते हैं। यदि औरंगज़ेब सैनिक कार्रवाई नहीं करता तो विश्वनाथ मन्दिर के महन्त और पुजारियों की काली करतूत सामने नहीं आती। तो इसमें मन्दिर तुड़वाने की बात कहाँ आती है।

मेरा तो मानना है कि जिसके हृदय में सुरों की मिठास भरी हो, वह कतई क्रूर, दुराग्रही, अनाचारी और धर्मान्ध नहीं हो सकता और न ही ग़लत कार्य करने की उसकी दुष्प्रवृत्ति होगी। यहाँ यह स्पष्ट कर लेना आवश्यक है कि धर्मपरायण और धर्मान्ध दो अलग-अलग शब्द और मुद्दे हैं—औरंगज़ेब धर्मपरायण था न कि धर्मान्ध। कट्टरपन्थियों ने उसे धर्मान्ध और कट्टर बताकर इस्लाम का मसीहा बना डाला।

मुग़लों का तीन सौ वर्षों से भी अधिक का शासनकाल हिन्दुस्तानी संगीत, काव्य और साहित्य का स्वर्णकाल था जिसमें न केवल संगीतकला का बहुमुखी विकास अपितु भक्ति और रीतिकालीन काव्य एवं साहित्य का भी सर्वतोमुखी विकास हुआ। कबीर, जायसी, रहीम, रसख़ान, कुतबन, सूर, तुलसी, नानक, मीराबाई, बिहारी, पद्माकर, देव, मतिराम और घनानन्द सरीखे हिन्दी काव्य के रत्न कविगण मुग़लकालीन ही हैं।

इस शासनकाल में न केवल संगीत एवं अन्य कलाओं का विकास हुआ

बल्कि भारत को हिन्दू-मुस्लिम तहज़ीब की मिली-जुली उपज बहुरंगी गंगा-जमुनी समन्वयवादी एक उत्कृष्ट 'साझी' संस्कृति भी मिली जो सम्पूर्ण विश्व में सर्वोत्कृष्ट है। इस समयावधि में एक-से-एक बढ़ चढ़कर संगीतकारों, वाग्येयकारों, बन्दिशकारों, शास्त्रकारों, कवियों-शायरों, चित्रकारों, शिल्पियों, वास्तुकारों का आविर्भाव हुआ। सुलेखन (ख़ुशनवीसी—Calligraphy) एक कला के रूप में विकसित हुआ। औरंगज़ेब और उसकी सुपुत्री शहज़ादी ज़ेबुन्निसा इस कला में सुदक्ष थी। शैलियों, साज़ों, बाजों, रागों का भी निर्माण हुआ। संगीत के शास्त्रीय पक्ष के प्रतिपादक, शास्त्रकार, विवेचक तथा इतिहासकार भी हुए। यह काल संगीत के निर्माण और बहुआयामी विकास का था। ख़ासकर औरंगज़ेब के समय में संगीत के क्षेत्र में महत्त्वपूर्ण स्थापनाएँ हुईं जिसके आधार पर वर्तमान सांगीतिक गतिविधियाँ गतिमान और विकासशील हैं। औरंगज़ेब के राज्यकाल में संगीत विषयक ग्रन्थों का सर्वाधिक प्रणयन हुआ। यह उल्लेखनीय कालावधि न केवल संगीत के चतुर्दिक उत्कर्ष की थी अपितु संगीत के प्रस्तोताओं, वाग्येयकारों, संगीतशास्त्रियों के वैभव की थी।

संगीत विषयक ग्रन्थ सबसे अधिक शहंशाह औरंगज़ेब के वक़्त में लिखे गये इसकी पुष्टि *तर्जुमा-ए-मानकुतूहल* व *रिसाला-ए-रागदर्पण* में प्रकाशित सुविख्यात इतिहासकार प्रो. एस. नूरुल हसन के Forward के निम्न पैराग्राफ़ से होती है, "As the present knowledge stands however the largest number of writings on the subject (i.e. music) both in Persain and Sanskrit, in the north as well as in the South-happen to belong to the times of Aurangzeb. Among these may be mentione 'Ahobal's *Parijat* (i.e. *Sangeet Parijat*) in 1666 A.D. almost simultaneously though elaborately improved in Persian by Mirza Raushan Zamir, Aurangzeb's Bakhshi, Fakirullah's *Tarjuma-i-Mankutuhala* and his own *Raagdarpan*, Mirza Khan's *Tuhfatul Hind* and Raghunath Nayak and his son Venkatmukhi's Sanskrit Works.

Aurangzeb that he had to give up listening to music because the ulama told him that while there was no objection to his listening to singing, hearing Pakhawaj was definitely an infringement of the shariat law, Aurangzeb on the other hand could not bear to hear a song without Pakhawaj and he therefore give up listening to music altogether. There is however no evidence that in the house of the nobility and elsewhere there was any dealwise in musical activity of parties and that is the principal explanation of such a large number of works on music being written during the reign of Aurangzeb in

Sanskrit as well as in Persian."

प्रो. नूरुल हसन का कथन Contradictory है, क्योंकि औरंगज़ेब ध्रुपदप्रेमी और बीनकार था और बन्दिशकार भी था—यह सर्वविदित है कि बग़ैर पखावज की संगति के ध्रुपद और बीन नहीं गाया-बजाया जा सकता है। इसलिए नूरूल हसन ने शरीयत का हवाला देकर लिखा है कि औरंगज़ेब ने संगीत सुनना बिल्कुल छोड़ दिया जबकि यह सही नहीं है।

बाँदा निवासी केशव तिवारी ने चित्रकूट स्थित बालाजी मन्दिर, जिसे शहंशाह औरंगज़ेब ने बनवाया था, पर 'औरंगज़ेब का मन्दिर' शीर्षक से एक कविता लिखी है—यह कविता इतिहास के एक अबूझे तथ्य को प्रकाश में लाती है। इस पर टिप्पणी करते हुए केशव तिवारी के मित्र अजय तिवारी ने लिखा है, "शायद इतनी शिद्दत के विडम्बना से उद्घाटन में केशव पहली बार लगे हैं।" 'एक रास्ता इधर से भी जाता है'—कविता की पंक्तियाँ यों हैं,

"यहाँ नहीं उमड़ती श्रद्धालुओं की भीड़...
एक बूढ़ा पुजारी कपड़े में लपेटे

आलमगीर का फ़रमान सन्दूक़ची में समेटे है, बड़े जतन से इस बात का सबूत जिसे तारीख़ ज़ालिम कह नज़ीर देती है—उसका दिल भी कभी न कभी धड़कता था दूसरों के लिए भी..,गीता, वेद, रामायण, श्रुतियों के साथ एक साधु लिये बैठा है एक बुतशिक़न बादशाह का फ़रमान, इतिहास की मोटी-मोटी किताबों में तरह-तरह के मन्तव्यों के बीच यह पन्द्रह लाइन का एक अदना-सा फ़रमान तमाम धार्मिक उद्घोषों-जयकारों के बीच धर्म और इतिहास के मुहाने से पुकारती एक आवाज़ तमाम ध्वंसावशेषों से क्षमा माँगता, कोई सुने तो रुककर एक आवाज़ यह भी है।"

अजय तिवारी आगे लिखते हैं, "विडम्बना वर्तमान तथ्य और ऐतिहासिक परम्परा, दोनों स्तरों पर है। दूसरी तरफ़ इस मन्दिर का निर्माण उस शासक ने किया था जिसकी ख्याति मन्दिर तोड़ने के लिए थी।" (ऐसा तथाकथित अधिकांश इतिहासकारों ने माना है)।

वह आगे लिखते हैं, "इतिहास की मोटी-मोटी किताबों और तरह-तरह के मन्तव्यों के समानान्तर सिर्फ़ पन्द्रह लाइनों का एक अदना-सा फ़रमान है, जो पूरी ताक़त से डट जाता है। इस फ़रमान में औरंगज़ेब का यह ऐलान है कि 'शाही ख़ज़ाने से बालाजी के इस मन्दिर को हमेशा-हमेशा नियमित मदद की जाती रहेगी। एक विडम्बना यह भी है कि हमेशा-हमेशा के लिए ख़ुद शहंशाह भी न

रह पाये, मदद की बात दूर रही।''

औरंगज़ेब एक ज़ालिम शासक था, लेकिन मनुष्य भी था। केशव देखते हैं, ''ज़ालिम कहे गये शख़्स का दिल भी कभी-कभी धड़कता था दूसरे के लिए।'' अजय तिवारी कहते हैं, ''महानायक या खलनायक बनाने की जगह मनुष्य के रूप में देखना कवि का काम है, यहाँ मैं कहना चाहूँगा कि 'रामधारी सिंह दिनकर' एक नामचीन कवि होते हुए और इतिहास के ज्ञाता होकर भी यह नज़रिया औरंगज़ेब के विषय में नहीं रख पाये। (*संस्कृति के चार अध्याय* में) लकीर के फ़कीर होकर ख़्वामख़ाह औरंगज़ेब को कट्टर धर्मान्ध बताते हुए उसकी बखिया उधेड़कर रख दी है 'दिनकर' जी ने।''

श्री अजय तिवारी अपने आलेख 'औरंगज़ेब का मन्दिर' में बतौर निष्कर्ष लिखते हैं, ''इतिहास एक सजीव शक्ति है, यह बात अगर विद्वेष का प्रचार देखकर समझी जा सकती है तो इस प्रचार का प्रतिवाद भी इतिहास के ज़रिये किया जा सकता है। इस बात को केशव की यह कविता समझा देती है। केशव ने इतिहास को वर्तमान में पकड़ा है। इसलिए कविता में इतिहास एक निरन्तरता और विडम्बना के रूप में द्वन्द्वात्मक रूप में आया है। सैकड़ों साल पुराने मन्दिर की दीवारों पर टिका सकते हैं पीठ—यहाँ पुरानापन मृत नहीं है बल्कि मृत परिपाटियों का अस्वीकार है। निरन्तरता इस बात में है कि बादशाह के रहते जो मन्दिर धन-धान्य और आगन्तुकों से भरा रहता था, वह आज वीरान है। यह हमारे समय पर एक टिप्पणी है।''

जिस वास्तविकता को स्वीकारने में कविवर रामधारी सिंह 'दिनकर' सरीखे महान कवि चूक गये, उसे उनकी तुलना में एक अनजान कवि (केशव तिवारी) ने पूरी दृढ़ता से महसूसा और अपनी कविता 'औरंगज़ेब का मन्दिर' में व्यक्त किया है। (नया ज्ञानोदय, नवम्बर 2012 में पृष्ठ 115 पर प्रकाशित अजय तिवारी के आलेख 'औरंगज़ेब का मन्दिर' से साभार।)

दरअसल शहंशाह औरंगज़ेब एक सच्चा धर्मनिरपेक्ष और प्रजावत्सल शासक था जिसका ज्वलन्त प्रमाण उसका बनवाया चित्रकूट स्थित बालाजी का मन्दिर है।

जो लोग औरंगज़ेब को कट्टर धर्मान्ध बताते हुए उस पर दोषारोपण करते हैं कि उसने मन्दिर तुड़वाये तो ऐसे लोगों को यह क्यों नहीं दिखता कि उसने मन्दिर बनवाये और उसके रख-रखाव की व्यवस्था भी की। किसी चीज़ को सकारात्मक दृष्टि से देखा जाना चाहिए—नकारात्मक हमेशा बुरे और ग़लत परिणाम देता है।

श्री केशव तिवारी की कविता ने यह साबित कर दिया कि कवि कितनी गहराई

तक इतिहास में गया है। हम इतिहास को झुठला नहीं सकते। ऐतिहासिक तथ्यों की खोजबीन करने वाले शोधकर्ता को इतिहास की वास्तविकता से अन्ततोगत्वा साक्षात्कार हो ही जाता है। आवश्यकता है खोजपरक दृष्टि की।

आज भी इस मन्दिर में एक फ्रेम में औरंगज़ेब का फ़रमान मढ़ा हुआ सुरक्षित है जिस पर अंग्रेज़ी शासनकाल में ख़ास तवज्जो नहीं दी गयी। आज़ादी के बाद कुछ सरकारी सहायता अवश्य मिली, लेकिन अपर्याप्त। मुग़ल शासन के बाद इस मन्दिर के अच्छे दिन नहीं बहुरे (लौटे)।

औरंगज़ेब पर ज़ालिम, कट्टर, धर्मान्ध, 'संगीत, साहित्य, कलाविहीन' होने का जो ग़लत आक्षेप लगाया जाता रहा, उसे यह मन्दिर निराधार साबित करता है। हमने इतने साक्ष्य, उदाहरण और प्रमाण अपने इस शोध-प्रबन्ध में प्रस्तुत किये हैं जिनमें यही सिद्ध होता है कि औरंगज़ेब एक कुशल शासक, धर्मपरायण, धर्मनिरपेक्ष, संगीत साहित्य-कला-प्रेमी और रसिक ही नहीं स्वयं चोटी का कवि, कैलीग्राफर और संगीतकार भी था।

इस्लाम में ऐसा कहीं नहीं लिखा या कहा गया है जो इनसान को इनसानियत से दूर रखकर अन्य मज़हबों के प्रति असहिष्णु बना दे। यह तो कट्टर पोंगापन्थी निहितस्वार्थ में लिप्त रहने वाले मुल्ला-मौलवियों, हिन्दू पण्डितों और संकीर्ण मानसिकता वालों के कारनामे हैं जो मज़हबों में विभाजन की रेखा खींचते हैं और इनसान को एक-दूसरे का बैरी बनाते हैं। संगीत और साहित्य जो इनसान के भीतर के बन्द कपाट खोल प्रकाश भर देते हैं तथा मानव को संस्कारित कर उदात्त बनाते हैं—ऐसे में *क़ुरानशरीफ़* मौसीक़ी को हराम कैसे करार दे सकता है? अगरचे ऐसा होता तो मुहर्रम में मुसलमान सोज़ख़्वानी और मर्सिया नहीं गाते। संगीत का सुर और लय तो सृष्टि के कण-कण में व्याप्त है—फिर कोई इससे परे कैसे रह सकता है, चाहे वह शहंशाह औरंगज़ेब ही क्यों न हो।

उपसंहार

मुग़ल शहंशाह औरंगज़ेब के सन्दर्भ में कविवर रामधारी सिंह 'दिनकर' की कृति *संस्कृति के चार अध्याय* में वर्णित तथ्यों की विवेचना और समीक्षा—

माता-पिता के स्नेह से वंचित तथा परिवार में कलह, ईर्ष्या, द्वेष एवं षड्यन्त्रों से भरा दूषित वातावरण—इन सब कारणों से औरंगज़ेब के व्यक्तित्व में रूक्षता और माधुर्य का परस्पर-विरोधी सामंजस्य दिखता था। विपरीत परिस्थितियों

की असह्य जलन से उसकी सारी नाज़ुक भावनाएँ झुलस गयी थीं पर उसका व्यक्तित्व नारियल की तरह ऊपर से कठोर और भीतर से शुभ्र तरल मुलायम था। यदि हम कहें कि कैक्टसनुमा उसका व्यक्तित्व था तो सही होगा—कैक्टस में काँटे रहते हैं तो ख़ूबसूरत फूल भी लगते हैं। इस तरह वह बुरा नहीं था। इस वास्तविकता के प्रमाणस्वरूप प्रचुर उदाहरण पिछले पृष्ठों पर प्रस्तुत किये गये हैं। नीचे वर्णित तथ्यों से भी उसकी पुष्टि होती है तथा उसकी उदारता, नेकदिली, संगीत काव्यप्रियता पर प्रकाश पड़ता है।

मुझे हैरानी होती है, कविवर रामधारी सिंह 'दिनकर' की धारणा पर, जब वह अपने बहुचर्चित ग्रन्थ *संस्कृति के चार अध्याय* में लिखते हैं, "औरंगज़ेब इस्लाम की पाबन्दियों का पालन करने के कारण अच्छा मुसलमान समझा जाता था किन्तु शासक वह बहुत बुरा निकला। बाबर से लेकर शाहजहाँ तक मुग़लों ने भारत की जिस सामासिक संस्कृति को पाल-पोसकर खड़ा किया था, उसे औरंगज़ेब ने एक ही झटके में तोड़ डाला और साथ ही उसने अपने साम्राज्य की कमर तोड़ दी। वह हिन्दुओं ही नहीं, सूफ़ियों का भी दुश्मन था और सरमद जैसे सन्त को उसने सूली पर चढ़वा दिया था।"

'दिनकर' जी की इस बेबुनियाद और ग़लत धारणा को ग़लत साबित करने के लिए मैंने अपने इस शोध-प्रबन्ध में अनगिनत साक्ष्य एवं प्रमाण प्रस्तुत किये हैं। उसे दुहराने की आवश्यकता मैं नहीं समझता। मार्के की बात है कि दिनकर जी अपनी धारणा की पुष्टि में एक भी प्रमाण पेश नहीं कर पाये हैं। ऐसी हालत में उनकी धारणा को मिथ्या, मनगढ़न्त और अनर्गल प्रलाप ही कहा जा सकता है।

अपनी पुस्तक में 'दिनकर' जी एक जगह लिखते हैं, "जहाँगीर और शाहजहाँ ने अकबर की नीति बहुत दूर तक बरती। लेकिन सन् 1630 में न जाने शाहजहाँ को क्या हुआ कि उसने फ़रमान निकाल दिया कि अब आगे से नये मन्दिर नहीं बनवाये जायें और जो मन्दिर बनाये जाने के क्रम में हों वो तोड़ दिये जायें।"

'दिनकर' जी आगे लिखते हैं, "मुसलमान बनाने वालों को सरकारी ओहदे, तरक़्क़ी और क़ैद की माफ़ी मिलने लगी। दिल्ली और अन्य बड़े-बड़े शहरों में संगीत बन्द करा दिया गया।" पर इन बातों के प्रमाण में वह एक भी ठोस सबूत पेश नहीं कर सके।

औरंगज़ेब ने सरमद को मरवा डाला तो सूफ़ी सन्त याहूया मदनी मोईनुद्दीन चिश्ती को नज़राना भी भेजा करता था। सरमद को मरवाने के पीछे राजनीतिक कारण थे—व्यक्तिगत द्वेष और सूफ़ी सन्त से घृणा का भाव नहीं। बिना भेदभाव

के अपने विरुद्ध साज़िश करने वालों को वह बख़्शता नहीं था, यह सत्य है। पर ऐसा नहीं था कि केवल हिन्दुओं को ही मरवाता था। इससे यह नहीं साबित होता है कि वह क्रूर और निर्दयी और हिन्दुओं तथा सूफ़ियों का दुश्मन था।

संस्कृति के चार अध्याय में कविवर 'दिनकर' बार-बार औरंगज़ेब को साम्प्रदायिकता से पीड़ित बताते हैं। पर वह यह भी लिखते हैं, "औरंगज़ेब हिन्दी शब्दों के सौन्दर्य को पहचानता था जिसका प्रमाण यह कि एक बार जब उसके बेटे मुहम्मद आज़मशाह ने उसे कुछ आम भेजे और उसका नामकरण करने का अनुरोध किया, तब औरंगज़ेब ने उसका नाम 'सुधारस' और 'रसना विलास' रखा था। दरअसल मुग़ल शहंशाहों को आम बेहद पसन्द था। बादशाह पसन्द और बेग़म पसन्द जैसे आम के नाम भी रखे गये। कहते हैं कि आम का बाग़ लगवाने की परिपाटी मुग़लों द्वारा ही शुरू की गयी। औरंगज़ेब को भी आम पसन्द था, तभी तो जब वह दक्कन का सूबेदार था तो शाहजहाँ के लिए ख़ासतौर से चुनिन्दा आमों का टोकरा बतौर तोहफ़ा भेजा करता था।

ग़ौरतलब है कि औरंगज़ेब ब्रजभाषा में पदों की रचना करता था। वह बहुभाषाविद् था—संस्कृत, फ़ारसी, अरबी, तुर्की, हिन्दवी, उर्दू और ब्रजभाषा में दख़ल रखता था। उसकी रचनाओं का हवाला मैंने इस शोध-प्रबन्ध में दिया है।

डॉ. सुनीति कुमार चाटुर्ज्या के हवाले से 'दिनकर' लिखते हैं, "मआसिरे आलमगीरी के अनुसार 1690 ई. के आरम्भ में जब औरंगज़ेब दक्कन में था तथा बड़ी दूर बंगाल से एक मुसलमान प्रवास करता हुआ बादशाह से मिलने कृष्णा नदी वाले प्रदेश में पहुँचा और वहाँ पहुँचकर उसने बादशाह से कहा, 'आप मुझे अपना मुरीद बना लीजिए।' इस पर औरंगज़ेब ने उसे निम्न देसज पद्य की पंक्तियाँ कहकर फटकारा, 'टोपी लेन्दे, बावरी देन्दे, खरे, निल्लज चूहा खान्दा बावली, तू कल बाँधे छज्ज।' अर्थात् 'तुम अपने लम्बे बालों को छोड़कर (फ़क़ीरी की) टोपी लेना चाहते हो। अरे खरे निर्लज्ज, तुम्हारा घर तो चूहा खाये जा रहा है और तुम कल उस पर छप्पर छवाने की बात कर रहे हो।" स्पष्ट है कि मुसलमान होकर भी वह किसी मुसलमान के ग़लत कार्य को तरजीह नहीं देता था।

'दिनकर' जी लिखते हैं, "औरंगज़ेब की साम्प्रदायिकता सिद्ध तथ्य है" और यह भी लिखते हैं, "फिर भी उसके मुँह से हिन्दी के ही शब्द निकलते थे।" इसका कारण था कि औरंगज़ेब के पूर्व साम्प्रदायिक भाषा का जन्म नहीं हुआ था। यह तब बनी जब यहाँ राजनीति दूषित होने लगी। यह सत्य है कि औरंगज़ेब के राज्यकाल में राजनीति दूषित नहीं हुई थी। वह राजकाज में कुत्सित राजनीति

करना पसन्द नहीं करता था। इसके भी अनेक दृष्टान्त मैंने प्रस्तुत किये हैं।

इतना ही नहीं, शाही ख़ानदान में युवराज के दो नाम रखे जाते थे जिससे पता चलता है कि उनमें हिन्दी के प्रति कितना गहरा लगाव था—मिसाल के तौर पर शहंशाह शाहजहाँ ने औरंगज़ेब के दो नाम रखे—मुसलमानों के लिए औरंगज़ेब और हिन्दुओं के लिए 'नवरंग बिहारी।' कवि भूषण ने अनेक स्थलों पर औरंगज़ेब को 'नवरंग' कहा है।

दरअसल, हिन्दी से मुस्लिम साहित्यकारों और शासकों का जुड़ाव हज़रत अमीर ख़ुसरो के वक़्त से ही था। स्वयं खुसरो ने उल्लेख किया है कि उनसे भी पहले ख़्वाजा मसऊ सुलेमान (1125 ई.) ने हिन्दी में भी रचनाएँ की थीं। मुस्लिम साहित्यकारों ने पहले इसे हिन्दुई, हिन्दवी और फिर हिन्दी कहा। तक़रीबन सात सौ साल पहले इसी हिन्दवी (हिन्दी) पर रीझकर अमीर खुसरो ने फ़ख़्र से कहा था, "चूँ मन तूती हिन्दम अर रास्तपुरसी, जे मन हिन्दवी पुरसता नग्ज़ गो ग़म।" अर्थात् मैं हिन्दुस्तानी का तूती हूँ। अगर मुझसे सच पूछते हो तो हिन्दवी में पूछो जिसमें मैं कहीं अच्छी बातें बता सकूँ। मुसलमानों को छोड़ कर मध्यकालीन हिन्दी कवियों ने हिन्दी को भाषा या भाखा ही कहा, हिन्दी नहीं।

इस तरह हिन्दवी यानी हिन्दी से न केवल मुस्लिम कवियों-साहित्यकारों बल्कि शासकों (ख़ासकर मुग़ल शासकों) का भी प्रगाढ़ रिश्ता रहा। सूफ़ी सन्तों का प्रभाव हर सुल्तान और बादशाह पर रहा—ये सूफ़ी सन्त हिन्दवी का ही व्यवहार करते थे। इस तरह हिन्दी की परम्परा साम्प्रदायिकता की परम्परा नहीं बल्कि उदारता और समन्वय की थी जिससे मुग़ल शहंशाह औरंगज़ेब भी जुड़ा रहा। जिस तरह सूफ़ी सन्तों ने अवाम को सन्देश देने का ज़रिया हिन्दी को बनाया, उसी तरह मुग़ल शहंशाहों ने जनता-जनार्दन से सीधे ताल्लुक़ात बनाये रखने के लिए हिन्दी का दामन थामा। औरंगज़ेब का हिन्दी से प्रेम दिखावा नहीं, हक़ीक़त था।

भाषा और काव्य से जिसे प्रेम होगा, वह कठोर और क्रूर नहीं हो सकता है। 'दिनकर' जी कहते हैं, "औरंगज़ेब की साम्प्रदायिकता सिद्ध तथ्य है।" पर अपने इस कथन की पुष्टि में एक भी साक्ष्य वह प्रस्तुत नहीं कर सके। एक कवि और जाने-माने विद्वतजन को इस तरह से भ्रान्तियाँ नहीं पाल लेनी चाहिए थीं। सच तो यह है कि औरंगज़ेब के व्यक्तित्व को लेकर जितनी भ्रान्तियाँ फैलायी जाती रहीं, उसकी तह में जाकर छानबीन और विश्लेषण करके सत्यता को प्रतिपादित करने की चेष्टा किसी ने नहीं की। 'दिनकर' ने भी नहीं।

हिन्दी इस मुल्क की भाषा है। इसलिए हिन्दी से औरंगज़ेब का लगाव

यह दर्शाता है कि हिन्दुस्तान यानी इस मुल्क से वह बेपनाह प्यार करता था। औरंगज़ेब न तो देश का विभाजन चाहता था और न ही वह साम्प्रदायिक था। प्रस्तुत शोध-प्रबन्ध में प्रचुर प्रमाण दिये जा चुके हैं कि उसके विरुद्ध जितने इल्ज़ाम लगाये गये और भ्रान्तियाँ फैलायी गयी हैं, सभी निर्मूल और निराधार हैं। इस्लाम क़ुबूल करने के लिए औरंगज़ेब ने न तो बल का प्रयोग किया—यहाँ तक कि अपने अधिकारियों को भी इस्लाम के प्रचार के लिए मज़बूर नहीं किया और न राजकोष का दुरुपयोग किया जबकि अशोक ने बौद्ध धर्म के प्रचार-प्रसार के लिए राजकोष और अपने अधिकारियों को ही नहीं, परिवार के सदस्यों का भी उपयोग किया, यहाँ मैं स्पष्ट उल्लेख करना चाहता हूँ कि साम्प्रदायिक भाषा और गतिविधियों के जन्मदाता ईस्ट इण्डिया कम्पनी के अंग्रेज़ थे। अंग्रेज़ों ने हिन्दू और मुसलमानों में भेद पैदा करके अपने शासन को पुख़्ता करने का काम किया। 'फूट डालो और राज करो' यही अंग्रेज़ों की नीति रही, औरंगज़ेब की नहीं।

इतिहास का विद्यार्थी और अध्येता होकर 'दिनकर' जी का ध्यान इस वास्तविकता पर नहीं गया और इस ऐतिहासिक तथ्य को जानने से वंचित रहे। सच तो यह है कि एक कवि जब तक अपने काव्य के स्वप्निल लोक से नहीं निकलता, तब तक वह ऐतिहासिक तथ्यों को नहीं समझ सकता और न इतिहास के साथ न्याय ही कर सकता है।

सुप्रसिद्ध संगीतशास्त्री आचार्य कैलासचन्द्र देव बृहस्पति जाति के ब्राह्मण और जनसंघ के सदस्य होते हुए भी पहले व्यक्ति थे जिन्होंने औरंगज़ेब के संगीत तथा काव्य-प्रेम और वीणावादक होने की असलियत का खुलासा करते हुए 20वीं सदी के छठे दशक में 'साप्ताहिक धर्मयुग' में 'औरंगज़ेब का संगीतप्रेम' शीर्षक से एक शोधपरक आलेख लिखा था। यह चौंकाने वाली बात थी, पर थी हक़ीक़त का रहस्योद्घाटन।

अंग्रेज़ इतिहासकारों की लीक पर चलने वाले कतिपय गुमराह भारतीय इतिहासकारों ने भी भारत के कई इतिहास-पुरुषों के व्यक्तित्व की ग़लत तस्वीर गढ़ने का दुस्साहस किया। शहंशाह औरंगज़ेब भी ऐसा ही पात्र था जिसे ख़्वामख़ाह विवादों के घेरे में रखने का दुष्प्रयास किया गया। मैं बार-बार इस बात को दुहराता रहा हूँ कि इतिहास को भ्रामक और गुमराह करने वाली कुचेष्टाओं का ज़रिया नहीं बनाया जाना चाहिए, क्योंकि इतिहास मानवजाति और उसकी समस्त गतिविधियों, उपलब्धियों और विफलताओं के लेखा-जोखा का दर्पण होता है।

मुझे हैरत होती है जब 'दिनकर' जी औरंगज़ेब को भारत-विभाजन की कामना

करने वाले बताते हैं। पर वर्तमान में भारत का विभाजन करने वाले कौन-कौन थे, उन पर उनका ध्यान नहीं जाता, इसे विडम्बना ही कहेंगे। दरअसल, भारत का बँटवारा तो राजपूत, जाट, सिख और मराठा करने पर तुले थे। ये अलग-अलग क्षेत्रीयता और साम्प्रदायिकता के आधार पर अपने-अपने राज्य की स्थापना करने का ख़्वाब देखते थे, जबकि औरंगज़ेब भारत को एकसूत्र में बाँधकर एक बृहद् भारतीय साम्राज्य की स्थापना करने में लगा था। उसने हिन्दुस्तान को बाँटने का कोई काम नहीं किया। यह सरासर ग़लत और कपोल कल्पना है। यदि बाँटने का काम वह करता तो जितने बड़े साम्राज्य का विस्तार उसने किया, वह नहीं कर पाता—कान्धार से चटगाँव और काश्मीर से कर्नाटक तक उसका एकछत्र साम्राज्य था।

ग़ौरतलब है कि आज भी इस देश को खण्ड-खण्ड करने में कतिपय अलगाववादी और क्षेत्रीयतावादी संगठन, सम्प्रदाय और राजनीतिक दल सक्रिय और संलग्न हैं। इस ख़तरनाक खेल पर *संस्कृति के चार अध्याय* के प्रणेता का ध्यान क्यों नहीं गया? अकारण दूसरे (औरंगज़ेब) पर उँगली उठाने से पहले अपनी गिरेबाँ में झाँककर तो देखते।

देश को विखण्डित करने पर तुले हैं सिख अलगाव और आतंकवादी संगठन। एक ओर सिख अलगाववादी तत्त्व सक्रिय हैं तो दूसरी ओर विश्ध्वंसात्मक प्रवृत्ति वाले बाल ठाकरे और उनके कुनबे की शिवसेना जो देश को विभाजित करने में लगे हैं। इतना ही नहीं, तेलंगाना, विदर्भ, झारखण्ड और मिथिलांचल की माँग भी ब्रिटिश साम्राज्यवादियों द्वारा भारतीयों में इन्जेक्ट किये गये जहर यानी प्रदूषित नज़रिये का ही परिणाम है। ये सभी राष्ट्र-विरोधी गतिविधियाँ सक्रिय हैं। क्या इसका सूत्रधार औरंगज़ेब था? 'दिनकर' द्वारा औरंगज़ेब पर लगाया गया बेबुनियाद आरोप गले से नीचे नहीं उतरता और न ही पचता है।

और यह लिखकर तो 'दिनकर' जी ने अपने को किस तरह से हास्यास्पद बना लिया कि, 'मैंने पहले भी कहा था, फिर दुहराता हूँ कि यह महल साहित्य और दर्शन का है।' आगे वह लिखते है, "मैं कोई पेशेवर इतिहासकार नहीं हूँ, इतिहास की ओर शौक़ से ही मैं उसकी सामग्रियों का उपयोग भी करता हूँ।" ठीक है, आप पेशेवर इतिहासकार नहीं हैं, पर जब इतिहास से सामग्री लेकर उसका अपने लेखन में उपयोग करते है तो उस कार्य में काफ़ी सतर्कता बरतने की ज़रूरत थी।

इतिहास चाहे संस्कृति का ही क्यों न हो, साहित्य नहीं हो सकता—ऐतिहासिक तथ्यों को रखने में कल्पनाविलास की आवश्यकता नहीं पड़ती, क्योंकि इतिहास तथ्यात्मक होता है और साहित्य-काव्य कल्पना की उपज। यहाँ 'दिनकर' अपनी

मान्यताएँ रखते हुए भ्रमित करने का ही दुष्प्रयास करते है। इतिहास को लेकर वह या तो totally confused हैं या कवि होने के नाते साहित्य और काव्य से उनका आत्मिक लगाव-अनुराग इतिहास की भूमिका और उसकी उपयोगिता को नकारने पर उन्हें मजबूर करता है।

इतिहास-बोध से वंचित मानव और पशु में अन्तर नहीं है, इस वास्तविकता से सभी विवेकशील विद्वतजन सहमत होंगे। *संस्कृति के चार अध्याय* के रचनाकार कविवर 'दिनकर' अपनी इस पुस्तक को इतिहास का ग्रन्थ मानने के लिए तैयार नहीं है। इसी वजह से इतिहास और तथ्य की अनदेखी 'दिनकर' जी कर गये हैं और औरंगज़ेब के विषय में अनर्गल लिखा है।

भारतीय संस्कृति को चार अध्यायों में बाँटकर देखने और लेखन करने का कार्य इतिहास-लेखन की प्रक्रिया ही कही जायेगी। आख़िर संस्कृति के चार अध्याय में दिनकर जी ने क्या किया है? भारत की सामासिक संस्कृति के निर्माण और विकास की कथा साहित्य की प्रक्रिया तो हो ही नहीं सकती, क्योंकि वह ऐतिहासिक कालखण्डों पर टिकी होती है।

इतिहास की वीथियों से गुज़रती हुई भारत की समन्वयवादी संस्कृति के बनने और विकसित होने की प्रक्रिया गतिशील रही—यह संस्कृति केवल काव्य, साहित्य और दर्शन की पगडंडी पकड़कर उसकी सरज़मीं पर खड़ी नहीं हुई बल्कि मानव को उदात्त बनाने वाली उन प्रवृत्तियों और उपलब्धियों के समन्वयन से निर्मित हुई जो इतिहास के विभिन्न कालखण्डों से गुज़रती है।

समन्वयवादी संस्कृति के निर्माण में मुसलमानों की अहम भूमिका रही जिसे नकारा नहीं जा सकता। सच पूछिए तो हिन्दू और मुस्लिम विचारधाराओं, रहन-सहन, वेषभूषा, खान-पान, रीति-रिवाज, कला-कौशल, साहित्य, दर्शन, भाषा के परस्पर आदान-प्रदान और समन्वय से ही 'गंगा-जमुनी' सरीखी बेहद ख़ूबसूरत और व्यापक भारतीय तहज़ीब या संस्कृति का निर्माण हुआ।

स्टगर्स यूनिवर्सिटी में इतिहास की प्रोफेसर ऑड्रे ट्रस्के लिखती हैं, "मुग़ल भारत में अन्तःसांस्कृतिक सम्बन्धों का जो ऐतिहासिक रिकॉर्ड रहा है, वह उन साम्प्रदायिक तनावों पर भारी पड़ जाता है जो हिन्दू राष्ट्रवादियों के जीने की खुराक है, मसलन-मुग़ल शहंशाह अकबर धर्म पर अपने दरबार में बहस करवाता था जिसमें विभिन्न धार्मिक मतावलम्बी अपने-अपने धार्मिक विश्वास और मतभेदों को सामने रखते थे। शहज़ादा दाराशिकोह ने तो पुराणों और उपनिषदों का संस्कृत से फ़ारसी में तर्जुमा करवाया था। साथ ही हिन्दू दर्शन और इस्लामी

मत के मिलन पर उसने एक किताब लिखी थी जिसका नाम *मज़्मा-उल-बहरेन* (सागर संगम) रखा था। यहाँ तक कि शहंशाह औरंगज़ेब के राज में ऐसा ज़िक्र मिलता है कि उसके प्रशासन में हिन्दुओं की संख्या दोगुनी कर दी गयी थी जो समूचे मुग़ल साम्राज्य के इतिहास में हिन्दुओं की सबसे ज़्यादा संख्या रही।''

मुग़ल शहंशाहों का भारत की इस 'गंगा-जमुनी' साँझी तहज़ीब को ख़ूबसूरत बनाने और समृद्ध करने में उल्लेखनीय अवदान रहा जिसमें औरंगज़ेब के योगदान को किसी भी क़ीमत पर न तो झुठलाया जा सकता है और न ही नकारा जा सकता है। इसे हम पूर्णतया तटस्थ होकर ही समझ सकते हैं।

सच पूछिए तो भारत की इस साझी संस्कृति का सबसे सशक्त किरदार औरंगज़ेब था, इसमें सन्देह नहीं। भाषा-साहित्य-काव्य कला, संगीत का वह अनुरागी ही नहीं था अपितु स्वयं एक कवि और संगीतज्ञ के रूप में उसकी महत्त्वपूर्ण अहम भूमिका है। आचरण की शुचिता और निष्कलुष चरित्र, विलासितापूर्ण जीवन से अनासक्ति, धर्मपरायणता, धुरन्धर योद्धा, कुशल और प्रजावत्सल शासक, दयालुता, दानशीलता, मितव्ययता, कर्तव्यपरायणता यानी कि बहुआयामी उदात्त व्यक्तित्व का धनी था, औरंगज़ेब। न तो निजी ख़र्च के लिए वह राजकोष का उपयोग और न ही इस्लाम के प्रचार-प्रसार के लिए दुरुपयोग करता था। आप बतायें कि भारतीय इतिहास में कौन ऐसा शासक, सम्राट-सुल्तान-बादशाह हुआ जो इतने गुणों से सम्पन्न था? मौर्यकाल से लेकर मुग़लकाल तक के शासकों के व्यक्तित्व-क्रियाकलापों की मैंने बड़ी गहराई से जाँच-पड़ताल की है और तटस्थ होकर विश्लेषण करने के उपरान्त ही इस नतीजे पर पहुँचा हूँ कि औरंगज़ेब का एक आदर्श शासक के रूप में व्यक्तित्व सर्वोत्कृष्ट है।

केवल भारतीय इतिहास में ही नहीं, अपितु विश्व इतिहास का औरंगज़ेब ऐसा पात्र है जो अनुपमेय है, अद्वितीय है और आदर्श है। पर न जाने क्यों पहले के इतिहासकारों (कतिपय, अपवाद को छोड़कर) जो प्रधानतया अंग्रेज़ी शासनकाल के दौरान हुए, औरंगज़ेब के प्रति अनुदार रहे।

तथ्यों के आधार पर औरंगज़ेब के जिन गुणों और ख़ूबियों की अनदेखी की गयी है, उसे उजागर करने की किंचित चेष्टा मैंने अपने इस शोधग्रन्थ में की है। इसकी समीक्षा और मीमांसा करने के लिए हर कोई आमन्त्रित है कि यदि उनके पास मेरी धारणा को बेबुनियाद साबित करने के लिए पर्याप्त ठोस प्रमाण है तो उसे बताने का कष्ट करेंगे अन्यथा जो स्थापना मैंने की है, उसे स्वीकारने का सौजन्य प्रदर्शित करेंगे।

ऐश्वर्य, वैभव और सत्ता के सिंहासन पर आरूढ़ होकर भी जिस बादशाह का आचरण और चरित्र ऐसा हो कि वह भोग-विलास, सुरा-सुन्दरी, मद, पद, अहंकार आदि सांसारिक दुर्गुणों से अपने को अछूता रखकर राजकाज में पारदर्शिता प्रदर्शित करता और प्रजा के सुख-दुख में हाथ बँटाता रहा हो तो उस राजपुरुष के दुर्लभ वैराग्य भाव से दिव्यता झलकती है। शहंशाह औरंगज़ेब ऐसा ही विरल दिव्यत्व को प्राप्त शासक था। देवत्व का अंश उसमें इतना था कि सांसारिक प्राणी होने के कारणवश उसमें जो भी किंचित दानव का अंश यदि कभी-कभार दिखता भी था तो वह गौण हो जाता था। मैं स्वयं हिन्दू हूँ (पर पहले इनसान हूँ), अतएव अज्ञानतावश और भावावेश में या कोरा आदर्शवादी होकर एक मुसलमान बादशाह का गुणानुवाद अन्धभक्त होकर नहीं कर रहा बल्कि गहन अध्ययन, शोध और प्रामाणिक तथ्यों के आधार पर ही औरंगज़ेब को मध्यकालीन समस्त मुसलमान शासकों में सर्वोत्तम और श्रेष्ठ मानता हूँ। उदात्तता की स्वर्णाभा से मण्डित उसके व्यक्तित्व पर जिन लोगों ने नासमझी और दुराग्रहवश कीचड़ उछालकर दूषित करने का दुष्प्रयास किया है, उन्हें मेरी चुनौती है कि जिन दोषारोपणों से औरंगज़ेब को कलंकित किया गया है, अपनी उन दलीलों को ठोस प्रामाणिक तथ्यों का हवाला देकर उचित ठहराएँ। यह एक तटस्थ शोधकर्त्ता की चुनौती है बल्कि यों कहें कि इतिहास की चुनौती है तो अधिक उपयुक्त होगा। इतिहास झूठ को स्वीकार कर अपने पन्नों में अंकित करने की इजाज़त नहीं देता।

मुझे तो कविवर 'दिनकर' का यह कथन हास्यास्पद लगता है कि *संस्कृति के चार अध्याय* की रचना में इतिहास को वह किरायेदार मानकर गौण बताते हैं और कहते हैं कि अनुसन्धानी विद्वान सत्य को तर्क से पकड़ता है और समझता है, सत्य सचमुच उसकी गिरफ़्त में है। मगर इतिहास का सत्य क्या है? घटनाएँ मरने के साथ फॉसिल बनने लगती हैं, पत्थर बनने लगती हैं, दन्तकथा और पुराण बनने लगती हैं। बीती घटनाओं पर इतिहास अपनी झिलमिली डाल देता है जिससे वे साफ़-साफ़ दिखायी न पड़ें, जिससे बुद्धि की उँगली उन्हें छूने से दूर रहे। यह झिलमिली बुद्धि को कुण्ठित और कल्पना को तीव्र बनाती है। उत्सुकता में प्रेरणा भरती है और स्वप्नों की गाँठ खोलती है। घटनाओं के स्थूल रूप को कोई भी देख सकता है, लेकिन उसका अर्थ वही पकड़ता है जिसकी कल्पना सजीव हो। इसलिए इतिहासकार का सत्य नये अनुसन्धानों से खण्डित हो जाता है, लेकिन कल्पना से प्रस्तुत चित्र कभी खण्डित नहीं होते।

"जिन सीधे सादे पाठकों के मन पर पूर्वाग्रहों की छाया नहीं है, उन्हें कल्पना की कृति सच्चाई का उससे .ज्यादा हाल बतायेगी जितनी इतिहास के प्रामाणिक ग्रन्थों से जाना जा सकता है। प्रामाणिक ग्रन्थों के तथ्य शायद ही कभी पाये जायें, लेकिन उनका विवरण हमेशा ग़लत और निर्जीव होता है।"

कविवर को इतनी लम्बी कैफ़ियत और दलील क्यों देनी पड़ी? उनकी इस दलील में कवि की कल्पना की उड़ान ही अधिक मुखर होकर बोलती दिखती है और ऐतिहासिक तथ्यों को ख़्वामख़ाह झुठलाने का दुष्प्रयास।

घटनाएँ जब मरने के बाद फॉसिल में तब्दील होकर पत्थर बन जाती हैं तो फिर इतिहास में होता क्या है? इतिहास का प्रयोजन क्या है? क्या इतिहास फॉसिल और पत्थरों का लेखा-जोखा है? साहित्य में 'कालजयी' और 'मृत्युंजय' व्यक्ति विशेष के लिए कहा जा सकता है तो क्या मरणोपरान्त फॉसिल और पत्थर में तब्दील व्यक्ति 'मृत्युंजय' और उसकी कृति 'कालजयी' कहला सकती है? सृष्टि के कालखण्डों ये गुज़रते हुए व्यक्ति विशेषों के नाम आज भी जीवन्त हैं और आने वाले दिनों में भी जीवन्त रहेंगे। रामकृष्ण परमहंस देव, स्वामी विवेकानन्द, गोस्वामी तुलसीदास, तानसेन, चाणक्य, शेरशाह, अकबर, बहादुरशाह 'ज़फ़र' ऐसे न जाने कितने हर कालखण्ड के व्यक्ति विशेषों के नाम लिये जाते हैं जो हमारे लिए प्रेरणास्रोत बने हैं और उनका गुणानुवाद किया जाता है। क्या यह साहित्य की देन है या इतिहास की? पर 'दिनकर' जी के मुताबिक़ ये सारी हस्तियाँ मरणोपरान्त फॉसिल बनकर पत्थर हो गयीं। फिर ये पत्थर, निर्जीव पदार्थ हमारे लिए वर्तमान में जीवन्त प्रेरणास्रोत कैसे हैं? हम क्या उन निर्जीव फॉसिलों और पत्थरों का गुणगान करते हैं? घटना जो मील का पत्थर बन जाती है और व्यक्ति विशेष जो मरकर भी जीवन्त यानी 'मृत्युंजय' कहलाता है, यही तो इतिहास का सत्य है और सत्य तो सत्य होता है। कभी मरता नहीं, मिटता नहीं। शाश्वत होता है। वह कुछ काल के लिए दबकर विस्मृति के गर्भ में भले चला जाये। व्यक्ति विशेष गुमनामी में भले चले जायें, पर रहते जीवन्त हैं– 'इतिहास उन्हें जीवन्त रखता है। सत्य को तर्क या किसी ज़रिये से पकड़ने की ज़रूरत नहीं पड़ती, जैसा कि 'दिनकर' जी का मानना है। मुझे तो लगता है कि 'संस्कृति के चार अध्याय' में इसी तरह कवि की कल्पना की उड़ान अधिक है, वास्तविकता की छुअन कम।

कवि की तरह इतिहासकार मूर्त को अमूर्त नहीं देख सकता। 'दिनकर' के साथ कठिनाई क्या है कि उनका कवि-उनका साहित्यकार इतिहास की वास्तविकता,

प्रासंगिकता और उपयोगिता को स्वीकारने के लिए तैयार नहीं होता। इस द्वन्द्व और कशमकश में वह उलझकर रह जाते हैं—उबर नहीं पाते।

अब यदि दिनकर की इस मान्यता को मान भी लिया जाये कि इतिहास की घटनाएँ फॉसिल और पत्थर बनकर निर्जीव और अप्रासंगिक बन जाती हैं तो फिर वह लिखते हैं, "औरंगज़ेब साम्प्रदायिक और देश के विभाजन का बीजारोपण करने वाला था जो कालक्रम से अंकुरित-प्रस्फुटित-पल्लवित, पुष्पित और विराट वृक्ष में परिणत हो गया।" तो भला फॉसिल और पत्थर द्वारा भारत के विभाजन का बीजारोपण कैसे किया गया? विचारणीय है।

संस्कृति के चार अध्याय कोई काव्यग्रन्थ या साहित्यिक कृति नहीं कही जा सकती। इसलिए कविवर दिनकर की इस रचना को जैसा कि वह कहते हैं, 'इस पुस्तक को मैं इतिहास नहीं, साहित्य का ग्रन्थ मानता हूँ।' कम-से-कम मेरे सरीखे इतिहास और साहित्य के अध्येता को मान्य नहीं हो सकता और मेरे जानते किसी भी विवेकशील प्रबुद्ध पाठक को मान्य नहीं हो सकता।

इसलिए *संस्कृति के चार अध्याय* में औरंगज़ेब के व्यक्तित्व और कृतित्व पर गम्भीरतापूर्वक उन्हें विचार करने के पश्चात् ही निष्कर्ष निकालना चाहिए था। भारत का इतिहास अंग्रेज़ों द्वारा लिखा और लिखवाया गया जिसका अनुसरण करते हुए अधिकांश भारतीय इतिहासकारों ने भी लिखा। पर भारतीय इतिहासकारों में सर यदुनाथ सरकार एवं अन्य कई विद्वान इतिहासकार हुए जिन्होंने इतिहास लिखते समय खुला दिलोदिमाग़ रखा और सचेष्टता बरती। इसलिए औरंगज़ेब के सम्बन्ध में प्रचुर सही साक्ष्य सामने आये जो औरंगज़ेब के व्यक्तित्व पर सही ढंग से रोशनी डालते हैं।

जो लोग औरंगज़ेब को क्रूर और धर्मान्ध होने का आरोप लगाते हैं, वे प्रस्तुत प्रसंग से क्या निष्कर्ष निकालेंगे? ग़ौरतलब है।

शाह अब्दुर्रहीम एक सूफ़ी सन्त थे। औरंगज़ेब उनसे बहुत ख़ुश रहा करता था। एक बार बादशाह ने उन्हें कुछ ज़मीन देनी चाही। उसके जवाब में शाह साहब ने बादशाह को इस आशय का पत्र लिखा, "सभी सन्त मानते हैं कि जो फ़क़ीर राजा के दरवाज़े पर जाता है, वह फ़कीर नहीं शैतान होता है। राजाओं के पास सम्पत्ति बहुत थोड़ी होती है। यदि तू मुझे कुछ देगा तो तेरे पास बचेगा क्या?" कहते हैं, इस पत्र को औरंगज़ेब अपनी जेब में रखे रहता था और कपड़ा बदलने पर उसे दूसरे कपड़े में रख लेता था तथा एकान्त में उस पत्र को वह पढ़ता और पढ़कर रोने लगता था।

एक दूसरे फ़क़ीर का कहना था, "भगवान रोज़ी-रोटी भेजता है, लेकिन अहसान का बोझ वह किसी पर नहीं डालता। राजा जब भी कुछ देता है तो आदमी पर उसका एहसान हो जाता है।"

औरंगज़ेब यदि सूफ़ियों का दुश्मन होता तो शाह अब्दुर्रहीम को भी क़त्ल करवा सकता था। पर ज़रा देखिए कि उसका दिल कितना मुलायम था कि शाह साहब के ख़त को अपने पास सँजोकर रखे रहा जिसे पढ़कर वह पश्चात्ताप के आँसू बहाता रहता था। इस प्रसंग से प्रमाणित होता है कि अव्वल दर्जे का नेक इनसान और रहमदिल था—सन्त-फ़क़ीरों की क़द्र करता था।

'दिनकर' जी एक ओर तो औरंगज़ेब को कट्टर मुसलमान और हिन्दू-विरोधी बताते हैं और दूसरी ओर लिखते हैं कि, अपनी फ़ौज में वह हिन्दू सेनापति रखता था। यह परस्पर-विरोधी बातें हैं। एक कट्टर, धर्मान्ध मुसलमान बादशाह अपनी सेना में हिन्दू सेनापति कैसे रख सकता था? विचारणीय है।

मुसलमानों को 'दिनकर' साम्प्रदायिक बताते हैं और लिखते हैं, "साहित्य और कला की सेवा में मुग़लों ने साम्प्रदायिकता नहीं आने दी।" यदि मुग़ल साम्प्रदायिक होते तो अकबर से लेकर औरंगज़ेब तक के दरबार में अनेक हिन्दू कवियों, संगीतकारों और चित्रकारों की क़द्र नहीं होती। ऐसा नहीं था कि हिन्दू कवियों और कलाकारों की क़द्र सिर्फ़ अकबर, जहाँगीर और शाहजहाँ ही करते थे बल्कि औरंगज़ेब भी हिन्दू कवियों, संगीतज्ञों, चित्रकारों, शिल्पियों की क़द्र करता था। उसके दरबार के कवियों और कलाकारों के विषय में इस शोध-प्रबन्ध में उल्लेख किया जा चुका है।

औरंगज़ेब *क़ुरानशरीफ़* का निष्ठापूर्वक पालन करता था। *क़ुरानशरीफ़* में कहीं नहीं लिखा है कि जिसने इस्लाम क़ुबूल नहीं किया उसे ज़बरन मुसलमान बनाओ और यदि वह धर्म-परिवर्तन के लिए राजी नहीं होता तो उसे क़त्ल कर दो। मुस्लिम समाज में मुल्ला-मौलवियों की बड़ी धाक रहती है (ऐसा तक़रीबन सभी धर्मों में क़मोबेशी है।)। इसलिए अपने को मुल्लाओं का अनुयायी और मुसलमानों का हमदर्द दिखाने के लिए औरंगज़ेब कट्टरता का चोग़ा धारण कर लेता था, पर ऐसा नहीं था कि मुल्ला-मौलवियों का आँखें मूँदकर अनुगामी था—जब-तब उनके ग़लत मशविरे के लिए उन्हें फटकार भी सुना देता था। इक अज़ीम-सा अन्तर्विरोध था उसके व्यक्तित्व में और ऐसा उन हालात के चलते था जिसमें उसे रहना पड़ा था।

कविवर रामधारी सिंह 'दिनकर' की तरह औरंगज़ेब के विषय में जनाब मुराद

अली बेग भी नकारात्मक धारणा रखते हैं। 'टाइम्स ऑफ़ इण्डिया' पटना, दिनांक 28-5-2016 के पृष्ठ 22 पर प्रकाशित अपने आलेख "Not Plassey 1757, but Samugarh 1658, fateful tipping point that fixed the subcontinent's future course" में दुराग्रहपूर्ण राग अलापते हुए वह लिखते हैं, "Samugarh marked the beginning of Islamic bigotry that led over the centuries to the partition of India, the creation of Pakistan and backlash of radical Hinduism."

Murad Ali Baig further writes, "On May 29, 1658, India's history changed forever. Aurangzeb's victory over his brother Darashikoh marked the beginning of Islamic bigotry in India that not only alienated Hindus but the much more moderate Sufis and Shias

सामूगढ़ का निर्णायक युद्ध (1658 ईसवी) जिसमें अपने अग्रज शहज़ादा दाराशिकोह को पराजित करके शहज़ादा औरंगजेब शाही तख़्त हथियाने में कामयाब हुआ। (साभार : मैडम ऑड्रे ट्रस्के की पुस्तक 'औरंगज़ेब : द मैन एंड द मिथ' से।)

as well. Aurangzeb's narrow Sunni beliefs were to make India the hot bed of Muslim fundamentalists, long before the Wahabbis of Saudi Arabia sponsored the fanatics of Taliban and Islamic state."

जनाब मुराद अली बेग को खुले दिलोदिमाग़ से विचारना चाहिए था कि सामूगढ़ की लड़ाई में विशाल मुग़ल फ़ौज की कमाण्ड दाराशिकोह के हाथों में रहते हुए भी औरंगज़ेब की छोटी फ़ौज से वह पराजित कैसे हो गया? जीत के कगार पर पहुँचे दाराशिकोह को उसके सिपहसालार ख़लीलुल्लाह ख़ाँ ने ऐन मौक़े पर धोखा दे दिया जिसकी दारा को भनक तक नहीं लगी और जीती हुई बाज़ी उसके हाथ से फिसल गयी। यह घटना यह साबित करती है कि सैन्य संचालन और नेतृत्व कुशलता में दाराशिकोह की अपरिपक्वता और अक्षमता स्पष्टः प्रदर्शित हुई जिस वजह से वह पराजित हो गया।

बेशक, दाराशिकोह हिन्दू अध्यात्म और दर्शन में दख़ल रखता था और संस्कृत का पण्डित था जिसकी प्रशंसा श्री बेग करते हैं। पर युद्धकला और रणकौशल में वह बिल्कुल कोरा था। ऐसे में उसे युद्ध में मुँह की खानी पड़ी तो 'किमूआश्चर्यजम्'। इस तरह वह शासन करने लायक़ बिल्कुल नहीं था।

औरंगज़ेब में अपने अग्रज दाराशिकोह की तुलना में सेना का नेतृत्व करने की कुशलता अधिक थी–वह दुर्धर्ष योद्धा और रणनीति में माहिर था। मैं अपने इस शोध-प्रबन्ध में उल्लेख कर चुका हूँ कि 87 साल की पकी पर सधी आयु में रणक्षेत्र में वह अपनी फ़ौज का मनोबल बढ़ाने के लिए स्वयं कमाण्डर की भूमिका निभाता था। औरंगज़ेब के इस विलक्षण गुण को मुराद अली बेग नज़रअन्दाज़ कैसे कर बैठे? और मुराद अली बेग का यह कैसा बेबुनियाद और बचकाना फ़तवा है कि सामूगढ़ के युद्ध में औरंगज़ेब की फ़तह से.. as Murad Ali Baig says that it marked the beginning of Islamic bigotry in India that not only alienated Hindus but the more Sufis and Shias as well and so on stated above.

औरंगज़ेब को हिन्दुस्तान के विभाजन का ज़िम्मेवार और Islamic bigotry तथा Muslim fundamentalist का बीजारोपण करने वाला बताते हुए मुराद अली बेग इस बात की अनदेखी कर गये कि औरंगज़ेब यदि साम्प्रदायिक तथा कट्टर धर्मान्ध होता तो हिन्दू बहुल मुल्क हिन्दुस्तान में विशाल मुग़ल सल्तनत की स्थापना नहीं कर पाता। औरंगज़ेब पर नाहक दोषारोपण तो जनाब बेग करते हैं, पर अपनी धारणा के पक्ष में तर्कपूर्ण ठोस सबूत नहीं पेश कर पाये।

बग़ैर किसी ठोस प्रमाण के शहंशाह औरंगज़ेब को इतना बदनाम कर दिया

गया है कि आये दिन उस पर कुछ न कुछ दोषारोपण लोग करते रहते हैं। ऐसे लोगों में आचार्य किशोर कुणाल भी हैं जो अपने को नैष्ठिक हिन्दू साबित करने में रामजन्म भूमि (अयोध्या) के बहाने औरंगज़ेब पर इल्ज़ाम लगाते हुए लिखते हैं, "The demolition of Ramjanmabhumi temple in Ayodhya and construction of Babari Masjid was not done by Mughal emperor Babar. It was done during Aurangzeb's reign in 1660, and his foster brother and the governor of Ayodhya Sedai Khan was instrumental in the malicious act."

हक़ीक़त यह है कि Sedai Khan नामक कोई foster brother औरंगज़ेब का नहीं था (ऐसा उल्लेख इतिहास में नहीं मिलता)। इसलिए आचार्य किशोर कुणाल का औरंगज़ेब पर यह इल्ज़ाम मनगढ़न्त और भ्रामक है। हक़ीक़त यह है कि औरंगज़ेब ने उन्हीं मन्दिरों (और मस्जिदों को भी) को तुड़वाया, जहाँ उसके खिलाफ़ साजिश रची जाती थी। हक़ीक़त यह भी है कि उसने दर्जनों मन्दिरों, मठों और गुरुद्वारों को जागीर और दानपत्र दिये।

अपने पूर्वज शहंशाह बाबर की तरह औरंगज़ेब भी सहिष्णु, धर्मपरायण और सेकुलर था। हक़ीक़त यह भी है कि उसने फ़रमान जारी करके करमुक्त ज़मीन देकर चित्रकूट में बालाजी के मन्दिर का निर्माण करवाया (फ़रमान अभी भी मन्दिर के पुजारी के पास सुरक्षित है।) हक़ीक़त यह भी है कि अपने वफ़ादार सिपहसालार अप्पा गंगाधर की भावना की क़द्र करते हुए जामा मस्जिद, दिल्ली के निकट औरंगज़ेब ने 'गौरीशंकर' मन्दिर बनवाया।

अयोध्या धार्मिक सद्भाव के लिए मशहूर रहा है। अयोध्या न केवल रामजन्मभूमि मन्दिर के लिए जाना जाता है, बल्कि सर्वधर्म सद्भाव के कारण 'छोटा मक्का' के नाम से भी विख्यात है। It has been known as "Chhota Mecca", a term conied loudly to celebrate its pluraralist culture, This fact of Ayodhya comes into sharp focus particularly during the month of "*Ramjan*." Mahanth Girishpati Tripathi of Tewari Mandir says. "that the temple town has at least 20 shrines which are important to Muslims. Each of these attracts Hindus as well", he added. There are more than a 100 mosque which follow a strictly vegetarian code as a mark of respect for the Hindu brethren.'

Maulvi Mohd. Akram added that "secular Muslims see Lord Rama a messenger of god (meaning paighamber). Religious texts describe him as an avatar and Quran directs us to respect all paighambars", he said.

हनुमान गढ़ी मन्दिर ट्रस्ट के प्रमुख एवं मन्दिर के प्रधान पुजारी महन्त ज्ञानदास के हवाले से जानकारी मिलती है कि शहंशाह औरंगज़ेब की सहमति से अयोध्या में आलमगीरी मस्जिद का निर्माण अयोध्या के सूबेदार ने किया, पर वह मस्जिद रामजन्म मन्दिर को ध्वस्त करके नहीं बनवायी गयी, अपितु अलग ज़मीन पर बनायी गयी जो हनुमान गढ़ी ट्रस्ट के क़ब्ज़े में थी। उस मस्जिद की सही देखरेख नहीं होने के कारण उसकी हालत खस्ता हो गयी थी। इसलिए उक्त मस्जिद के जीर्णोद्धार के लिए अयोध्या के चन्द मुसलमानों ने महन्त ज्ञानदास से वित्तीय मदद माँगी तो महन्त ज्ञानदास ने मुस्लिम भाइयों को आश्वस्त किया कि मस्जिद के जीर्णोद्धार में जो ख़र्च आयेगा, उसकी पूर्ति हनुमान गढ़ी ट्रस्ट करेगा।

इस तथ्य को नज़रअन्दाज़ करके आचार्य किशोर कुणाल ने उसे दूसरा ही रंग दे दिया और लिखा है कि औरंगज़ेब ने रामजन्मभूमि मन्दिर को ध्वस्त करवाकर मस्जिद बनाने का आदेश अयोध्या के सूबेदार को दिया। जबकि औरंगज़ेब ने कभी भी धर्मान्ध होकर हिन्दू-मुस्लिम दोनों के परस्पर सौहार्द को ख़त्म करने का दुस्प्रयास नहीं किया। हिन्दू-मुस्लिम मिल्लत का आदर्श प्रस्तुत करता था अयोध्या जिसमें शहंशाह की दख़लअन्दाज़ी का सवाल ही नहीं उठता था।

ऐसे में नमाज़ी औरंगज़ेब, जो कि मज़हब को व्यक्तिपरक मानता था और पूर्णतया धर्मनिरपेक्ष शासक था, अपने शासनकाल में रामजन्मभूमि मन्दिर को कैसे ध्वस्त करवाता, विचारणीय है। आचार्य किशोर कुणाल की हिन्दू धर्म के प्रति आसक्ति कुछ .ज्यादा ही दिखती है कि बिना साक्ष्य और ठोस प्रमाण के औरंगज़ेब को दोषी ठहराते हैं।

Kunal's book says that "four Mughal emperors namely Babar, Akbar, Jahangir and Shahjahan were liberals and never ordered to demolish any temple." जबकि इतिहास में ऐसा उल्लेख मिलता है कि शाहजहाँ ने अकारण मन्दिरों को ध्वस्त करने का आदेश दिया। सच पूछिए तो इन चारों शहंशाहों में केवल बाबर ही सहिष्णु और धर्मपरायण था।

Kishore Kunal may be a scholar of Sanskrit, but he has no rather meager knowledge of history and historical facts. He should know that like Babar, Aurangzeb too was a liberal, tolerant and secular ruler. Actually he had in herited the most of the virtues of his ancestor Babar. I as a serious researcher and student of history tried to prove with sufficient facts and figures that Aurangzeb was neither a religious fanatic nor a tyrant but he was a noble ruler as well human being fully secular and at the same time an accomplished musician, composer of *Dhrupads* par exellence.

ग़ौरतलब है कि एक वैणिक (वीणावादक), ध्रुपदप्रेमी और बन्दिशकार-वाग्येयकार तथा बहुभाषाविद शहंशाह क्रूर, धर्मान्ध, हिन्दू द्रोही और निरंकुश कैसे हो सकता था? यदि हिन्दू और हिन्दू धर्म से उसे घृणा होती तो जितने बड़े साम्राज्य की स्थापना करने में वह कामयाब रहा, यह सम्भव नहीं हो सकता था। ग़ज़नी से चटगाँव (बांग्लादेश) और काश्मीर से कर्नाटक तक उसका साम्राज्य फैला हुआ था जो न कोई हिन्दू और न मुस्लिम शासक ही स्थापित कर सका। हिन्दू बहुल प्रजा पर अत्याचार करके इतनी बड़ी सल्तनत को स्थापित करना बिल्कुल नामुमकिन था।

कोई भी इनसान शत-प्रतिशत दुर्गुण रहित नहीं होता—हो भी नहीं सकता। इसलिए औरंगज़ेब में भी ऐसी बात नहीं थी कि ऐब नहीं था। एक अन्य पक्ष जो उसके व्यक्तित्व में देखने को मिलता है कि वह अपने पूर्वज बाबर की तरह दिखावे में विश्वास नहीं करता था और न शानोशौक़ात की ज़िन्दगी ही बसर करता था। अव्वल तो यह कि शाही ख़ानदान का वारिस उसमें भी शहंशाह, पर तामझाम और विलासिता पसन्द नहीं था। यह स्वयं में उसके व्यक्तित्व के उज्ज्वल पक्ष और प्रखरता को रेखांकित करता है।

आधुनिक हिन्दी काव्य के शलाका पुरुष रामधारी सिंह 'दिनकर' ने अकबर को उदार और रहमदिल तथा औरंगज़ेब को निर्मम और संगदिल बताया है। पर औरंगज़ेब के लिए ऐसी भ्रान्त धारणा रखने के पक्ष में ठोस प्रमाण प्रस्तुत करना नितान्त आवश्यक था, जो वह नहीं दे सके।

उल्लेखनीय है कि अकबरी दरबार के नौ रत्नों में कवि गंग भी थे। एक बार अकबर ने उनसे कहा, "आपने केवल ईश्वर के गुणानुवाद में कविता लिखी है, पर अपने आश्रयदाता की प्रशस्ति में कुछ भी नहीं लिखा।" बादशाह ने आदेश देते हुए कहा कि वह एक ऐसी कविता लिखें जिसका अन्तिम पद हो, 'सब मिलकर आस करे अकबर की।' कवि गंग ने तुरन्त एक पद रचकर भरे दरबार में सुना दिया।

"एक को छोड़ दूजे को रटे
रसना कटे उस लब्बर की।
आज की दुनिया गनिया को रटे
सिर बांधत पोट अकबर की।
कवि गंग तो एक गोविन्द भजे

वह संक न माने जब्बर की।
जिनको न भरोसा हो उनका,
सो सब मिलकर आस करे अकबर की।''

बादशाह अकबर कवित्त सुनकर आगबबूला हो उठा—आपे में नहीं रहा। उसने कहा, ''आपको मृत्युदण्ड दिया जायेगा।'' इस पर कवि गंग ने निडरता से जवाब दिया, ''एक हाथ घोड़ा और एक हाथ खर, कहना था सो कह दिया, अब करना है सो कर।'' यह सुनकर बादशाह ने क्रोधित होकर हाथी से कुचलवाकर कवि गंग को मरवा डाला। पर इतने से ही अकबर की क्रोधाग्नि शान्त नहीं हुई, उसने कविवर के पूरे परिवार को मौत के घाट उतरवा दिया। यह तो निर्ममता और क्रूरता की पराकाष्ठा कही जायेगी। ऐसे में अकबर को न तो दयालु, रहमदिल, गुणियों का क़द्रदाँ और उदार ही कहा जा सकता है। हिन्दुओं, उसमें भी अपने नवरत्नों में से एक कवि के प्रति वह कितना उदार और धर्मपरायण था कि ईश्वरभक्त अपने दरबारी कवि को उसकी प्रशस्ति में कवित्त नहीं लिखने के कारण परिवार समेत मरवा डाला। इस सनसनीखेज तथ्य की हिन्दी के जाने-माने कवि 'दिनकर' अनदेखी कैसे कर बैठे? (आसाराम बापू आश्रम की पत्रिका 'ऋषि प्रसाद' के अंक 189, वर्ष 19 सितम्बर, 2008 में प्रकाशित लेख 'महाकवि गंग की ईश्वर-निष्ठा' से साभार (1) (253)।

अकबर के समकालीन श्रीधर नाम के एक कवि हुए जिन्होंने उन कवियों को फटकारते हुए एक 'सवैया' लिखा जो अकबर के दरबार में हाज़िरी लगाते थे।

कवि श्रीधर रचित 'सवैया' है :

''अबके सुलतान भये फुहियान से
बाँधत पाग अकबर की
नर की नर की कविता जु करे,
तेहि काटिये जीभ सुलब्बर की।
इक श्रीधर आस है श्रीधर की
नहिं आस अहै, कोउ बब्बर की,
जिनको नहिं आस कछुजग में,
सो करे मिलिआस अकबर की।''

लगता है, कवि गंग अकबरकालीन कवि श्रीधर के विचारों से पूर्णतया प्रेरित थे, तभी तो दरबार में रहते हुए भी गोविन्द को तजकर बादशाह की स्तुति करना उन्हें रास नहीं आया।

औरंगज़ेब ने किसी भी हिन्दू कवि, संगीतज्ञ, चित्रकार या शिल्पी को नहीं मरवाया। उसने किसी भी कवि और शायर से अपनी प्रशस्ति भी नहीं लिखवायी।

अकबर कितना ज़ालिम और एहसानफ़रामोश था, प्रस्तुत प्रसंग से पता चलता है कि हुमायूँ के निधन के पश्चात् अकबर के नाबालिग होने की वजह से उसके अभिभावक और पिता हुमायूँ के अनन्य सखा और वफ़ादर सिपहसालार बैरम ख़ाँ ने सत्ता की बागडोर को सँभाला और जब अकबर बालिग हो गया हो उसे गद्दी पर बिठाकर वफ़ादर सेनापति और पिता के परम मित्र बैरम ख़ाँ ने अपनी नमकहलाली की मिसाल पेश की। पर तख़्त पर बैठते ही अकबर ने बैरम ख़ाँ को पारितोषिक यही दिया कि हज पर जाते हुए बैरम ख़ाँ को छल से क़त्ल करवा दिया। ऐसा तो कोई नीच ही कर सकता है। इससे बढ़कर सबूत क्या होगा कि अकबर कितना गिरा हुआ, पतित और ज़ालिम था। जो भी उसमें मानवीय गुण दिखते थे, वह महज़ दिखावा और छलावा था। वह दुराग्रही भी अव्वल दर्जे का था, साथ ही परले दर्जे का स्वार्थी, निर्मम, विलासी, सुरा-सुन्दरी प्रिय व ऐय्याश था।

अकबर अपने पिता और पुरखों की कितनी क़द्र करता था, नीचे दिये दृष्टान्त से स्पष्ट होता है।

मेवाड़ की रानी कर्मावती (कर्मावती) ने मुस्लिम आक्रामकों से रक्षा हेतु शहंशाह हुमायूँ को राखी भेजकर मदद की गुहार लगायी थी। किन्तु जब तक हुमायूँ द्वारा भेजी गयी सेना मेवाड़ पहुँचती, तब तक मेवाड़ का पतन हो चुका था और कर्मावती अन्य क्षत्राणियों के साथ 'जौहर' में प्राण त्याग चुकी थी। इसे जानते हुए भी अकबर ने मेवाड़ के साथ दोस्ताना रिश्ता क़ायम नहीं करके उसे अपने क़ब्ज़े में कर लिया। यदि उसमें ज़रा भी नैतिकता होती तो जिस राखी की मर्यादा की रक्षा के लिए हुमायूँ ने कर्मावती के सहायतार्थ मुग़ल सेना भेजी थी, उसे याद करते हुए पिता की लीक का अनुसरण करके अकबर महाराणा उदय सिंह से दोस्ताना रिश्ता क़ायम करता, किन्तु ऐसा उसने नहीं किया। इतिहासकारों ने कई ऐसे महत्त्वपूर्ण तथ्यों को नज़रअन्दाज़ करते हुए अकबर की तारीफ़ के पुल बाँधे।

एक भी ऐसा दृष्टान्त नहीं मिलता जिससे पता चलता हो कि औरंगज़ेब ने किसी शायर से अपनी प्रशस्ति लिखवायी और न किसी कवि, कलाकार को निर्दयतापूर्वक मरवाने का दुस्साहस किया। इतिहास की आँखें तीक्ष्ण और दूरदर्शी होती हैं। लाख कोई अपने bias और prejudices के कारण किसी को खोटा

बता दे, इतिहास अपनी कसौटी पर उस झूठ का पर्दाफ़ाश कर ही देता है। अंग्रेज़ों द्वारा लिखे और लिखवाये गये भारतीय इतिहास भ्रान्त धारणाओं और ग़लत बयानी से भरा-पूरा है। इतिहास के जलाशय को खँगालने की ज़रूरत है, जिससे ग़लत तथ्यों की जो कीचड़-काई उसमें जम गयी है, वह साफ़ हो जाये और रह जाये सत्य की कसौटी पर खरे-खरे उतरे केवल प्रामाणिक तथ्य।

शहंशाह औरंगज़ेब का मानवीय पक्ष अत्यन्त ही उदात्त था। प्रस्तुत प्रसंग से इस तथ्य की पुष्टि होती है। पण्डितराज जगन्नाथ और औरंगज़ेब के मामा नवाब आसफ़ ख़ाँ की पुत्री लवंगी का परिणय-सूत्र में बँधना एक ऐसा ही प्रसंग है जिससे ज़ाहिर होता है कि औरंगज़ेब कितना सहृदय था, जबकि अकबर की तरह राजपूतों से वैवाहिक सम्बन्ध स्थापित करने का वह पक्षधर नहीं था। क्योंकि उस सम्बन्ध में राजनीतिक लक्ष्य साधने का मनसूबा छिपा था जो औरंगज़ेब को बिल्कुल नापसन्द था। जबकि पण्डितराज जगन्नाथ और यवनी सुन्दरी लवंगी के विवाह का आधार पूर्णतया मानवीय था जिसे औरंगज़ेब ने स्वीकृति प्रदान की।

औरंगज़ेब के मामा तथा मुग़ल सल्तनत के प्रमुख सिपहसालार नवाब आसफ़ ख़ाँ के कृपाभाजन थे, पडिण्तराज जगन्नाथ। जब शहंशाह शाहजहाँ ने आसफ़ ख़ाँ से जगन्नाथ की विद्वत्ता के बारे में सुना तो उन्हें अपने दरबार में बुलाकर 'पण्डितराज' और 'कविराय' की उपाधियों से सम्मानित किया। इस तरह शाहजहाँ के दरबार में जगन्नाथ प्रतिष्ठित हुए। वह न केवल संस्कृत, फ़ारसी, अरबी और ब्रजभाषा के उद्भट विद्वान थे अपितु उत्कृष्ट मृदंगवादक, संगीतमर्मज्ञ और ध्रुपदों के कुशल बन्दिशकार भी थे। 1 फ़रवरी, 1633 को शहज़ादा दाराशिकोह की 'हिनाबन्दी' के रस्म के अवसर पर शाहजहाँ के जगन्नाथ के इसी गुण विशेष के कारण उन्हें 'कविराय' की उपाधि से विभूषित किया।

हालाँकि ऐसा कहा जाता है कि औरंगज़ेब के सिंहासनारूढ़ होने और शाहजहाँ के कारावास में डाले जाने पर पण्डितराज ने मुग़ल दरबार छोड़ दिया। पर यह सही नहीं है। औरंगज़ेब स्वयं बीनकार, ध्रुपदों का बन्दिशकार तथा गुणियों ख़ासकर गायकों-वादकों और कवियों का क़द्रदाँ था। इसलिए पण्डितराज को उससे अनादर किये जाने की आशंका की सम्भावना नहीं थी।

औरंगज़ेब का भी वह प्रिय पात्र रहा। इस सन्दर्भ में एक ऐसे प्रसंग से प्रमाण मिलता है कि पण्डितराज जगन्नाथ कविराय 'यवनी-संसर्ग-दूषित' हो गये थे, क्योंकि ऐसा उल्लेख मिलता है कि वह लवंगी नामक यवनी सुन्दरी पर आसक्त

होकर उसके प्रेमपाश में आबद्ध हो गये थे। *भामिनी विलास* में ऐसा उल्लेख मिलता है कि लवंगी किसी बादशाह की परम सुन्दरी दासी थी। हक़ीक़त यह है कि लवंगी औरंगज़ेब के मामा और मुग़ल सेनापति आसफ़ ख़ाँ की सुपुत्री थी। आसफ़ ख़ाँ के कृपाभाजन पण्डितराज जगन्नाथ थे ही। लवंगी रिश्ते में शहंशाह औरंगज़ेब की बहन होती थी। औरंगज़ेब उससे अपनी पुत्री की तरह प्यार करता था। पण्डितराज ने आसफ़ ख़ाँ को समर्पित करने के लिए 'भामिनी विलास' की तरह 'आसफ़ विलास' की रचना की। इससे ज़ाहिर होता है कि पण्डितराज आसफ़ ख़ाँ के प्रिय पात्र थे।

लवंगी के प्रति पण्डितराज की आसक्ति एकतरफ़ा नहीं थी बल्कि लवंगी भी अपने प्रेमी के रूप में जगन्नाथ को चाहती थी। इस तरह पण्डितराज ने परिणय-सूत्र में बँधने के लिए शहंशाह से लवंगी की याचना की तो बादशाह ने धर्म-परिवर्तन करने पर लवंगी को पण्डितराज को सुपुर्द कर दिया। *भामिनी विलास* में यह स्पष्ट नहीं कहा गया है कि बादशाह का नाम क्या था। (केवल बादशाह का उल्लेख है)

पण्डितराज ने जब बादशाह से उक्त यवनी सुन्दरी की चर्चा की तो बादशाह ने उसका वर्णन करने को कहा। इस पर जगन्नाथ ने कहा :

"यवनी नवनीत कोमलांगी
शयनीये यदि नीयते कदापि।
अवनीतलमेव साधु मन्ये न वनी।
माधवनी विनोद हेतुः।
न याचे गजालिं न वा वाजिराजं
न चित्तेषु वितं मदीये कदाचित्।
इयं सुस्तानी मस्तकन्यस्त हस्ता
लवंगी कुरंगी दृगंगी करोतु॥
सुरधुनि मुनि वन्वै। तारवेषुन्यवन्तम्।"

पण्डितराज से यह सुनकर शहंशाह औरंगज़ेब उन पर मुग्ध हो गया और यवनी सुन्दरी लवंगी को उनके सुपुर्द कर दिया।

औरंगज़ेब धर्मान्ध नहीं था अपितु धर्मपरायण था। इस बात के अनेक दृष्टान्त मैंने इस शोध-प्रबन्ध में प्रस्तुत किये हैं जिससे प्रमाणित होता है कि उसने इस्लाम क़बूल करने के लिए किसी को भी मजबूर नहीं किया। इसलिए पण्डितराज को मुसलमान बनाकर लवंगी का उससे निकाह करना सत्य प्रतीत

नहीं होता। तत्कालीन इतिहासकार कट्टर धर्मावलम्बी थे। इसलिए वे इस्लाम के विरुद्ध कुछ भी नहीं लिख सकते थे। औरंगज़ेब ने पण्डितराज को इसके लिए दण्डित नहीं किया, न आसफ़ ने प्रतिरोध जताया बल्कि ख़ुश होकर लवंगी को जगन्नाथ के हवाले कर दिया। औरंगज़ेब की सहिष्णुता तथा सदाशयता का इससे बढ़कर प्रमाण क्या हो सकता है।

पण्डितराज जगन्नाथ कविराय का काव्य दरबारी ढंग का नहीं था यानी किसी भी मुग़ल शहंशाह की प्रशस्ति उन्होंने अपने ध्रुपदों में नहीं गायी। वह इस बात से भली-भाँति अवगत थे कि सत्कवि सम्राट से महान होता है। यहाँ तक कि आसफ़ ख़ाँ जिनकी बदौलत वह शाहजहाँ के दरबार में प्रतिष्ठित हुए, उनकी प्रशस्ति में भी ध्रुपद नहीं रचे। यह उनकी ख़ुद्दारी और गर्वीलेपन का द्योतक है। हाँ, आसफ ख़ाँ के प्रति अपना आभार जताने के लिए पण्डितराज ने *आसफ़ विलास* की रचना की। पण्डितराज जगन्नाथ एवं यवनी वनिता लवंगी का परिणय-सूत्र में बँधना उस समय के कट्टरपन्थी समाज में धर्मनिरपेक्षता का जीवन्त उदाहरण प्रस्तुत करता है—इससे प्रमाणित होता है कि शहंशाह औरंगज़ेब धर्मनिरपेक्षता में विश्वास करता था।

जहाँ तक मुझे जानकारी है कि कविवर 'दिनकर' इतिहास के स्नातक थे। बावजूद इसके इतिहास के विषय में ऐसी भ्रान्त धारणायें पाल रखी थीं उन्होंने जिसका अवलोकन हमने किया। अपनी कृति *संस्कृति के चार अध्याय* को 'दिनकर' जी इतिहास का ग्रन्थ नहीं मानते थे। यही कारण है कि इतिहास पर आधारित उनके ग्रन्थ में अनेक विसंगतियाँ हैं और प्रामाणिकता नहीं दिखती। और जगह-जगह ऐतिहासिक तथ्यों के आकलन में उनसे अनदेखी हुई है।

दिनकर जी से मेरा बहुत ही नैकट्यपूर्ण सम्बन्ध रहा। उनके कनिष्ठ पुत्र भाई केदारनाथ सिंह मेरे कॉलेज के सहपाठी और अनन्य सखा रहे और अभी भी हैं। पर लेखन ख़ासकर ऐतिहासिक तथ्यों के आकलन में काफ़ी सतर्कता और तटस्थता बरतनी पड़ती है। वहाँ व्यक्ति का पारस्परिक का रिश्ता गौण हो जाता है, ऐसा यदि न हो तो लेखन प्रामाणिक नहीं बन सकता। ऐसा मेरा मानना है। यह सफ़ाई मुझे इसलिए देनी पड़ रही है जिससे लोग यह न समझ बैठें कि 'दिनकर जी' के प्रति मेरे मन में अनादर भाव है। ऐसा होने का कोई कारण नहीं है। सत्य कोठर होता है, उसे स्वीकार करने में बड़े-बड़े लोग फिसल जाते हैं। 'दिनकर' जी के साथ भी यही हुआ। वह मूलतः कवि और साहित्यकार थे। इसलिए उनसे प्रामाणिक इतिहास ग्रन्थ की अपेक्षा नहीं की जानी चाहिए

थी। इतिहास के विद्यार्थी और अध्येता होकर यदि इतिहास की प्रामाणिकता और उपादेयता को वह नज़रअन्दाज़ नहीं करते तो निःसन्देह *संस्कृति के चार अध्याय* अतुलनीय कृति होती, ऐसा मेरा मानना है। किसी व्यक्ति का अहसास कभी भी उधार का नहीं होना चाहिए, इस बात को 'दिनकर' जी सरीखे अनुभवी व्यक्ति को समझना चाहिए था। गुलज़ार कहते हैं, "उन्हें शायराना अन्दाज़ में झूठ कहना अच्छा लगता है।" कविवर 'दिनकर' के सन्दर्भ में शायर गुलज़ार की उक्ति सही लगती है। फैंटेसी की दुनिया में विचरण करने वाला इतिहास-लेखन में सावधानी नहीं बरत सकता, जैसा कि *संस्कृति के चार अध्याय* लिखने में 'दिनकर जी' ने किया है।

जैसा कि मैं पहले उल्लेख कर चुका हूँ कि शहंशाह औरंगज़ेब का व्यक्तित्व कैक्टसनुमा था। कंटकाकीर्ण यानी काँटों से आच्छादित था। पर उसमें नयनाभिराम ख़ूबसूरत फूल खिलते हैं। गुलाब भी काँटों के दरम्याँ खिलता है, पर उसमें रूहानी ख़ुशबू होती है। इसलिए काँटों से घिरा होने के बावजूद औरंगज़ेब कैक्टस और गुलाब के फूल की तरह ख़ूबसूरती, कोमलता और रूहानी ख़ुशबू को आत्मसात किये हुए था। इस तरह उसका व्यक्तित्व निराला, बहुआयामी और आदर्श था।

कल्पना की पेंगें मारने वाले कवि की अभिव्यक्ति में अतिशयता सहज सम्भाव्य है। लेकिन असलियत की अनदेखी करके ऐतिहासिक तथ्यों का संकलन करने वाले इतिहासकार की अभिव्यक्ति में अतिरेक होने पर उसका भंयकर दुष्परिणाम होता है। यही वजह है कि औरंगज़ेब का इतिहास लिखने वाले अधिकांश इतिहासकारों के लेखन-दुष्परिणाम भी स्पष्ट देखने को मिलता है कि एक सही व्यक्ति की ग़लत छवि पेश कर दी गयी। और एक-से-एक बढ़कर जघन्य कुकृत्य करने के बावजूद कितनों की दुन्दुभी पीटी गयी।

कल्पनालोक का वाशिन्दा कवि और सत्यपरक तथ्यों को व्यक्त करने वाले इतिहासकार की ज़मीन में फ़र्क़ होता है। एक की ज़मीन काल्पनिक और दूसरे की ज़मीन वास्तविक होती है। इस फ़र्क़ को समझे बिना इतिहास से कोई भी न्याय नहीं कर सकता। *संस्कृति के चार अध्याय* लिखने के दौरान कविवर 'दिनकर' ने इस फ़र्क़ को शायद समझने की कोशिश नहीं की और पूरी तरह अनदेखी कर गये। इसी कारणवश औरंगज़ेब के उदात्त व्यक्तित्व को रामधारी सिंह 'दिनकर' ने भी जाने-अनजाने धूमिल ही करने का प्रयास किया है।

कविवर 'दिनकर' के *संस्कृति के चार अध्याय* में जो ऐतिहासिक तथ्यों को रखने में असावधानी बरती गयी है और उनके लेखन की विसंगतियों के चलते

मुझे अपने इस शोध-प्रबन्ध के लिए महत्त्वपूर्ण सामग्री मिली, उसके लिए मैं कविवर के प्रति आभारी हूँ।

औरंगज़ेब के समय में ताज नामक मुस्लिम कवयित्री हुई (जन्म 1643 ई.)। वह कृष्णभक्त थी। कृष्ण के प्रति उसकी ऐसी दीवानगी थी, जैसी कि मीराबाई की।

उसकी कविता द्रष्टव्य है :

"सुनो दिलजानी बिकानी मेरे दिल की कहानी
तुम दस्त की बिकानी, बदनामी भी सहौंगी मैं,
देवपूजा ठानी मैं निवाज़ हूँ भुलानी,
तजे क़लमा क़ुरान मारे गुनन गहौंगी मैं,
श्यामला सलोना सिरताज सिर कुल्ली दिये
तोरी नेह आग में निदाग़ हो दहौंगी मैं,
नन्द के कुमार क़ुर्बान तांडी सुरत पे,
तांडनाल प्यारे, हिन्दुवानी ह्वे रहौंगी मैं।"

श्रीकृष्ण के प्रति ताज का समर्पण भाव मीराबाई से कम नहीं था। आप अन्दाज़ा लगा सकते हैं कि यदि औरंगज़ेब धर्मान्ध और कट्टर मुसलमान होता तो उसकी सल्तनत में रहने वाली एक कृष्णभक्त मुसलमान कवयित्री कभी यह कह पाती कि "देवपूजा ठानी मैं निवाज़ (नमाज़) हूँ भुलानी।" और औरंगज़ेब उसे बख़्श देता? एक मुस्लिम कवयित्री की कृष्णभक्ति और श्रीकृष्ण का गुणगान दर्शाता है कि औरंगज़ेब कभी भी मज़हब के नाम पर मनमानी और क्रूरता नहीं करता था और न ही विचारों की अभिव्यक्ति पर अंकुश ही लगाया उसने।

औरंगज़ेब की सुपुत्री शहज़ादी ज़ेबुन्निसा जिसकी चर्चा पिछले पृष्ठों पर की जा चुकी है, एक बेहतरीन शायरा ग़ज़लसरा और फ़नकारा ही नहीं बल्कि हिन्दी की भी उम्दा कवयित्री थी। पण्डित अम्बिका प्रसाद बाजपेयी ने इस सन्दर्भ में उसकी कविता का हवाला दिया है। अपने काव्य *नैन विलास* में वह लिखती है, "'ज़ेबुन्निसा' ज़हान में दुख़्तर आलमगीर। नैन विलास विलास में ख़सकरी तहरीर।"

शहंशाह औरंगज़ेब की चहेती बेगम दिलरस बानो ईरानी नस्ल की थी जिसकी कोख से शहज़ादी ज़ेबुन्निसा का जन्म 1668 में हुआ था। मुग़ल शाही ख़ानदान की कई शहज़ादियाँ फ़ारसी, उर्दू और हिन्दवी की उत्कृष्ट कवयित्री हुईं जिनमें ज़ेबुन्निसा 'मख़्फ़ी' अन्यतम थी। पर मूलतः वह फ़ारसी की शायरा थी। उसकी शायरी में प्रेम की गहरी वेदना की दहक और टहक होती थी जो दिल को विदग्ध कर देती थी। उसकी शायरी प्रेम को अध्यात्म के स्तर तक ले जाती थी।

लाहौर में उसकी क़ब्र पर यह शेर ख़ुदा हुआ है जो उसकी पीड़ा का गवाह है :

"बर मज़ारे मा गरीबाँ ने चिराग़े ने गुले।
ने पर-ए-परवाना सोज़द ने सदा-ए-बुलबुल ॥"

अर्थात् "हम दीनों की समाधि पर न दीप, न पुष्प। न तो यहाँ परवानों के पर जलते हैं, न बुलबुलें चहकती हैं।" अहा! प्रेम की वेदना की कैसी भावविह्वल अभिव्यक्ति है।

ज़ेबुन्निसा 'मख़्फ़ीं का दीवान अनुपलब्ध है। शायद अनदेखी के चलते कहीं गुम या विनष्ट हो गया। जो भी उसकी शायरी के छिटपुट नमूने उपलब्ध हैं, उनमें नीचे उद्धृत शेर द्रष्टव्य है :

"जुदा हो मुझसे मेरा यार, यह ख़ुदा न करे,
ख़ुदा किसी के ताई यार से, जुदा न करे,
कहते हो तुम न घर मेरे आया करे कोई,
आकर हमारी लाश पर क्या प्यार करे कोई,
ख़्वाब एक अदम से क़िले को बेदार कर चले।"

माशाअल्लाह! कैसी कसक और घुटन का इज़हार है! शायरी का इल्मोहुनर ज़ेबुन्निसा की ख़ुदाई ओ जन्मजात स्वतः स्फूर्त थी जो पढ़ने वालों पर अमिट छाप छोड़ जाती है। इसीलिए तो औरंगज़ेब अपनी बिटिया के इस नायाब फ़न पर फ़िदा रहता था। यह सरासर ग़लत है कि उसे काव्य ओ शेरोसुख़न से नफ़रत थी। और यह भी सही नहीं है कि अपने भाई शहज़ादा अकबर द्वारा शाही सत्ता के ख़िलाफ़ बग़ावत किये जाने पर ज़ेबुन्निसा उस विद्रोह में भाई की सहभागी थी। हक़ीक़त यह थी कि शहज़ादा अकबर उम्र में उससे बहुत छोटा था जिस वजह से ज़ेबुन्निसा उससे बेइन्तहा प्यार करती थी। इसलिए औरंगज़ेब को ख़्वामखाह उस पर शक हो गया था। पर बाद में जब शक निराधार निकला तो ज़ेबुन्निसा शहंशाह का कोपभाजन बनने से बच गयी।

इस तरह यत्र-तत्र बिखरे ऐसे प्रचुर दृष्टान्त हैं जिससे पता चलता है कि कवि, शायर, फ़नकार आदि किसी पर भी किसी प्रकार की पाबन्दी औरंगज़ेब द्वारा नहीं लगायी गयी थी। बावजूद इसके औरंगज़ेब को काव्य और संगीतद्रोही बताने का औचित्य कहाँ ठहरता है? विचारणीय है।

अपने धर्म और आध्यात्मिक आस्था पर सुदृढ़ रहने वाला शहंशाह औरंगज़ेब एक सच्चा मुसलमान था किन्तु पूर्णतया भारतीय था। उसने कभी भी हिन्दुस्तान को विभाजित करने का न तो ख़्वाब देखा और न टुकड़ों में बाँटने के लिए

प्रयत्नशील ही रहा। 'सारे जहाँ से अच्छा हिन्दोस्ताँ हमारे', लिखने वाले मोहम्मद इक़बाल ने औरंगज़ेब की तारीफ़ अपनी एक फ़ारसी कविता 'रमूज़े-बेख़ुदी' में की है। उसने लिखा है, "शाह आलमगीर (औरंगज़ेब) महान और प्रतापी बादशाह था।" 'गोरगा तैमूर' के वंश का वह गौरव और अभिमान है। शाह आलमगीर के कारण इस्लाम की कीर्तिपताका बहुत ऊँचाई पर उड़ी और पैग़म्बर के नियमों का व्यापक सम्मान हुआ। कुफ़्र और ईमान के युद्ध में वह हमारे तरकश का आख़िरी तीर था। जब नास्तिकता का नापाक बीज, जिसका पालन अकबर ने किया था, दारा के हृदय में अंकुरित हुआ तब प्रत्येक हृदय में धर्म की ज्योति मन्द पड़ने लगी और मुसलमानों की जमायत पतन और भ्रष्टाचार से सुरक्षित नहीं रह सकी। तब भगवान ने हिन्दुस्तान में विनम्र हृदय योद्धा आलमगीर को धर्म की जागृति और ईमान की रक्षा के लिए चुनकर खड़ा किया, उसकी तलवार ने पाप और अपवित्रता की फ़सल में आग लगा दी और धर्म की मशाल फिर से प्रज्वलित हो उठी।

इक़बाल के इस कथन से कहाँ ज़ाहिर होता है कि औरंगज़ेब धर्मान्ध था और इस्लाम के नाम पर अन्य धर्मावलम्बियों को मौत के घाट उतारा करता था।

हो सकता है कि मोहम्मद इक़बाल इस्लाम के नाम पर भारत-विभाजन की कामना करते हों, पर इससे औरंगज़ेब को जोड़कर यह बताना कि वह भी इस्लाम के नाम पर भारत का विभाजन चाहता था और इस्लाम का प्रचार तलवार की नोक पर करता था, बिल्कुल मनगढ़न्त और थोथी दलील लगती है। शेख़ मुहम्मद सरहिन्दी से भी औरंगज़ेब की साम्यता दिखाना और तुलना करना कोरी कल्पना लगती है। क्योंकि इसका न तो कोई तार्किक आधार है और न ही इसके पक्ष में ठोस सबूत ही है।

औरंगज़ेब को धर्मान्ध और तलवार की नोक पर इस्लाम का प्रचारक बताने वालों पर अकबर इलाहाबादी का शेर ग़ौरतलब है :

"लोग कहते हैं, तलवार से फैला इस्लाम,
यह नहीं कहते कि तोप से क्या फैला।"

औरंगज़ेब को कट्टर धर्मान्ध मुसलमान और राजसत्ता के बल पर इस्लाम का धर्मभीरु प्रचारक बताने वाले इतने मदान्ध हो गये कि बुद्धि-विवेक तो खो ही चुके, उन्हें इतनी भी समझ नहीं रही कि वे किसी की किस सन्दर्भ में कही हुई बातों को कहाँ जोड़कर ज़बरन साबित करने पर तुले हैं कि औरंगज़ेब एक धर्मप्रचारक था और इस कार्य में वह बल, धन और अपनी पूरी शक्ति लगाने

के लिए तत्पर रहा करता था। मैं तो यह मानने के लिए भी तैयार नहीं हूँ कि 'सारे जहाँ से अच्छा हिन्दोस्ताँ हमारा' लिखने वाला शायर हिन्दुस्तान के विभाजन का पक्षधर था, क्योंकि इसका कोई आधार नहीं मिलता। पाकिस्तान बनने के बाद भले ही मोहम्मद इक़बाल वहाँ चले गये, पर इससे यह नहीं साबित होता है कि जो हिन्दुस्तान का गुणगान अपनी कविता में करता है, वह उसके विभाजन का सपना बुना करता था। आज भी पाकिस्तान में अनगित ऐसे मुसलमान हैं जो परिस्थितिवश विवश होकर वहाँ रह रहे हैं। वहाँ की सरकार चलाने वाले को छोड़कर वहाँ के आवाम की सद्भावना भारत के प्रति है। वे यह भली-भाँति समझते हैं कि पाकिस्तान बनने की बुनियाद पुख़्ता नहीं है।

औरंगज़ेब को पाकिस्तान की बुनियाद रखने और भारत-विभाजन का सपना देखने वाला जो लोग बताते हैं, वे ख़्वामखाह उस पर इल्ज़ाम लगाकर उसकी छवि को धूमिल करने का दुष्प्रयास करते हैं।

कांग्रेस-समर्थक देशभक्त मुस्लिम नेता मोहम्मद अली जिन्ना को 40 के दशक का साम्प्रदायिक अलगाववादी किसने बनाया? जिन्ना के दो जीवनीकारों, एक पाकिस्तानी अमेरिकी शिक्षाविद् आयशा जलाल और दूसरे पूर्व भारतीय विदेश मन्त्री जसवन्त सिंह ने एक ही जवाब दिया है : ''कांग्रेसी नेताओं ख़ासकर जवाहरलाल नेहरू के अहंकार, हठधर्मिता और आख़िरी वाइसराय लॉर्ड माउण्टबेटन के नेहरू प्रेम ने।' जलाल कहती है कि जिन्ना विभाजन नहीं चाहते थे। मेरा स्वयं का अनुमान है कि नेहरू और महात्मा गाँधी यदि चाहते तो भारत का बँटवारा नहीं होता। भारत के विभाजन के पीछे किसी मुस्लिम का हाथ नहीं था। ख़ान अब्दुल गफ़्फ़ार ख़ाँ और मौलाना अबुल क़लाम आज़ाद भारत-विभाजन के सख़्त विरोधी थे।

अंग्रेज़ों ने भारत में सफलतापूर्वक शासन करने के लिए साम्प्रदायिकता को सबसे प्रमुख औज़ार बनाया और इसके लिए माध्यम बनाया इतिहास को। अंग्रेज़ चले गये और उनके द्वारा लिखित और लिखवाये गये भारतीय इतिहास को शिक्षा के पाठ्यक्रम में स्थान मिल गया, बिना इस बात पर ध्यान दिंये कि इतिहास समय के पीछे अतीत की तरफ़ खुलने वाली खिड़की है और वर्तमान का बहुत कुछ इस पर निर्भर करता है कि हम अपने अतीत की तरफ़ देखते किस तरह हैं। अंग्रेज़ों की कुटिल नीति से ही एक भारत में दो राष्ट्र का सिद्धान्त जन्मा। इस पर *Glimpses of world History* लिखने वाले पण्डित जवाहरलाल नेहरू का ध्यान नहीं गया, क्योंकि उन पर पाश्चात्य संस्कृति का गहरा प्रभाव तथा अंग्रेज़ियत का भूत सवार था।

इतिहासकार इस क्रूर सत्य को इतिहास के ज़रिये लोगों के समक्ष क्यों नहीं लाते? इतिहासकारों की ऐसी नाकारा सोच के चलते लोग ख़्वामखाह गुमराह हो रहे हैं।

वास्तविकता यह है कि मुग़ल भारत में शासन करने आये थे—वे इस मंसूबे से हिन्दुस्तान की सरज़मीं पर आये थे कि सम्पूर्ण भारतवर्ष पर उनका एकछत्र राज हो। तो कोई वजह नहीं कि औरंगज़ेब अपने बाप-दादा की बनायी सल्तनत को विखण्डित करता या करने का सपने देखता। ऐसा करके तो वह अपने ही पैरों पर कुल्हाड़ी मारता, वह भली-भाँति यह समझता था। पते की बात है कि औरंगज़ेब भारतवर्ष को एक बृहत्तर मुग़लिया साम्राज्य के रूप में देखना चाहता था जिसके लिए वह प्रयत्नशील रहा और कामयाब भी हुआ।

औरंगज़ेब को मुग़ल सल्तनत के पतन का ज़िम्मेवार ठहराना उचित नहीं होगा। क्योंकि किसी भी सत्ता या साम्राज्य के पतन के पीछे कई कारण होते हैं। यहाँ मैं दो भारतीय इतिहासकारों के कथन का हवाला इस सन्दर्भ में देना चाहूँगा जिससे यह धारणा निर्मूल ठहरती है कि औरंगज़ेब मुग़ल सल्तनत के पतन का ज़िम्मेवार था।

रोमिला थापर ने अपनी पुस्तक *समकालीन भारत* (पृष्ठ 145-175) में ठोस शब्दों में औरंगज़ेब के सम्बन्ध में बताते हुए मुग़ल साम्राज्य के पतन के लिए उसे ज़िम्मेवार नहीं मानकर तत्कालीन आर्थिक, राजनीतिक और सामाजिक परिस्थितियों एवं अंग्रेज़ों के शोषण तथा दमनकारी गतिविधियों को मुख्य कारण माना है।

विपिन चन्द्रा ने अपनी पुस्तक *आधुनिक भारत* (पृष्ठ 1 से 13) के प्रथम अध्याय में मुग़ल साम्राज्य के पतन पर विचार करते हुए बताया है, ''विश्व में किसी भी काल के उत्थान और पतन का किसी एक व्यक्ति को जवाबदेह मानना उसी हालत में सच होगा, जब हम इतिहास को राजा-रानी की कहानी माने।''

सही है, इतिहास मानव के कार्यों और उपलब्धियों तथा सफलताओं-विफलताओं की ऐनक है, न कि राजा-रानी की कथा। राजा-रानी, बादशाह-सुल्तान तो एक माध्यम मात्र है, सत्ता के संचालन का दरअसल मुग़ल साम्राज्य मोहम्मद शाह 'रंगीले' के समय या उससे पहले बहादुरशाह प्रथम और जहाँदारशाह के शासनकाल से ही पतनोन्मुख हो चुका था। जहाँदारशाह और 'रंगीले' बादशाह की अत्यधिक विलासिता और नादिरशाह सरीखे बाहरी लुटेरे और आक्रामकों के हमलों के चलते राजनीतिक व्यवस्था चरमराने लगी थी। आर्थिक दशा दिन-ब-दिन बिगड़ती चली जा रही थी जिस वजह से मुग़ल सल्तनत की नींव हिल गयी थी। जिस विशाल

मुग़ल साम्राज्य को अपनी सूझ-बूझ और क़ाबिलियत से औरंगज़ेब ने विस्तार और सुदृढ़ता प्रदान की थी, उसका परवर्ती बादशाहों में नितान्त अभाव के चलते, अन्तिम मुग़ल शहंशाह बहादुरशाह 'ज़फ़र' द्वितीय के राज्यकाल में उस विशाल मुग़लिया सल्तनत की अट्टालिका ध्वस्त हो गयी। इसमें अंग्रेज़ों की 'फूट डालो राज करो' की कूटनीति और शोषण की बहुलता के चलते भारतवर्ष को अंग्रेज़ों की ग़ुलामी का शिकार होना पड़ा।

इस सन्दर्भ में प्रसिद्ध इतिहासकार डॉ. बिमला प्रसाद का कथन विचारणीय है। पटना एवं जवाहरलाल नेहरू विश्वविद्यालय के इतिहास के प्राध्यापक डॉ. बिमला प्रसाद बताते हैं कि किसी भी काल में इतिहास को जानने के लिए तीन बातों को ध्यान में रखना ज़रूरी है। प्रथम तो यह कि ऐतिहासिक घटनाओं का अध्ययन किसी निश्चित तारीख़ से करना उचित नहीं, जैसे अगर कोई घटना 1857 में घटी तो निश्चित रूप से उसका वातावरण 5, 10 या 20 वर्ष पूर्व ही तैयार हुआ होगा। द्वितीय, मुग़लों का पतन और औरंगज़ेब को ज़िम्मेवारी जैसे सवाल पर विचार करने से यह विचार करना ज़्यादा मुनासिब होगा कि भारतीय राज्यों का पतन क्यों हुआ और अंग्रेज़ों की भारत पर विजय हुई तो क्यों। तृतीय, किसी भी सामाजिक, धार्मिक या राजनीतिक घटना का अध्ययन तत्कालीन आर्थिक अवस्था पर विचार किये बिना करने से सही निष्कर्ष पर पहुँचना मुश्किल होगा। डॉ. बिमला प्रसाद ने साफ़ शब्दों में बताया कि भले ही हम कम्युनिस्ट विचार कह लें, लेकिन इस सत्यता को नज़रअन्दाज़ नहीं किया जा सकता कि ऐतिहासिक घटना प्रत्यक्ष या अप्रत्यक्ष रूप से आर्थिक कारण ये प्रभावित रहती ही है।

जिस मुग़ल सल्तनत के अन्तर्गत 'गंगा-जुमनी साझी तहज़ीब' का निर्माण हुआ, साहित्य एवं ललितकलाओं का बहुमुखी विकास, संवर्धन और संरक्षण हुआ, उस पर दो-ढाई सौ वर्षों की ब्रिटिश हुकूमत कुठाराघात करती हुई उसे मिटाने की साज़िश में लगी रही। किन्तु हिन्दू-मुस्लिम मिल्लत, जिसे मुग़लिया सल्तनत ने बरक़रार ही नहीं रखी बल्कि उसे सुदृढ़ करने का भी अथक प्रयास किया, उस मिल्लत और तहज़ीब की जड़ें इतनी गहरी और पुख़्ता थीं कि अंग्रेज़ों की उसे मिटाने की पुरजोर कोशिशें बेकार गयीं। इतिहास की यह बहुत बड़ी देन और सबक़ है जिसे हमें नज़रअन्दाज़ नहीं करनी चाहिए।

औरंगज़ेब कैसा इनसान, शासक और फ़नकार था—इन बिन्दुओं पर सांगोपांग चर्चा पिछले पृष्ठों पर की गयी।

बतौर निष्कर्ष निम्नलिखित बातें ग़ौरतलब है–

भारतीय इतिहास के लेखन में हम ऐसी त्रुटियाँ पाते हैं जिस कारणवश अनेक प्रकार की विसंगतियाँ और पक्षपातपूर्ण दुराग्रही विवरण दिखाई देते हैं। उदाहरणार्थ, मौर्य सम्राट अशोक का इतिहासकारों ने गुणानुवाद करने में क़लम तोड़ दी है जबकि भारतीय इतिहास में उसे छोड़कर एक भी राजा, सम्राट, सुल्तान और शहंशाह ऐसा नहीं मिलता जिसने बड़े पैमाने पर क़त्लेआम और रक्तपात किया, बन्दी बनाया और निज धर्म के प्रचार-प्रसार के लिए राजकोष का खुलकर दुरुपयोग किया। यहाँ तक कि सत्ता पर क़ाबिज होने के लिए अपने निन्यान्वे भाइयों को मौत के घाट उतार दिया। अकारण कलिंग पर चढ़ाई करके तक़रीबन एक लाख निरपराधियों को मार डाला और डेढ़ लाख बन्दी बना लिये गये। उसने एक ऐसा स्थान निश्चित किया और ऐसे यन्त्र तथा व्यक्ति तैनात करवाये जिनका काम निर्दोष लोगों को पकड़कर भयानक यातनाएँ देना था। (गाईल्स *ट्रैवेल्स आफ फ़ाह्यान* कैम्ब्रिज 1923, पृ. 56)

बौद्ध ग्रन्थों में वर्णित तारानाथ के विचारों को स्वीकारते हुए रोमिला थापर ने अपनी पुस्तक *अशोक तथा बौद्ध साम्राज्य का पतन* में पृष्ठ 30-31 पर लिखा है कि अनेक वर्षों तक अशोक ने विलासमय जीवन व्यतीत किया। 'धम्माशोक', 'चण्डाशोक' के अलावा वह 'कामाशोक' भी कहलाया।

उल्लेखनीय है कि 'चण्डाशोक' और 'कामाशोक' से धम्माशोक बनने के बाद भी उसकी क्रूरता, रक्तपिपासा और असहिष्णुता नहीं गयी। उसने बौद्ध धर्म स्वीकार नहीं करने पर असंख्य ब्राह्मणों और हिन्दुओं को मरवा डाला। अपने शिलालेखों पर अपनी प्रशस्ति में 'देवानाम् प्रिय प्रियदर्शी अशोक' की विरुदावली ख़ुदवाई। फिर भी अशोक को एक आदर्श और महान सम्राट बताया गया। ऐसा पक्षपातपूर्ण रवैया इतिहासकारों द्वारा अपनाये जाने पर इतिहास वास्तविकता से दूर हो जाता है। आश्चर्य है कि इस गम्भीर और महत्त्वपूर्ण मुद्दे पर पहले किसी की दृष्टि क्यों नहीं गयी।

औरंगज़ेब सुन्नी मुसलमान था–उस पर शिया-विरोधी होने का आरोप लगाया जाता है। उल्लेखनीय है कि जिस अधिकारी की अन्तिम जाँच के बाद औरंगज़ेब भोजन करता था, वह शिया मुसलमान था और उसका नाम नियामत खान अली था। वह एक नामवर व्यंग्य शायर था और औरंगज़ेब उसे बहुत चाहता और उससे ख़ुश रहता था। (डॉ. ओम प्रकाश प्रसाद कृत *'औरंगज़ेब : एक नयी दृष्टि'* पृ. 19)

मध्यकालीन इतिहास के दो महान शासकों सुल्तान मुहम्मद बिन तुग़लक़ और शहंशाह औरंगज़ेब के महत्त्वपूर्ण कार्यों और उनके व्यक्तित्व के उज्ज्वल पक्षों को नकारते हुए इतिहास की पुस्तकों में एक को 'पागल शासक' और दूसरे को क्रूर, धर्मान्ध तथा काव्य-संगीत-विरोधी संगदिल बताया गया है। जबकि इन दोनों शासकों के राज्यकाल में न तो अशोक के समान नरसंहार किया गया और न ज़बरन लोगों को बन्दी बनाया, न ही धर्म प्रचार के लिए राजकोष, अधीनस्थ अधिकारियों और परिवार के सदस्यों का दुरुपयोग ही किया गया।

हक़ीक़त यह है कि भारतीस इतिहास का लेखन मुख्यतया अंग्रेज़ों और विदेशियों द्वारा किया गया। अंग्रेज़ इतिहासकारों ने अपनी पुस्तक में मुस्लिम यात्रियों के विवरण और मुस्लिम इतिहासकारों द्वारा लिखित पुस्तकों का अंग्रेज़ी अनुवाद करने के दौरान उन्हीं बातों को ध्यान में रखा और वैसी ही बातों का अनुवाद किया जिनसे हिन्दुओं और मुसलमानों के बीच सामाजिक, धार्मिक, आर्थिक तथा राजनीतिक दृष्टि से मतभेद पैदा हो सकें। उनकी दृढ़ धारणा थी कि इन दोनों क़ौमों के बीच आपसी मतभेद में बढ़ोतरी होने पर ही अंग्रेज़ अपनी सत्ता स्थापित और सुदृढ़ करने में कामयाब हो सकेंगे।

अंग्रेज़ इतिहासकारों की लीक पर चलने वाले भारतीय इतिहासकारों ने औरंगज़ेब को मुग़ल शहंशाह में सबसे निकृष्ट साबित करने के लिए न केवल औरंगज़ेब के अच्छे कार्यों की अनदेखी की बल्कि उसके साफ़-सुथरे व्यक्तित्व पर दाग़ लगाने के लिए ग़लत तथ्यों को आधार बनाकर इतिहास-लेखन का जमकर दुरुपयोग किया।

वी.ए. स्मिथ, आर.पी. मजुमदार, श्री रामशर्मा, आशीर्वादी लाल, ईश्वरी प्रसाद प्रभृति इतिहासकारों ने यद्यपि मध्यकालीन भारत पर अच्छी पुस्तकें लिखीं, तथापि प्रत्यक्ष एवं परोक्ष रूप से औरंगज़ेब को क्रूर और धर्मान्ध बादशाह ही चित्रित किया।

प्रख्यात भारतीय इतिहासकार सर यदुनाथ सरकार ने छह खण्डों में विस्तार से औरंगज़ेब का इतिहास लिखा। सरकार ने औरंगज़ेब से सम्बद्ध अनेक ऐसे महत्त्वूर्ण तथ्यों को उजागर किया जिससे स्पष्ट होता है कि औरंगज़ेब उतना क्रूर, निरंकुश और धर्मान्ध नहीं था, जितना ऊपर उल्लिखित इतिहासकारों ने अपनी पुस्तकों में बताया है। सरकार द्वारा उनकी पुस्तक में दिये गये औरंगज़ेब के वसीयतनामा से सही तथ्य ज़ाहिर होते हैं।

ऐसी स्थिति में प्रामाणिक तथ्यों के आधार पर भारतीय इतिहास का लेखन

अत्यावश्यक है। इस बात को मद्देनज़र रखते हुए पचास-साठ (20वीं सदी) के दशकों में कतिपय तटस्थ और जागरूक इतिहासकारों ने औरंगज़ेब के सन्दर्भ में निष्पक्ष रवैया अख़्तियार किया। ऐसे इतिहासकारों में बी.एन. पाण्डे, इरफ़ान हबीब, एस. नूरुल हसन, रोमिला थापर, अतहर अली, हरवंश मुखिया, सतीशचन्द्र, ओमप्रकाश प्रसाद, कैलासचन्द्र देव बृहस्पति के नाम उल्लेखनीय हैं।

मुग़ल शहंशाह शाहजहाँ के चार बेटों में औरंगज़ेब तीसरे नम्बर पर था—ज्येष्ठ पुत्र दाराशिकोह, मझला शुज़ा और कनिष्ठ मुराद था। इनमें दारा नेकदिल और फ़ारसी एवं संस्कृत का प्रकाण्ड पण्डित था। संगीत से भी उसका लगाव था, किन्तु राजपाट सँभालने और एक कुशल सैनिक के रूप में अक्षम था। शुज़ा और मुराद विलासी, अकर्मण्य और मद्यप थे। इन तीनों भाइयों के अलावे चौथा यानी संझला औरंगज़ेब सब तरह से लायक़ था। चौदह वर्ष की किशोरावस्था में हाथियों की लड़ाई में उसने एक हाथी पर उस समय प्रहार किया, जब वह बेक़ाबू हो गया था। जबकि सारे शहज़ादे डरकर भाग खड़े हुए। इससे शाहजहाँ औरंगज़ेब पर बहुत ख़ुश हुआ और कालान्तर में 13 दिसम्बर, 1634 को दस हज़ार घोड़े का वह शाही मनसबदार बनाया गया।

अदम्य साहस और शौर्य का परिचय तो औरंगज़ेब छुटपन में ही दे चुका था। शाही ख़ानदान में पैदा होने तथा भोग-विलास से परिपूर्ण वातावरण में पलने और जीवनयापन करने वाला शहज़ादा औरंगज़ेब विलासिता और ऐश्वर्य-वैभव की चकाचौंध से परहेज़ रखता था। अत्यन्त ही कुशाग्र बुद्धि, आत्मबल, दूरदर्शिता, दृढ़ इच्छाशक्ति, धैर्यशीलता, विद्या तथा कलानुराग एवं दयालुता से परिपूर्ण था उसका व्यक्तित्व। ऐसे सुयोग्य पुत्र पर किसी भी माता-पिता को गर्व होता है, पर शाहजहाँ और मलिका मुमताज महल को वह फूटी कौड़ी नहीं सुहाता था। माता-पिता दोनों से उपेक्षित था वह। ऐसे में उसका व्यक्तित्व कैक्टसनुमा हो गया था। पर कैक्टस में ख़ूबसूरत कोमल नयनाभिराम पुष्प खिलते हैं। इसलिए वह शुष्क, संगदिल, कट्टर, निर्मम और निरंकुश नहीं था, बल्कि कोमल हृदय, विद्या और कलानुरागी था।

इतिहासकार यदुनाथ सरकार ने उसकी गणना एशिया के महान शासकों में की है। पर मैं उसे विश्व के महानतम शासकों में मानता हूँ। उसका व्यक्तित्व बहुआयामी था। वज्रादपि कठोरानि, कुसुमादपि मृदुलिनी-नारिकेल की तरह ऊपर से सख़्त, पर भीतर से मीठा और नम्र था।

इतिहास साक्षी है कि शाहजहाँ दाराशिकोह को अपने पास रखकर उसे

अपना वारिस बनाने के लिए वह शहज़ादा औरंगज़ेब को दिल्ली से दूर मुल्क के विभिन्न भूभागों में सूबेदार बनाकर भेजता रहा। एक सूबेदार के रूप में वह जहाँ भी रहा, सफल रहा। गुजरात, बल्ख़ बदख़्शाँ, मुलतान, सिन्ध और अन्ततोगत्वा उसे दक्कन (दक्षिण) की सूबेदारी दी गयी। इन स्थानों में विपरीत परिस्थितियों से जूझते और युद्ध करते हुए औरंगज़ेब का व्यक्तित्व सोने की तरह आग की भट्ठी में पड़ और पिघलकर कुन्दन बन गया था। उसे युद्ध, राजनीतिक दावपेंच, शासन चलाने की कार्यकुशलता का पर्याप्त अनुभव ही नहीं अपितु रियाया यानी प्रजा से सीधे सम्पर्क के चलते उसके दुख-सुख को जानने-समझने का प्रचुर अवसर मिला जिससे औरंगज़ेब ने कालान्तर में तख़्त पर आसीन होने के बाद लगभग साठ वर्षों के अपने शासनकाल में मुग़ल साम्राज्य की सीमाओं को अन्तिम हद तक पहुँचा दिया था। ग़ज़नी से लेकर चटगाँव (बांग्लादेश) और काश्मीर से लेकर कर्नाटक तक, भारतीय उपमहाद्वीप एक ही शासक औरंगज़ेब के अधीन था। प्राचीनकाल से लेकर अंग्रेज़ी शासन की स्थापना होने तक भारत में ऐसे विशाल साम्राज्य की स्थापना कभी भी, किसी भी काल में नहीं हुई थी। इस विशेषता के चलते अशोक, समुद्रगुप्त व हर्षवर्धन और अकबर के साम्राज्य से कहीं अधिक विस्तृत तथा परिपूर्ण सुव्यवस्थित औरंगज़ेब का भारतीय साम्राज्य था। यह उसकी योग्यता तथा विशाल जनता के समर्थन का द्योतक है। ऐसा उसी स्थिति में सम्भव था जब यहाँ की सभी जातियों, सम्प्रदायों, वर्गों को समानाधिकार, साधन और सुविधाएँ प्राप्त हों।

एक शहंशाह का बीनकार (वीणावादक) और ध्रुपद की बन्दिशों का बन्दिशकार होना स्पष्टरूपेण प्रमाणित करता है कि औरंगज़ेब फ़नकार यानी संगीतकार भी आला दर्जे का था। साथ ही वह एक दुर्धर्ष योद्धा, प्रजावत्सल, धर्मनिरपेक्ष, कुशल प्रशासक, समाज-सुधारक और धर्मपरायण भी था। सदाचारी, निर्व्यसनी और आत्मसंयमी ऐसा था कि 90 साल की दीर्घावस्था में भी उसकी मानसिक शक्ति तथा इन्द्रियाँ पूर्णतया सक्रिय थीं। उसकी स्मरण शक्ति इतनी तेज़ थी कि एक बार किसी को देख-सुन लेना तो उसे जीवनपर्यन्त याद रहता था।

डॉ. ओमप्रकाश ने इतिहासकार यदुनाथ सरकार के हवाले से लिखा है कि शासन-व्यवस्था में वह आश्चर्यजनक ढंग से परिश्रम करता था। कार्यभार की अधिकता के चलते जब-तब दिन में दो बार वह दरबार लग़ाता था। लिखा-पढ़ी करते वक़्त औरंगज़ेब वार्धक्य के बावजूद चश्मा नहीं लगाता था। विभिन्न काम-धन्धों से सम्बद्ध पेश किये गये प्रार्थना व आदेश-पत्रों पर वह स्वयं अपने

हाथों आवश्यक निर्देश या आदेश लिखता था। "उसकी सुप्रसन्न मुखाकृति को देखकर यही लगता था कि उसे अपना कार्य बहुत ही प्रिय है," ऐसा उसका इटालियन चिकित्सक ग्रेमेली लिखता है।

उसके सादगीपूर्ण जीवनयापन, मितव्ययी होने के कारण, विलासिता, ऐश्वर्य और भोगलिप्सा से परे रहने की वजह से प्रजा उसे 'शाही पोशाक' में दरवेश कहती थी। उसके दरबारी गायक ख़ुशहाल ख़ाँ 'गुनसमन्दर' ने ध्रुपद की अपनी एक बन्दिश में लिखा है, "...आलमगीर औलिया, ज़िन्दपीर।"

मुझे नहीं लगता कि विश्व इतिहास के किसी भी कालखण्ड में उसे छोड़कर कोई ऐसा शासक हो जो अव्वल दर्जे का फ़नकार, बहुभाषाविद्, कवि-शायर, साथ ही कुशल योद्धा, अपने को दीन-हीन प्रदर्शित करने वाला, धर्मनिरपेक्ष सफल प्रशासक हुआ है। औरंगज़ेब के बहुआयामी व्यक्तित्व में ये सारे गुण विद्यमान थे।

दरअसल, शहंशाह औरंगज़ेब भारतीय संस्कृति का सुन्दरतम उत्कृष्ट वाहक था। हिन्दुस्तानी तहज़ीब का कितना गहरा प्रभाव था उसके व्यक्तित्व पर कि अपने को भारतीय प्रजा और परिवार का वह सबसे बड़ा ख़ादिम कहता था। उसके आचार-विचार-व्यवहार और सम्पूर्ण आचरण में शुचिता, निर्व्यसन, मितव्ययता, विलासिता और दिखावे से परहेज़, न्यायप्रियता, दानशीलता, विद्यानुराग तथा काव्य-संगीतप्रेम का अपूर्व समागम दिखता था। इतना ही नहीं, सामाजिक कुरीतियों, पाखण्ड और प्रवंचना से वह सख़्त नफ़रत करता था।

हिन्दू-मुस्लिम मिली-जुली साझी तहज़ीब की सबल परम्परा में उसके जैसा आदर्श शासक इतिहास के किसी भी कालखण्ड में शायद ही हो पाया। औरंगज़ेब के इन्हीं गुणों और ख़ूबियों ने मुझे आकर्षित किया कि उसके बारे में जितनी अनर्गल भ्रान्तियाँ फैलाकर जिस तरह अनावश्यक ढंग से उसके उदात्त चरित्र और व्यक्तित्व को धूमिल करने की कुचेष्टा की गयी है, उसे वास्तविक एवं प्रामाणिक तथ्यों के आधार पर निर्मूल साबित करके उस आदर्श शहंशाह का शासक और फ़नकार के रूप में सही-सही मूल्यांकन प्रस्तुत करूँ। अपने जानते काफ़ी खोजबीन-जाँच-पड़ताल करने के उपरान्त ऐसा करने में मैंने पूरी सचेष्टता, तटस्थता और पारदर्शिता बरतने का ईमानदार सत्प्रयास किया है। और प्रसिद्ध इतिहासकार डॉ. रामशरण शर्मा के शब्दों में, "भारतीय इतिहास के एक अबूझे-अनछुए पहलू को ठोस प्रमाणों के आधार पर उजागर करने का श्लाघनीय और अनुकरणीय प्रयास किया है।"

'औरंगज़ेब' फ़ारसी का लफ़्ज़ है, जिसका अर्थ है 'राजसिंहासन की शोभा'

और 'हुक्मराँ'। कैसी विडम्बना है कि पिता शाहजहाँ ने बेटे का नाम तो सटीक रखा पर राजसिंहासन से उसे विलग रखने में ही लगा रहा। फिर भी औरंगज़ेब अपनी क़ाबिलियत से राजगद्दी हथियाने में कामयाब रहा। और एक कुशल, सशक्त, प्रखर एवं प्रजावल्सल शासक के रूप में अपने नाम को अक्षरशः चरितार्थ किया। राजनीतिक, आर्थिक, नैतिक, सामाजिक तथा धार्मिक; हर दृष्टि से शहंशाह औरंगज़ेब ने अपने नाम की यथार्थता और सार्थकता को साबित किया। बेशक, मुग़लिया ख़ानदान का सबसे क़ाबिल शासक था औरंगज़ेब। धर्म यानी मज़हब को व्यक्तिनिष्ठ मानते हुए उसने धर्मनिरपेक्षता का अपनी दिनचर्या, कार्य-संस्कृति (Work culture) और शासन चलाने की सूझबूझ तथा दूरदर्शिता से सही मायने में व्याख्यायित किया। दरअसल, वह एक धर्मपरायण, सहिष्णु और नेकदिल शहंशाह था।

सन्दर्भ ग्रन्थ

1. *औरंगज़ेबनामा*—ख़ुदाबक्श ओरिएण्टल लाइब्रेरी, पटना।
2. *तुहफ़त-अल-हिन्द-मिर्ज़ाख़ान मुहम्मद इब्ने फ़ख़रुद्दीन मुहम्मद*—ख़ुदाबक़्श ओरिएण्टल लाइब्रेरी, पटना।
3. *औरंगज़ेब विलास-पायंदबेग*—ख़ुदाबक़्श ओरिएण्टल लाइब्रेरी, पटना।
4. *मसनवी फ़र्रूख़सीयर*—मीर ज़लील।
5. *आबे-कौसर*
6. *खुलासतुल-ऐश-आलमशाही।*
7. *मिरात-ए-आफ़ताबनुमा।*
8. *The Last Mughal*—William Dalrymple.
9. *मध्यकालीन भारत का इतिहास*—सतीशचन्द्र।
10. *The History of Aurangzeb*-Yadunath Sarkar.
11. *रागदर्पण*—फ़क़ीरुल्लाह
12. *Storia-Da-Mogor*—Nicolai Mannuchi.
13. *The History of India as told by own Historians*—H.M. Elliot & D. Dowson.
14. *बिहारी के काव्य का अभिनव मूल्यांकन*, डॉ. किशोरी लाल।
15. *रागमाला* (ध्रुपदों का संग्रह)।
16. *Islam and Indian Culture*—B.N. Pandey.
17. *ध्रुपद और उसका विकास*—आचार्य कैलासचन्द्र देव बृहस्पति।
18. *मुग़लराज महलों का जीवन*—भगवती प्रसाद पंसारी।
19. *मुग़ल दरबार*—डॉ. शालिग्राम गुप्त।
20. *दिल्ली घराने की संगीतपरम्परा और उस्ताद चाँद ख़ाँ*—डॉ. नयन भारती।

21. *औरंगज़ेब आलमगीर एक नज़र*—अल्लामा शिबली नोमानी—ख़ुदाबक़्श ओरिएण्टल लाइब्रेरी, पटना।
22. चौधरी फ़ख़रुद्दीन और के.एल. दलियाराम के हवाले से (ख़ुदाबक्श ओरिएण्टल लाइब्रेरी, पटना।)
23. *भारत में अंग्रेज़ी राज*—सुन्दर लाल।
24. फ्रांसिस बुक़नन का संस्मरण।
25. *India : A History*—John Keay.
26. *The History of the Mughal Emperors of Hindustan*—Lane Poole.
27. *The Mughal Empire*—Richard.
28. *The Great Mughals*—B. Gaseoigne.
29. The Mughal Empire—G. Sardesai.
30. *History of Khiljis*—K.S. Lal.
31. *ज़फ़रनामा*—गुरु गोविन्द सिंह।
32. *संस्कृति के चार अध्याय*—रामधारी सिंह 'दिनकर'।
33. *औरंगज़ेब : एक नयी दृष्टि*—डॉ. ओमप्रकाश प्रसाद।
34. *हिन्दुस्तानी संगीत के महान रचनाकार : सदारंग-अदारंग*—डॉ. शैलेन्द्र कुमार गोस्वामी।
35. *Rise and Fall of Muhammad Bin Tughlaq*—A.M. Husain.
36. *Muhammad Bin Tughlaq*—R.C. Mazumdar.
37. *Twilight of the Sultanate*—K.S. Lal.
38. दरग़ाह कुली ख़ाँ द्वारा लिखित *मुरक़्क़ए देहलवी* का चन्द्रशेखर एवं शमा चेनोई द्वारा अंग्रेज़ी अनुवाद।
39. *आधुनिक भारत*—विपिन चन्द्रा।
40. *मध्यकालीन भारत*—रोमिला थापर।
41. *The State of Religion in Mughal India*—R.C. Raichaudhuri.
42. *मआसिरे-आलमगीरी*।
43. *अशोक तथा मौर्य साम्राज्य का पतन*—रोमिला थापर।
44. *मध्यकालीन भारत*—एम. अतहर अली।
45. *भामिनी विलास*—पण्डितराज जगन्नाथ।
46. *आसफ़ विलास*—पण्डितराज जगन्नाथ।
47. *सिखों का इतिहास*—कनिंघम।

सन्दर्भ आलेख

1. साप्ताहिक धर्मयुग में आचार्य कैलासचन्द्र देव बृहस्पति का आलेख 'औरंगज़ेब का संगीतप्रेम।'
2. 'बादशाह औरंगज़ेब : फ़रिश्ता या शैतान' सोनपुर मेले के अवसर पर प्रकाशित स्मारिका में पंचमलाल का आलेख।

3. बर्नियर के यात्रा-वृत्तान्त पर आधारित सुधीर निगम का आलेख 'ज्ञानपिपासु था औरंगज़ेब' ('अहा ज़िन्दगी' जनवरी, 2013)।
4. जब मुस्लिमों ने मन्दिर और हिन्दुओं ने मस्जिद बनवाई—भारत डोगरा का आलेख (हिन्दुस्तान, दिनांक़ 1 फ़रवरी, 2014)।
5. 'Culture Cocoon'—Firoj Bakht Ahmad (Published in Air India magazine 'swagat', December, 2017).
6. 'इतिहास से मुग़लों का सफ़ाया' (इण्डिया टूडे, 23 मार्च, 2016 में प्रकाशित ऑड्रे ट्रस्के का आलेख)।
7. Not Plassy 1757, but Samugarh 1658 : Fateful tipping point that fixed the subcontinent's future course'—Murad Ali' Baig (Published in the Times of India, Patna, 28-5-2016).
8. आचार्य किशोर कुणाल का आलेख (द टाइम्स ऑफ़ इण्डिया, पटना संस्करण)।
9. 'अहा! ज़िन्दगी', अप्रैल, 2017 में प्रकाशित श्री राकेश कुमार अग्रवाल का आलेख 'ब्रितानी हुकूमत ने भी किया था औरंगज़ेब का फ़रमान'।

□□